中国健康政策与新医改研究丛书

编委会

湖北省学术著作出版专项资金资助项目
国家社会科学基金重大项目
中国健康政策与新医改研究丛书

丛书总主编◎方鹏骞

中国健康老龄化的趋势与策略

Trends and Strategies of Healthy Aging in China

主　编　毛　靖　耿　力
副主编　白　雪　何国忠　张春梅　田　翀　张泽宇
编　者　(以姓氏笔画为序)
马　婕　华中科技大学
毛　靖　华中科技大学
田　翀　华中科技大学
白　雪　华中科技大学
刘玥婷　华中科技大学
李　姗　华中科技大学
杨　光　昆明医科大学
杨　莹　华中科技大学
杨　清　华中科技大学
何国忠　国家发展改革委国际合作中心
张泽宇　华中科技大学
张春梅　温州医科大学
张蓓蓓　华中科技大学
赵慧敏　华中科技大学
耿　力　华中科技大学
黄　莎　华中科技大学
黄德钦　华中科技大学
董安红　华中科技大学
韩丹妮　华中科技大学
廖　菁　华中科技大学

華中科技大學出版社
http://www.hustp.com
中国·武汉

图书在版编目(CIP)数据

中国健康老龄化的趋势与策略/毛靖,耿力主编. —武汉：华中科技大学出版社，2020.1
(中国健康政策与新医改研究丛书)
ISBN 978-7-5680-6101-8

Ⅰ. ①中… Ⅱ. ①毛… ②耿… Ⅲ. ①人口老龄化-研究-中国 Ⅳ. ①C924.24

中国版本图书馆 CIP 数据核字(2020)第 097626 号

中国健康老龄化的趋势与策略 毛 靖 耿 力 主编
Zhongguo Jiankang Laolinghua de Qushi yu Celüe

策划编辑：车 巍
责任编辑：曾奇峰
封面设计：原色设计
责任校对：阮 敏
责任监印：周治超
出版发行：华中科技大学出版社(中国·武汉) 电话：(027)81321913
武汉市东湖新技术开发区华工科技园 邮编：430223
录 排：华中科技大学惠友文印中心
印 刷：湖北新华印务有限公司
开 本：710mm×1000mm 1/16
印 张：21 插页：2
字 数：263 千字
版 次：2020 年 1 月第 1 版第 1 次印刷
定 价：148.00 元

本书若有印装质量问题，请向出版社营销中心调换
全国免费服务热线：400-6679-118 竭诚为您服务

内容提要

Summary

本书是"中国健康政策与新医改研究丛书"之一。

本书在科学界定我国健康老龄化内涵的基础上，系统梳理了我国健康老龄化的政策和社会环境，分析了我国人口老龄化的特点、问题和挑战，并提出了我国健康老龄化的策略集。具体内容包括中国健康老龄化的内涵与意义、中国人口老龄化的特点与分析、中国人口老龄化进程中面临的问题与挑战、中国健康老龄化政策分析、全球老龄化趋势与国际经验借鉴、促进中国健康老龄化的策略与展望等。

本书可供各级卫生健康行政人员，各级各类医疗机构和养老机构管理人员，老年健康服务、老年社会工作等领域的人员，以及各类高校相关专业的专家学者和研究生等学习与参考。

总序

Introduction

健康是人民最具普遍意义的美好生活需要。作为从事健康政策研究的专业人员，我们的主要工作目标是完善国民健康政策，将健康融入经济社会政策制定的全过程，为人民群众提供全方位、全生命周期的健康服务。

人民健康是民族昌盛和国家富强的重要标志。习近平总书记在党的十九大报告提出要“实施健康中国战略”。推进健康中国建设，是全面建成小康社会、基本实现社会主义现代化的重要基础，是全面提升中华民族健康素质、实现人民健康与经济社会协调发展的国家战略。将健康中国升级成为国家战略，是国家治理理念与国家发展目标的升华。

当前，人民健康正面临着经济发展、社会环境、自然环境、行为方式等因素带来的多重挑战，重大传染病防控形势依旧严峻，新发传染病频发且防控难度加大，对国家卫生健康服务体系治理现代化与危机应对能力提出了更高的要求。健康政策在卫生事务管理中发挥着分配健康资源、规范健康行为、解决健康问题、促进健康事业发展的重要作用。近年来，国家陆续出台多项健康领域的法律法规及政策，落实预防为主的方针，统筹解决当前人民健康的突出问题，持续推进健康中国建设工作。

深化医药卫生体制改革（简称新医改），全面建立中国特色基本医疗卫生制度是实施健康中国战略的重要组成部分。新医改笃行致远，攸关民生，主要聚焦如下四个方面：一是建立分级诊疗制度，推进多种形式医联体建设，构建优质、高效的医疗卫生服务体系；二是健全现代医院管理制度，提高医院经营管理水平，加快建立符合行业特点的人事薪酬制度；三是建立符合国情的全民医保制度，深化支付方式改革；四是健全药品供应保障制度，提高药品的质量和可及性，减轻群众用药费用负担。新医改的最终目标是以人民健康为中心，坚持保基本、强基层、建机制，落实预防为主，推进医疗、医保、医药联动改革，推动医改落地见效、惠及人民群众。

“中国健康政策与新医改研究丛书”基于推进健康中国战略，对国家健康政策与新医改的重大理论与实践问题进行了思考与探索，并为我国医药卫生体制改革提出了一系列的政策转化与咨询建议。本套丛书涵盖七个健康领域，包括《中国健康政策改革趋势与评价》《从医疗保险迈向健康保险》《家庭医生签约药学服务清单研究》《公立医院绩效管理与薪酬设计》《中国健康老龄化的趋势与策略》《中国卫生法发展研究》《中国中医药政策与发展研究》。

中国健康政策与新医改的理论与应用是新时代面向医药卫生体制改革、医疗卫生服务体系建设、健康环境与产业，聚焦当前人民群众面临的主要健康问题和影响因素，以人民群众健康需求与结局为导向的重要研究领域。开展此领域的研究对于加速健康政策转化、促进全民健康覆盖、推进全面建成小康社会具有重要的理论创新和现实意义；同时，也是加强重大疾病防控，完善对重大传染病的监测、预警、应急响应，充分践行人民健康优先发展的战略思想，顺应国际趋势，履行国际承诺的要求。

本套丛书是在来自华中科技大学、武汉大学、北京大学、四川大学、中国政法大学、东南大学、中南财经政法大学、湖北大学、武汉科技大学、南方医科大学、温州医科大学、昆明医科大学、湖北中医药大学、广西中医药大学、安徽中医药大学等多所高校及相关研究机构的专家和学者的共同努力下完成的，并得到了湖北省预防医学会的支持。团队成员长期从事我国健康政策与管理的各领域研究与探索工作，承担了多项健康政策与管理领域的国家重大、重点研究项目，众多研究学术成果在国内居于领先水平，同时为我国医药卫生事业改革提供了具有社会影响力的政策建议。本套丛书正是基于团队成员前期丰硕的研究成果和坚实的研究基础，以健康中国战略为导向，系统地阐述了我国健康政策与管理、医药卫生体制改革的重大理论与实践问题，并提出了切实、可行的对策建议，对深化医药卫生体制改革、推动健康中国建设将起到积极的影响。

本套丛书内容系统，兼具时代性、创新性、实践性，适合所有对国家健康政策、医药卫生体制改革感兴趣的读者阅读，可作为各级卫生行政管理部门、医疗机构、医保管理机构、公共卫生机构等部门管理者的参考用书，也可作为高等院校、研究机构有关研究领域的教师、研究人员及研究生教学与学习的参考书。

前言

Preface

20世纪以来，随着经济社会的发展、人口平均期望寿命的延长和出生率的降低，世界人口结构开始向老龄化发展。习近平总书记在十九大报告中要求："积极应对人口老龄化，构建养老、孝老、敬老政策体系和社会环境，推进医养结合，加快老龄事业和产业发展。"

综观全球，未来世界人口还将持续增长。联合国人口司数据显示，2015年世界总人口约为73.5亿人，预测到2030年约为85亿人，2100年则将达到约112亿人。在经济全球化深入发展的当今世界，人口总量、素质、结构、分布都是关乎国家竞争力的重要因素。

在我国，一般以60岁作为老年人口的年龄界限。1999年，我国60岁及以上老年人口比例达到10%，标志着我国迈入人口老龄化社会。由于我国自身的人口数量和人口政策等原因，与其他国家相比，我国人口老龄化具有许多自身特点，而这些特点使得我国在人口老龄化问题的应对中面临诸多前所未有的挑战。

本书在科学界定我国健康老龄化内涵的基础上，系统梳理我国健康老龄化的政策环境、社会环境，分析我国人口老龄化的特点，并在此基础上提出健康老龄化进程中存在的问题和挑战，通过了解老年人口的健康需求及借鉴国际经验，提出我国健康老龄化的策略集，并对未来的发展方向进行展望。

毛靖 耿力

目录

Contents

CHAPTER 1

第一章

中国健康老龄化的内涵与意义

第一节 健康老龄化的概念与内涵

一、健康老龄化产生的背景

(一)世界人口老龄化现状

就现阶段来说,国际上面临的几大问题中,人口问题位居首位,是众多社会问题的根源。在人口中,增长显著且速度较快的是老年人口的比例。根据国际统计部门报道的全球人口统计数据,2012年全球年龄达到60岁及以上的人口约有8.2亿人;相关专家预测,30年后全球人口会比2012年多出40亿人左右,其中有约20亿人是年龄超过60岁的老年人;老年人在人口中的占比将会首次超过学龄前儿童。在这些人中,超过65岁的人就有约15亿。联合国报告指出,到2050年,平均每5个人中就有一个是老年人,而这一状况在100年后会变为每3个人中就有一个是老年人。急剧增高的老年人口比例带来了一系列养老问题,这给国家的财政支出造成巨大压力。标准普尔公司在《2010年全球老龄化》中指出:"老年人口正在迅速占领全球人口的一定比例,这种趋势是无人可挡的,这会对未来的社会经济发展产生巨大影响,是任何其他因素不能比拟的。"该报告为人们敲响警钟。如果国家未就人口老龄化问题进行相应的政策调整、未准备好负担老年人口的养老和医疗费用,国家的经济及社会发展会受到人口老龄化的严重影响。全球人口老龄化的发展有以下几个特点:①老年人口地区分布不均衡。世界上超过一半的老年人居住在亚洲,约五分之一的老年人居住在欧洲。②年龄超过60岁的人口数量正在增加。在2015年，约2640万的人口年龄超过80岁，这一数据会在2050年增加到约1亿人。③老龄化中还存在男女比例失衡的现象，在全球60岁以上的人口中，每100个老年女性对应82个老年男性，这和女性普遍比男性活得长久有关。④国际上不同地区人口老龄化速度呈现一定的差异性。联合国人口司针对不同国家的人口老龄化程度进行了调查，结果显示发达国家的人口老龄化程度比发展中国家的人口老龄化程度严峻得多，它们的人口老龄化程度均大于10%。然而近年来，发展中国家人口老龄化的速度明显快于发达国家。

（二）中国人口老龄化现状

发展中国家的人口占全球人口绝大部分比例。预计到2050年，世界人口会增加到约97亿人，其中增加部分的98%来自发展中国家，所以发展中国家的老龄化决定了全球人口的变化趋势，主导世界人口老龄化的发展方向。作为世界上最大的发展中国家，中国面临严重的人口老龄化问题。中国的现状是国家还未足够强盛，人口已趋于老龄化。与发达国家的人口老龄化不同，我国人口老龄化和我国的国情有关。2015年我国有约2.22亿60岁及以上的人口，占我国总人口数的16.1%，其中约1.44亿的人口年龄已经达到65岁，在我国人口中占10.5%。《"十三五"健康老龄化规划》指出，到2020年我国老年人口将达到2.55亿左右，占全国人口的17.8%左右。而到2050年，我国将会有约4.87亿老年人，约占中国总人口数的1/3。2011年，我国农工党中央《关于应对我国人口老龄化问题的提案》提到，我国80岁及以上的老年人在2005年时已经达到约1640万人，占60岁及以上老年人的11.16%，到2050年我国高龄老年人将接近1亿人，占60岁及以上老年人的21.77%。我国老年人痴呆的发病率逐年升高，到2013年已有约500万人，且以每年约30万人的速度在增加。与此同时，失能和部分失能的老年人口比例在增加。全国老龄办2015年公布的数据称，我国非健康老年人口约1.15亿人；残疾老年人也在变多，失能老年人和部分失能老年人到2015年时已增加到约4063万人，其中有约1135.8万老年人拥有残疾证。农村人口老龄化程度高于城镇，我国农村的老年人口到2020年将提前突破农村总人口的20%，比城镇老年人占城镇总人口的比例高5%。预计到2030年，农村老年人将占农村总人口的29%，城镇老年人约占城镇总人口的22%，农村的人口老龄化程度将比城镇严重。除此之外，传统疾病谱发生改变，患病人数及病种增多。在老年人中，不可治愈的重大疾病或者慢性病的患病率比年轻人高得多，其中包括痴呆、恶性肿瘤等疾病，使老年人的晚年生活质量变差。随着老年人口的急剧增加，医疗卫生需求越来越大，这给国家提出了更高的要求，即必须增加在医疗设施方面的配备和乡镇级别社区医院的建立，以满足日益增长的医疗需求。人口老龄化带来的问题还有空巢老年人增多，城镇化进程加快。我国经济面临转型，这些矛盾交织在一起，使老年人的养老成为一个重大的难题。我国的“十三五”规划将我国人口老龄化问题和老年人的健康问题列为重要的发展计划。

二、健康老龄化概念的提出及演进

1987年5月举行的世界卫生大会首次提出了“健康老龄化”这一全新概念。会议指出将老龄化的决定因素作为主要研究对象进行课题研究。1990年9月，在哥本哈根，世界卫生组织召开了世界老龄大会，并在会议上正式确定了“健康老龄化”这一概念，也就是老年人身体心理健康、平均寿命延长、能够更好地发挥社会功能的一种状态。该概念的提出对世界各国应对人口老龄化问题具有重要意义，同时也是世界各国推行健康老年人生活的共同理想。2002 年，世界卫生组织为了完善健康老龄化，将“社会保障”和“参与”列入政府积极开展老龄化政策的基本进程中。政府政策的转变，使健康老龄化的发展得到政府大力支持，要求除了满足老年人身体健康外，还应提高老年人生活质量。这也是政府参与和保障健康老龄化顺利推进的基本措施之一。在国际老年人日之际，在《马德里政治宣言》《马德里老龄问题国际行动计划》和《积极老龄化：政策框架》的指导下，结合当前公共卫生系统提供的服务与老年人实际需求不匹配的问题，2015 年世界卫生组织还下发了《关于老龄化与健康的全球报告》，报告中又一次将健康老龄化作为下一个重点发展的计划。健康老龄化战略作为围绕医疗保健和老年人健康问题的战略，旨在提高老年人生活质量，缩短带病生存期，延长健康期望寿命。

在我国，健康老龄化已经引起政府的高度关注。在 20 世纪 90 年代，我国著名专家邬沧萍便已将“健康老龄化”这一概念引入我国，并且学者们对健康老龄化战略进行了积极探讨。随着健康老龄化研究的深入展开，鉴于我国人口老龄化的严峻现状，政府对我国健康老龄化问题十分关注，并作为一项长期策略纳入未来的发展中。在 2014 年，由国家卫计委牵头成立了以解决人口老龄化问题为目的的专项工作小组，将“健康老龄化”这一概念作为核心问题，开展了关注生命健康全过程、提高老年人生活质量的战略部署工作。到 2016 年 10 月，中共中央、国务院下发了《“健康中国 2030”规划纲要》，文件明确提出了将推行老年人卫生服务体系等多项措施列为下一步发展工作的重要内容。2017 年 3 月，国家卫计委印发《“十三五”健康老龄化规划》，这预示着健康老龄化已经成为我国社会主义发展宏观战略中不可或缺的一部分。

三、健康老龄化的概念及内涵

(一)世界健康老龄化的概念及内涵

20世纪90年代,为了应对世界人口老龄化的问题,世界卫生组织提出了“健康老龄化”这一概念。在当时,进入老龄化阶段的国家以发达国家为主,因此,该阶段提出的健康老龄化战略主要针对发达国家的实际现状。健康老龄化的主要含义:当人进入老年时期时,仍然能保证身体与心理的健康并能够独立完成社会生活,将疾病和生活不能自理状态推迟到生命即将逝去的时刻。它主要包含以下三个方面。首先,老年人通过自身保持良好的身体与心理健康能够很好地独立进行社会生活,保证生活有较高的质量。其次,绝大部分老年人能够度过健康幸福长寿的晚年,并且这个群体比例将不断增长。最后,防止人口进入老龄化后对社会经济发展造成不良后果,使社会经济发展能保持一个稳定健康良好的状态,为人们打造良好的生活环境和提供充足的物质保障。“健康老龄化”这一全新概念的出现,不同于以往人们对于人口老龄化的消极应对态度,其认为应通过某些相应的科学措施和政策手段,减少人口老龄化对社会造成的不良影响。邬沧萍教授对当时世界卫生组织提出的“健康老龄化”概念进行了解读,认为健康老龄化包括如下内容:①健康老龄化是世界卫生组织提出的通过提高老年人身体和心理健康水平,延长老年人期望寿命,以应对世界人口老龄化问题;②健康老龄化不仅仅是延长老年人期望寿命,还要提高老年人的生活质量;③健康老龄化的目的是使绝大多数老年人按照正常衰老模式发展,保持身体健康、各器官功能正常，能够独立进行社会生活；④通过疾病预防与治疗、身体的保健与康复实现健康老龄化，这些康复保健活动包括保持营养均衡、加强体育锻炼、保持良好心情、营造舒适环境、提高卫生条件等；⑤实现健康老龄化需要全国人民共同参与、共同努力。

在2002年，世界卫生组织召开了第二届世界老龄大会，通过了《积极老龄化：政策框架》。该政策框架也将"健康老龄化"概念作为基本理论依据，提出了"积极老龄化"，并做了进一步的规划。所谓的积极老龄化就是老年人以提高生活质量为目的，积极参与到健康保障的最佳机会争取过程中。积极老龄化的政策框架要求国际、国家、地区和地方在"健康、参与和保障"三个方面采取行动。在该政策框架的指引下，除了关注老年人的健康水平，更着力于扩大养老保障的覆盖范围、促进老年人的社会参与。该政策框架的第一个支柱"健康"指的是提前预防一些老年慢性病的出现，防止人体机能快速下降，减小或减缓这些老年疾病对人体的不良影响，使人体在更长一段时间内保持健康的状态和能有更好的生活质量。积极老龄化的政策框架的第二个支柱"参与"是指身体健康、有能力继续工作的老年人继续参与社会经济、政治文化等方面的建设，更好地服务于社会，使老年人在晚年能够继续发挥余热，成为社会发展的主流力量。这也是世界各国社会可持续发展人力资源开发的一个全新方向。积极老龄化的政策框架的第三个支柱"保障"指的是以政府政策导向作为依据，使老年人的经济、健康、社会地位等都有相应的保障措施。同时，对于那些不能独立完成社会生活的老年人，提供保护、照料等个人的基本需求保障，鼓励家庭和社会公共事业部门自发地组织对老年人晚年生活的照顾活动，提供养老医疗、人身权益等全方位的保障，以延长老年人的寿命、提高老年人的生活质量、保障老年人的权利和尊严。然而，由于人口老龄化速度不断加快，要想通过积极老龄化来应对不断增长的老龄化问题，需要以健康为切入点，提倡健康老龄化，缓解政府的压力，这是世界各国应对人口老龄化发展的趋势。

世界卫生组织发布的《关于老龄化与健康的全球报告》明确提出，健康老龄化是发展和维护老年健康生活所需的功能发挥的过程，该解释重点在于老年人在行动能力和社会功能上的健康，涉及的几个重要概念如下：内在能力、功能发挥、环境。其中内在能力是指老年人以自身遗传为基础，受个体特征影响的生理与心理健康功能的总和，是个人集脑力和全部身体机能的组合，属于自身的个人因素；功能发挥是个体能够按照自身观念和偏好来生活和行动的健康相关因素，这是老年人能够与外界环境良好互动、实现个体价值的过程，由个人内在能力与相关环境特征以及两者之间的相互作用构成，包括行动力，建立和维持人际关系，满足自身的基本需求，学习、发展和决策，贡献五个领域。环境是健康老龄化的理论框架中一个很重要的概念，是影响老年人功能发挥的重要因素。功能发挥这一因素会受到社会环境、家庭环境、自然环境、公共卫生、医疗环境、人际交往等多重因素的影响，具有连锁反应，是最终决定老年人能否完成自己认为的重要的事情的重要因素。在生命过程中，内在能力与功能发挥随着个体的选择、干预措施的变化而变化，并最终影响个体的健康老龄化轨迹。相较于以往健康老龄化强调维持个体的健康状态，此次报告对健康老龄化的概念及内涵进行了扩展，除健康因素外，加入了影响健康老龄化的外部环境因素，如年龄友好、要同等对待不同年龄阶段的人、反对年龄歧视等，为老龄化制度的实施提供了支持，使国家的该类政策更加完善。

（二）中国健康老龄化的概念及内涵

随着经济的发展，人类文明不断进步，对于“健康老龄化”这一概念，世界各国都有一个比较成熟客观的认识，基本的概念体系已经形成。这对健康老龄化在我国的推行和发展提供了理论依据和实践基础。国际人口老龄化理论为我国健康老龄化发展提供了理论依据和参考经验，并以此归纳总结出以下几个基本条件：①健康老龄化的目的是延长老年人的寿命和提高生活质量，重点在于老年人能够继续保持身体的健康并远离疾病。②健康老龄化强调老年人的生活质量，其关注点在于保障老年人的尊严和独立性，重点在于老年人能够独立实现社会功能。③健康老龄化作为人力资源可持续发展的一项基本决策，对世界各国的经济发展具有重要的战略意义。其重点在于保障老年人的健康和社会功能，有效延长人力资源的使用时间。④健康老龄化需要针对不同层次、不同健康状况的老年人。不同老年人的身体健康状况与社会功能有着很大的差异，有些老年人即使已经疾病缠身，也仍能保持良好的精神状态和较高的生活质量。

面对我国存在的老年群体日益增长、“国未富人先老”等问题和我国人口疾病由原来的重大疾病转变为以慢性病为主、不同地区的老年人数量不均衡等一系列问题，我国健康老龄化的概念和内涵需建立在我国人口老龄化的具体国情以及总结自身经验的基础上。围绕这两个着力点，我国现阶段强调的是维护健康公平和贯穿生命全过程的视角。《“健康中国 2030”规划纲要》强调，全民健康是建设健康中国的根本目的，须立足于全人群和全生命周期这两个着力点。在全民健康的政策框架下，《“十三五”健康老龄化规划》明确指出，健康老龄化，即从生命全过程的角度，从生命早期开始，对所有影响健康的因素进行综合、系统的干预，营造有利于老年健康的社会支持和生活环境，以延长健康期望寿命，维护老年人的健康功能，提高老年人的健康水平。相关的健康老龄化战略可以归纳为两点：①为实现健康老龄化，要在公平的情况下将确保居民的健康放在第一位。国际上针对健康与老龄化的关系曾做出说明，当社会的各种资源分配不均衡时，人类的健康状况就会出现不对等，这对人们进入老年阶段后的健康状况造成巨大影响。由于我国各地区的经济情况差异很大，我国老年人口健康不对等的现象日趋严重。因此，针对以上情况，建立完善的立足于全人群的老年健康服务体系、提高健康公平是我国实现老年人口健康的不可缺少的因素。②为了解决我国老年人口的健康问题，在未来一段时间内我们要采取长期健康计划，并出台相应的政策进行保障，使我国未来的老年人口身体素质能够上一个台阶。

为了科学合理地将健康老龄化政策实施下去，我们要关注以下几点：①该政策面对的老年群体不仅要实现整体的健康长寿，更要提升寿命质量。寿命质量有客观的、可量化的标准。②健康老龄化不仅强调强化老年人的内在能力和最大化功能发挥，也强调社会环境对两者的影响。实现健康老龄化的前提是确保年龄超过60岁的老年群体整体趋向健康，这就要求国家给他们提供舒适、健康的居住环境。③健康老龄化不是一朝一夕能够完成的，这是一个长远的计划，要从人们的幼年时期就开始实施，在人们年龄不断增长的过程中，确保人们在每个阶段都能在健康的环境下生活，保持强健的体魄。该计划实施的最终成果可通过人们老年时期的身体表现体现出来。在不同的生命阶段打好健康基础是实现健康老龄化的前提。④要用科学的眼光看待健康老龄化。为了应对日益突出的老龄化问题，人们才不得不提出这项发展战略，并出台相应的办法实施。⑤健康老龄化是一个面向全社会的问题，参与的群体广泛，各行各业的人都有所涉及，为了实现这一伟大工程，需要我国全体人民的努力。

第二节 国内外健康老龄化现状

一、健康老龄化的全球战略

世界卫生组织在20世纪90年代就提出了健康老龄化战略且一直大力推广该战略在全球范围内的实施，以应对全球日益严重的人口老龄化问题。事实上，《关于老龄化与健康的全球报告》的面世是继2002年提出"积极老龄化"的政策框架后又一次将"健康老龄化"推向公众视野。健康老龄化的核心目标是通过医疗保健让老年人保持身心健康从而提高其生活质量，对患病老年人能缩短其带病生存期从而延长健康期望寿命。健康老龄化同时强调老年人在行动能力和社会功能上的健康，倡导政府在制定促进健康老龄化的政策时，应积极了解并考虑老年人需求的多样性，从而做到发展和维护老年人健康生活所需要的各项功能，实现真正的以人为本。以人为本因其在心理治疗实践中的成熟应用，被推广至医疗服务和长期照护中，成为世界卫生组织《以人为本的整合型卫生服务的全球策略》的核心理念，其根本目的是激励卫生服务筹资、丰富卫生服务的内容并促进其管理，使所有人都能获得安全、有效、及时、高效的卫生服务，且符合各人偏好并与其需求相协调。以日本为例，2003年日本政府提出了单元照护模式，将重点由标准化的照护实践转移至医疗保健所需的架构和人员上。现已有资料证明这种模式可以增加卫生保健的灵活性，如可在老年人闲暇时为其提供进餐服务和不同活动。同样，荷兰也在类似于家庭的小型机构为痴呆的老年患者提供服务，使其居民对所有活动的参与度都有所增加，无论这些居民是否有偏爱的活动。

世界卫生组织为了帮助各国实现健康老龄化的战略目标，在《关于老龄化与健康的全球报告》中为各国提出了众多切实可行的参考方案。报告中指出，为实现健康老龄化，各国政府应该升级卫生系统，建立长期照护体系来构建关爱老年人的环境，并提高其评估、监测和认识水平以满足老年人的多样化需求。实际上，这方面的创造性举措已经在不断实施，截至目前，新加坡卫生系统开展的“就地老龄化”项目减少了不必要的住院，并提高了老年人的生活质量。该项目针对临床服务(包括急诊)使用率较高的老年人，通过社区护士上门服务来发现其实际需求，确定哪些需求尚未得到满足，并制订相应卫生保健方案及随访计划。根据个体需求不同，老年人随访可以由护士、营养师、药剂师、职业治疗师或其他社区合作机构来完成。如：社区护士可以教授老年人自己在家时如何使用血糖监测仪；理疗师可以向老年人讲授如何独立进行简单的强化锻炼；药剂师可以检查老年人药物的使用方式等。随访的频率视个体的实际需求而变。通过这种方式，新加坡卫生系统成功使老年人住院率降低了67%，并改善了医院资源的使用情况。

南非开普敦市某社区建立对等支持系统，通过该系统，老年人可以利用自身经验发现并处理身边其他老年人所面临的问题和困难，因此在该系统中，老年人本身可以成为老龄化社区最宝贵的资源。这就是该系统所倡导的社区对等支持工作的基本理念。在南非开普敦市的某镇，为了提高当地老年人口的健康状况和生活质量，28名社区老年居民作为对等支持人员参加了相关培训。培训后，这28名老年居民两人一组对其社区内的211名老年人进行了上门服务，其目的是加强社区老年人的陪伴与支持，增强集体生活感，减少孤独感，并能及时发现老年人的卫生及社会需求。一旦发现老年人有相应需求,该老年人就会被转诊至相关卫生保健机构或社会服务机构。在对等支持人员上门服务的过程中,除了与老年人进行交谈并观察老年人状态外,还会通过询问老年人一些用于筛查疾病的问题来确定该老年人是否需要进行转诊。这些对等支持人员架构了老年居民与社区服务机构之间的桥梁。对该培训进行评估,可发现接受上门服务的老年人明显受益,研究期间,其健康生活指标提高了60%,对社会支持的满意度提高了50%;老年人的卫生保健和社会照护需求得到了更好的满足。对等支持人员自身也从中获得了健康收益,表现为身体灵活度、敏捷性、持久力、睡眠和紧张度等方面的改善。此外,对等支持人员一周工作20小时,政府会为其支付薪酬,其薪酬水平接近政府聘用的社区卫生服务员,因此,对等支持人员的收入状况也得到了改善。研究期间,由该系统转诊产生的临床服务使用情况由30名老年人提高至200名。对等支持人员的学习、成长、决策能力也得到提升,增强了他们的自尊心、自我价值感,以及实现生活目标的信心。老年人培养和维护人际关系的能力也得到加强,当地老年活动中心的参与度翻了三番。对等支持人员表示,在参与项目的过程中,自己与同事的关系、与邻里的关系得到了改善,社区生活参与度、与朋友的感情以及与社区成员的友谊都得到了提升,不再感到孤独。该项目提升了老年人对社区做贡献的能力。针对对等支持人员的焦点小组访谈发现,通过学习新技能和帮助其他个体,老年人重新活跃在社会和经济生活中,该项目起到了"生命改善作用"。

当前社会针对老年人的偏见及歧视普遍存在,不友好的环境对老年人身心造成了严重伤害。爱尔兰持续推进反对年龄歧视运动,2004—2012年期间,爱尔兰公平署与健康服务管理署每年都会共同举办"对年龄歧视说不周"活动,该活动得到爱尔兰老年办及多个老年组织的支持。进行这项活动是为了提升公众反对年龄歧视的意识，并重点推进配套措施的实施。活动内容主要是利用广告、广播、社交媒体等提高公众认识，同时推进老年人关爱服务的各领域配套措施的实行。经过多年的开展，参与活动的社会组织越来越多，包括卫生、交通、保险、运动、休闲等方面。活动推广的具体措施包括对老年人进行小组访谈，了解老年人在健身方面遇到的问题；为公共汽车公司的乘务人员提供年龄意识方面的培训；改进公共信息和标识，确保涉及老年人称谓时使用礼貌词汇；在广告宣传材料中展示老年职工的形象，以强调爱尔兰各行业对老年人的接纳程度。2008 年有关“对年龄歧视说不周”的回顾性研究表明，各领域合作伙伴的决心、参与程度及合作关系都是活动成功的关键。公众认识推进运动能够引发大众对年龄歧视的讨论、提高关注程度，因而具有相当重要的作用，但更有效的措施是活动过程中开展的配套的各领域实质性培训，后者对社会行为与服务体系具有积极影响。

二、健康老龄化的中国方案

我国从 1999 年开始迈入人口老龄化社会，处于“未富先老”状态。截止到 2012 年，我国 60 岁及以上的老年人口已达约 19390 万人。巨大的养老压力迫使我国进行多种尝试和改革。我国在 1994 年召开了首届健康老龄化研讨会，与会学者一致认为，实践健康老龄化必须要结合我国具体国情。而中国国情又有其三大特殊性：一是社会经济发展水平较落后但人口老龄化快速发展，其负面影响可能十分严重；二是我国人口老龄化的发展不均衡，使其在某些阶段存在暴发性；三是我国人口老龄化在发展过程中存在地区间的不均衡。符合中国国情的健康老龄化方案因中国作为最大发展中国家的国际地位必将对全球健康老龄化的进程发挥重要的积极作用。健康老龄化的中国方案既体现了中国作为发展中国家人口大国的责任担当,为发展中国家和发达国家的健康老龄化提供了宝贵的理论基础和实践经验,又有利于中国在国际舞台上话语权的提升。

为了推动中国老年卫生服务体系的建设与完善,从而达到国家促进健康老龄化的战略目标,《"健康中国 2030"规划纲要》作为中国健康卫生事业的行动纲领,提出了多条具有指导性的项目举措。2017 年出台的《"十三五"健康老龄化规划》也为推动健康老龄化部署了 9 项任务。这 9 项战略性的任务奠定了健康老龄化战略在我国宏观战略布局中不可忽视的重要地位,内容涉及老年人健康素养的教育工作、老年人健康管理的卫生服务工作、老年医疗卫生服务体系的质量与可及性、社会卫生资源的配置与利用效率、医疗卫生体系及专业人员为健康老龄化做出的适应性改革、引入传统中医药(民族医药)推动老年健康事业的多样化发展和为老年人提供丰富多样的以人为本的健康服务。

随着我国民众平均期望寿命的延长,我国主要疾病类型由急性或传染性疾病转为慢性病,促使我国的卫生服务体系的工作重点由疾病治疗转为慢性病的防治和健康管理。"健康维护"也成为健康服务的核心,摒弃了曾经的"治病"核心。这与健康老龄化的中国方案的主要特征保持一致,指导着我国健康服务体系的建设,这一切都是从我国的基本国情出发,因此,倡导并积极推进健康老龄化是我国全面建成小康社会的重要任务;同时也应结合我国敬老爱老的优良传统来积极完善老年保障制度,从而加快我国养老服务体系的建设,为老年人提供多样化的养老服务,建立更加公平的可持续的社会保障以真正实现中国特色社会主义社会的可持续发展。目前我国在养老保障制度的改革和完善方面已经进行了大量的工作,这些工作包括医疗保障制度和医疗救助制度的完善和覆盖面的逐步扩大,以及基本退休金或养老金制度的改革和完善,该工作也包括开始初步消除医疗卫生保障中的城乡等地域经济上的差异。

第三节 中国健康老龄化政策的作用及意义

一、实施健康老龄化政策有利于我国卫生保健事业的发展

随着我国经济的发展、计划生育的实施,我国开始步入人口老龄化社会,老年人口在总人口中所占的比例不断增大,他们对医疗卫生和长期照护体系的服务需求也越来越多。此外,随着老年人口的高龄化趋势,这一群体对医疗卫生保健的需求也日益增加。然而,《关于老龄化与健康的全球报告》显示,当今世界,无论是低收入还是高收入群体,其卫生保健需求和对卫生保健服务的利用均存在脱节现象。能够获取卫生保健服务的老年人,他们所处的卫生服务系统通常不能解决他们的实际需求问题。主要原因是当前卫生服务的架构主要是利用生物医学的方法来诊断和治疗有时限的健康问题,其重点是发现问题并进行解决,在处理急性病或传染性疾病时具有良好的作用。然而人口老龄化的健康问题和社会需求通常是长期而复杂的,涉及机体功能的多个方面,并且随着时间的推移而变化。非传染性疾病、共患疾病的现象很常见,且慢性病的进程与老化过程互相交叠,最终影响老年人的内在能力。而处理这些复杂动态变化的方法与处理急性问题的方法不同。此外,卫生服务系统的利用还存在卫生服务设施大多集中在大城市而远

离农村老年人的居住区、老年人缺乏对自身健康状态的认知、老年人因医疗服务功能受限而无法获取卫生服务,以及卫生技术人员之间和各级医疗机构之间缺乏协调与合作、医务人员在处理老年人卫生保健需求方面的培训不足等问题。当前的医疗卫生保健服务并不能满足老年人日益增长的需要,这势必会大大影响我国老年人卫生保健事业的发展。

老年人对卫生保健的巨大需求既是对当前卫生保健系统的挑战,又是促进其发展、获得巨大收益的经济增长点。健康老龄化战略针对上述卫生保健服务与老年人卫生保健服务需求不匹配的现况,提出进行卫生系统改革,建立整合型医疗卫生保健系统,将卫生服务系统关注的重点从治疗疾病转移到改善老年人的内在能力上,向老年人提供以人为本的综合性卫生保健服务,针对不同的问题设计相应的服务机制;对卫生技术人员进行老年学、老年医学专业方面的知识技能培训,培养适应“健康老龄化”的全能人才,使医疗卫生服务系统满足人口老龄化社会的实际需求,面向老年人提供有效服务,这必将促进我国老年人卫生保健事业的长远发展。

二、实施健康老龄化政策有利于我国长期照护体系的发展

长期照护体系主要的服务对象是严重失能的老年人。由于老年人口的大量增长、期望寿命的延长,失能老年人口不断增加,需要提供长期护理的老年人口不断增加。现阶段我国应对老年人生活需求的保健—预防—治疗—康复—护理—安宁疗护的综合性、连续性的服务社会保障体系还没有形成,现有的社会保障体系还有待完善,存在种种问题,如长期照护工作者缺乏相关支持和培训、长期照护筹资的可持续性不能保障、照护的供给不连续等,导致现有的长期照护体系难以满足老

年人日益增长的照护需求。针对以上情况,健康老龄化战略提出,不管经济发展水平或依赖照护的老年人口在总人口中的占比如何,都有必要建立一个充分整合的长期照护体系,将卫生保健、社会服务与支持相结合,以实现对老年人的全程无缝照护。我国《"十三五"健康老龄化规划》也指出,要大力发展医养结合服务,整合医疗卫生和长期照护资源,将医疗服务应用到长期护理服务系统中,加强基层医疗卫生组织的服务能力,鼓励推行家庭医生签约服务,引进更多的护理人员加入家庭医疗服务的队伍中,充分调动社区卫生服务系统资源,更好地满足老年人尤其是失能、失智老年人的健康照护需求。党和国家对长期照护体系与医疗卫生服务资源整合的重视,必将极大地促进我国长期照护体系的发展。

三、实施健康老龄化政策有助于我国老龄事业的发展

国家和社会对老年群体健康相关问题的重视有助于推动老龄事业的发展。对于与促进老年人健康有关的行业,我国在《"十三五"健康老龄化规划》中明确表态,鼓励该类行业的发展,并大力提倡私立养老院的兴办;针对商业保险部门,鼓励发展老年商业健康保险;鼓励信息行业开发和使用与保障老年健康有关的软件,用创新的方式养老;在现有健康服务的基础上,增加服务类别,提高老年人的养生意识;规范医疗器械、保健食品等的研发制造;推动发展中医药(民族医药)特色的医养结合服务、中医药(民族医药)健康管理服务项目。在建设老年人健康支持环境方面,指出要优化老年人"住、行、医、养"等环境。在老龄事业的人才培养方面,加强专业人员队伍的建设,进行培训和技能鉴定。开展与老年人健康相关的科研工作,对与老年人健康有关的各项指标进行深入研究,探索老年人多发病的规律,并制订相关解决技术;同时,

带动老年科研的兴起。老年健康技术和设备的研发应用也将带动老年健康产业的进一步发展。

四、实施健康老龄化政策有助于促进老年人健康，提高生活质量

进入人口老龄化社会以后，老年人的身体健康问题成为社会关注的焦点。由于生活条件的提高、人类寿命的延长，高龄和失能老年人不断增多，给老年人本身、家庭和社会带来沉重的负担，老年人的健康问题日益受到人们的关注。世界卫生组织提出了健康老龄化的相关概念与措施，我国也针对人口老龄化制定了《"十三五"健康老龄化规划》。这些措施的出台都是为了提高老年人的身体健康状况，减轻社会负担。健康老龄化指的是当人进入老年时期，仍然能保证身体与心理的健康并能够独立完成社会活动，将疾病和生活不能自理的状态推迟到生命即将逝去的时刻。其核心在于从生命全过程的角度重视影响老年人健康和生活质量的各种因素，包括消极因素和积极因素，使老年人保持良好的身体与心理的健康，能够很好地独立完成社会活动，保证较高的生活质量。健康老龄化战略以老年人的综合性健康需求为中心，针对当前医疗卫生和长期照护体系的不足、缺乏支持老年人健康的社会环境等问题，通过改革卫生服务系统和长期照护体系、创建老年人健康的支持性环境等措施，实现老年人健康维护的全程链接，以最大化改善老年人的内在能力和促进其功能发挥，使老年人能够处于一种比较健康的状态，进而延长老年人的寿命、提高老年人的生活质量。

五、实施健康老龄化政策有利于全民健康事业的发展

《"健康中国2030"规划纲要》指出，促进包括老年人口在内的我国

所有国民的健康，是我国设立健康中国口号的原因。《"十三五"健康老龄化规划》提倡的健康老龄化，针对的是人从幼儿时期到老年时期的所有过程，时时计划确保人的健康，以实现年老时人的身体素质的整体提高。健康中国针对的不只是60岁及以上的老年人健康，还包括婴幼儿、儿童、青年、中年人群的健康。在国民的整个生命周期内实施健康老龄化政策，对所有可能干扰健康的因素进行分析，然后改善不利因素，优化促进国民健康的因素，为国民的健康发展开辟一个和谐的环境，使国民年老后还能保持身体的健康。从个体来看，人人都会走向衰老；从群体来看，老年人的健康状况不仅仅反映老年群体自身的健康状况，实际上更是全民健康状况的集中体现。如果没有健康的婴幼儿、儿童、青壮年，也就没有健康的老年人。我国著名健康专家邬沧萍曾经提出这样的观点：人口老龄化是一个长期缓慢的过程，需要在个体和群体年龄增长的变化过程中，不断探索和认识老年人健康问题的成因与后果，以及影响这些结果的因素，并预见可能出现的健康状况；老年群体的健康问题不单纯是进入老年时期后的健康问题，而是从婴儿时期、青年时期、中年时期发展而来的所有因素的综合，需要全面客观地认识老年人的健康问题。由此看来，健康老龄化是一项包含全民族、全社会的综合性健康事业，要依靠全社会的力量来提高全民的整体健康水平。

健康老龄化的前提是健康的婴幼儿、健康的青少年和健康的成年人。如果要最大限度地实现人的全生命周期的健康，需要国家和全社会的共同努力，营造良好的医疗环境，面对全体国民推行健康教育、健康促进和健康管理。无论是对于少年还是青年，都要进行健康教育，学习健康知识，致力于健康生活方式的培养，促进形成有助于健康的国家经济、政治和文化环境；健康促进是我国为了实现健康老龄化，由政府部门下达命令，确保社区居民在家庭内和个人生活上保持健康，以确保整个社会趋于一种健康的状态;健康管理指的是整个社会针对那些不利于健康的危险因素进行有效的改进。通过以上3点,个体自我健康管理知识增加,健康的生活、行为方式养成,有利于最大限度地减弱疾病对健康的影响,促进全民健康及健康老龄化的实现。

六、实施健康老龄化政策有利于促进我国经济发展

实施健康老龄化政策能够为未来的社会发展起到促进作用,减少国家未来的养老费用支出,最重要的一点是有利于促进国民经济的发展。其具体主要表现在三个方面:第一,实施健康老龄化政策,首先要有完善的医疗设施配置和照护体系,呼吁社会群体关爱老年人,虽然这个建设过程需要国家投入大量的精力,但一旦该体系构建,对我国的经济会产生极大的促进作用。比如说,与老年人有关的锻炼设施、保健品、生活用品、娱乐等都会得到发展。第二,当我国全民健康计划实施良好时,国民的患病率降低,医疗、药物用品的使用会大大减少,减轻了我国医疗行业的压力,有利于国家集中精力搞经济建设,从而保证国民经济的稳定发展。第三,老年人的寿命延长和健康水平提高,身心健康、社会适应良好的老年人可能会投入工作中,为社会发挥余热和创造财富。现阶段的实际情形是由于期望寿命延长,出生人口减少,20年后社会的劳动力将减少,而养老需求却增多,使国家的财政更多地划拨到养老费用上。此外,老年人口的不断增加也使得医疗和社会照护的支出不断增加,从而造成了巨大的经济和社会压力。开发老年人人力资源不仅可以促进经济发展,还可以提高老年人的生活质量和生活信心,而且有利于老年人的身心健康和自我完善。老年人健康水平的提高反过来也有利于减少医疗和照护支出,形成促进国民经济发展的良性循环。

七、实施健康老龄化政策有利于我国社会发展

(一)实施健康老龄化政策有利于社会的安定团结

老年群体是社会的重要组成部分。随着老龄化程度的加深,老年人口不断增加,而保持良好的健康水平是老年人面临的头等大事。健康老龄化战略的重点是关注老年群体,不断提高老年群体的生活质量和社会地位,为老年人谋福祉,这将对社会的安定团结起到不可估量的作用。对老年群体本身来说,健康老龄化政策的实施能够最大化地减少其身心不健康、社会适应差带来的痛苦,提升其内在能力并使其功能得到最大限度发挥,提升老年人身体素质和生活质量,使其能够享受更好的晚年时光。这也为奋斗在社会主义建设事业一线的青壮年人群展现了可期待的晚景,使他们能够全心全意投入社会主义的发展中,保障社会的稳定发展。此外,健康老龄化战略的长期照护投资能有效帮助那些严重失能的老年人,同时可以减轻家庭成员的养老负担,使子女或者照顾者能够继续投入社会工作,而不是留在家中照顾老年亲属,从而更好地体现自身的价值。另外,健康老龄化战略提供的长期照护以社会保障体系的方式来运行和完善,体现了我国社会主义制度的发展和进步。

(二)实施健康老龄化政策有利于促进社会公平

现阶段我国针对老年人的医疗服务机构,如康复医院、残疾人专业康复机构、护理院等数量较少且分布不均,无法满足我国老年人的医疗需求。失智照护、安宁疗护等相关机构的数量稀少,大型医疗机构的相关服务费用较高,专业从事老年健康服务的相关医疗基层人员比较匮乏,卫生服务设施大多集中在大城市而远离农村,发达地区与欠发达地

区医疗卫生和长期照护体系资源的不均等，为老年群体接受资源的不均等分配埋下了隐患。《关于老龄化与健康的全球报告》指出健康老龄化战略不仅要改善富裕或普通老年人口的状况，还应该平衡社会各阶层的内在能力和功能发挥的水平，缩小老年人个体间的差距，特别是为底层人员提供帮助。以该报告为指导，结合我国卫生和照护资源分配不均的国情，《"十三五"健康老龄化规划》指出，我国健康老龄化战略的基本原则之一是要整合资源，统筹兼顾，强调要不断完善公平可及、兼顾质量的老年公共卫生服务体系；加强医疗保障体系建设，加大对贫困老年人的医疗救助力度等，促进医疗卫生、长期照护资源的公平使用。

健康老龄化战略本身也是社会公平的反映。其从整个生命历程的角度思考问题，确保社会资源的公平分配。这不是要求以同样的方式对待每个年龄组，而是根据不同的需求，使各个年龄组在整个生命历程中得到公平对待。当前的医疗卫生和长期照护体系没有考虑到老年人疾病本身的特征和多样化的健康需求，健康老龄化战略强调了老年人健康的重要性，为老年群体享有更平等、更充分的医疗卫生服务资源提供了可能。此外，对长期照护体系的重视，也使得失能老年人相比其他老年人享有更多的照护机会，也是社会公平的具体表现之一。

（三）实施健康老龄化政策有利于提升老年人的社会地位

中华民族向来有尊老敬老的优良文化传统。老年群体在青壮年时为社会做出了巨大的贡献，理应得到社会的尊重。然而，社会经济的发展要求个体能够持续为社会创造价值。由于我国是发展中国家，健康保障体制尚不完善，老年群体的健康状况存在较多问题，不少老年人无法有较高的寿命质量，也不能在晚年为社会发展助力，给社会和家庭带来较大的经济和照护负担。由此导致“老年无用论”的盛行，使老年群体得不到社会的尊重。健康老龄化战略旨在促进老年群体的身心健康、社会适应良好的状态。老年人健康水平及生活质量的提高有助于减轻国家和社会的经济和照护负担，其社会功能的进一步发挥能够为社会创造更多价值，从而改变“老年无用论”等消极的社会价值观，提升老年人的社会地位。健康老龄化战略可提高老年人的健康水平，进而改变“老年无用论”的认知。《关于老龄化与健康的全球报告》提出，我们要营造关爱老年人的社会氛围，改变陈旧消极的观念，挑战年龄歧视，创建接纳年龄多样性的包容性环境，促进实现老年人的自主权。以上健康老龄化理念有利于社会建立接纳包容老年群体的环境，保持老年人的独立性，形成尊重老年人权益的社会风气，从而提升老年人的社会地位。

主要参考文献：

[1] 邬沧萍，姜向群．“健康老龄化”战略刍议[J]．中国社会科学，1996(5)：52-64．

[2] 陆杰华，阮韵晨，张莉．健康老龄化的中国方案探讨：内涵、主要障碍及其方略[J]．国家行政学院学报，2017(5)：40-47．

[3] 周玲玲．从健康老龄化看健康促进[J]．中国热带医学，2007，7(9)：1698-1699．

[4] 世界卫生组织．关于老龄化与健康的全球报告[R]．日内瓦：世界卫生组织，2015．

[5] 杜鹏，董亭月．促进健康老龄化：理念变革与政策创新——对世界卫生组织《关于老龄化与健康的全球报告》的解读[J]．老龄科学研究，2015，3(12)：3-10．

[6] United Nations Population Fund(UNFPA), Help Age International. Ageing in the twenty-first century. A celebration and a challenge [M]. New York: UNFPA, 2012.

[7] 宋全成，崔瑞宁. 人口高速老龄化的理论应对——从健康老龄化到积极老龄化[J]. 山东社会科学，2013(4)：36-41.

[8] Sawamura K, Nakashima T, Nakanishi M. Provision of individualized care and built environment of nursing homes in Japan[J]. Arch Gerontol Geriatr, 2013, 56(3): 416-424.

[9] Smit D, de Lange J, Willemse B, et al. The relationship between small-scale care and activity involvement of residents with dementia [J]. Int Psychogeriatr, 2012, 24(5): 722-732.

[10] Khoo Teck Puat Hospital. Alexandra Health System's Ageing-in-Place Programme-first Singapore public healthcare programme to win 2014 UN Public Service Award[EB/OL]. (2014-06-26) [2019-06-29]. https://www.ktph.com.sg/uploads/1403773586Media%20Release%20-%20First%20Singapore%20Public%20Healthcare%20Programme%20to%20Win%202014%20UN%20Public%20Service%20Award.pdf.

[11] 中华人民共和国国家统计局. 中华人民共和国2012年国民经济和社会发展统计公报[EB/OL]. (2013-02-22)[2019-05-26]. http://www.stats.gov.cn/tjsj/tjgb/ndtjgb/qgndtjgb/201302/t20130221_30027.html.

[12] 刘毅强. 实现健康老龄化——全国老年医疗保健与社会发展研讨会综述[J]. 理论前沿，1995(24)：21-22.

[13] 张康之. 中国道路与中国话语建构[J]. 国家行政学院学报，

2017(1):25-30.

[14] 佚名.《"十三五"健康老龄化规划》解读[J].人口与计划生育,2017(4):4-5.

[15] 苏永刚,吕艾芹,陈晓阳.中国人口老龄化问题和健康养老模式分析[J].山东社会科学,2013(4):42-47.

[16] 耿爱生,杨文娴.我国老年保障研究中的"健康老龄化"研究趋向及其价值[J].社会保障研究,2014(2):60-65.

[17] 印石.实现健康老龄化的重要意义[J].中国卫生经济,1999,18(10):52-53.

CHAPTER 2

第二章

中国人口结构变迁与老龄化趋势

第一节 相关概念界定

一、人口

(一) 人口数

人口数是指一定时点、一定地区范围内有生命的个人总和。年度统计的年末人口数指每年12月31日24时的人口数。本书年度统计的全国总人口数内未包括我国香港、澳门特别行政区和台湾地区,以及海外华侨人口数。按照城乡结构可以将人口分为城镇人口和农村人口,其中城镇人口是指居住在城镇范围内的全部常住人口,农村人口是除城镇人口以外的全部人口。

(二) 出生率

出生率又称粗出生率,是指在一定时期(通常为一年)内一定地区的出生人口数与同期内平均人口数(或期中人口数)之比,用千分率表示。本章所指的出生率为年出生率,其计算公式为

$$出生率(‰)=\frac{年出生人口数}{年平均人口数}\times 1000‰$$

其中,出生人口指活产婴儿,即脱离母体时(不管怀孕月数)有过呼吸或其他生命现象的婴儿。年平均人口数指年初、年底人口数的平均数,也可用年中人口数代替。

(三) 死亡率

死亡率又称粗死亡率,是指在一定时期(通常为一年)内一定地区

的死亡人口数与同期内平均人口数(或期中人口数)之比,用千分率表示。本章所指的死亡率为年死亡率,其计算公式为

$$死亡率(‰)=\frac{年死亡人口数}{年平均人口数}\times1000‰$$

(四) 人口自然增长率

人口自然增长率是指在一定时期(通常为一年)内人口自然增加数(出生人口数减死亡人口数)与该时期内平均人口数(或期中人口数)之比,用千分率表示。其计算公式为

$$人口自然增长率(‰)=\frac{年出生人口数-年死亡人口数}{年平均人口数}\times1000‰$$

$$人口自然增长率(‰)=人口出生率(‰)-人口死亡率(‰)$$

(五) 生育率

通常使用的生育率包括年龄别生育率和总和生育率。其中年龄别生育率简称 ASFR,是指处于不同年龄的育龄妇女(年龄在 15～49 岁的妇女,暂不考虑妇女的生育能力)的生育水平,可以表示为

$$\text{ASFR}(‰)=\frac{b_x}{w_x}\times1000‰$$

其中,x 的取值范围为 15～49,b_x 表示年龄在 x 岁的育龄妇女的生育人口数,w_x 表示年龄在 x 岁的育龄妇女的总人口数。

总和生育率简称 TFR,即不同年龄别生育率的总和,表示在育龄妇女的生育周期时,该批育龄妇女平均生育小孩的个数,可以表示为

$$\text{TFR}=\sum_{x=15}^{49}f_x$$

其中,f_x 表示上文提到的年龄别生育率。

二、人口结构

人口结构是人口学的重要范畴之一,是指某一特定区域内的总人

口中，按照年龄、性别、所处的地理环境以及接受教育的程度等社会特征归类的人口的分布情况以及相互之间的关系情况。人口结构是否合理，不仅关系到人口再生产是否能够顺利进行，还对物质资料的生产具有极其重要的影响。

本文中，人口结构是指依据人口所具有的各种不同的自然、社会、经济、地域等特征，将人口划分成的各组成部分所占的比例及其相互关系，进一步而言是一个国家或地区的总人口中，年龄、性别、教育、就业、迁移、城乡等人口特征的分布状况和关系状况。人口结构研究是按照人口的不同标志研究一定地域、一定时点的人口的内部结构及其比例关系。研究人口结构需要同时具备三个方面的内容，即一定的规定性（标志）、一定地域和一定时点。人口结构主要分为自然结构、社会经济结构和地域结构三大方面。

（一）人口自然结构

人口自然结构是指依照人口的自然属性划分总体，从而得到不同组成部分的人口结构形式。人口自然结构包括人口的性别结构和年龄结构。性别结构是对象人口中男性人口与女性人口的分布情况，一般来说，人口再生产、人口规模和老龄化程度都会对性别结构产生一定的影响；年龄结构是指各个不同年龄阶段的人口在不同时间和不同地域占总人口的比例，用来反映少年儿童、老年人口等非劳动年龄人口和劳动年龄人口在总人口中的分布规律。常用的衡量指标有少年儿童抚养比、老年人口抚养比和总抚养比。

1. 少年儿童抚养比

按照国际劳工组织的相关标准，14 岁及以下的人口被视为少年儿童人口，15～64 岁的人口被视为劳动年龄人口，65 岁及以上的人口被视为老年人口。少年儿童抚养比(child dependency ratio,CDR)是衡量少年儿童人口比例的常用指标,也被称为少儿人口抚养负担系数,指的是少年儿童人口数与劳动年龄人口数的比值,通常用百分比表示,以反映每100名劳动年龄人口要负担的少年儿童人口数。其计算公式为

$$\mathrm{CDR}(\%)=\frac{P_{0\sim14}}{P_{15\sim64}}\times100\%$$

其中,$P_{0\sim14}$为0～14岁少年儿童人口数,$P_{15\sim64}$为15～64岁劳动年龄人口数。

2. 老年人口抚养比

老年人口比例的常用衡量指标是老年人口抚养比(old-age dependency ratio,ODR),也称老年人口抚养负担系数,指的是老年人口数与劳动年龄人口数的比值,通常用百分比表示,以表明每100名劳动年龄人口要负担的老年人口数。老年人口抚养比是从经济角度反映人口老龄化社会后果的指标之一。其计算公式为

$$\mathrm{ODR}(\%)=\frac{P_{65^+}}{P_{15\sim64}}\times100\%$$

其中,P_{65^+}为65岁及以上的老年人口数,$P_{15\sim64}$为15～64岁劳动年龄人口数。

3. 总抚养比

总抚养比(general dependency ratio,GDR)也称总负担系数,指人口总体中非劳动年龄人口数与劳动年龄人口数之比,通常用百分比表示,说明每100名劳动年龄人口大致要负担的非劳动年龄人口数。总扶养比用于从人口角度反映人口与经济发展的基本关系。其计算公式为

$$\mathrm{GDR}(\%)=\frac{P_{0\sim14}+P_{65^+}}{P_{15\sim64}}\times100\%$$

其中,$P_{0\sim14}$为0～14岁少年儿童人口数,P_{65^+}为65岁及以上的老年人

口数，$P_{15\sim64}$为15～64岁劳动年龄人口数。

(二) 人口社会经济结构

人口社会经济结构是指按照一定的社会经济学属性将人口划分为不同组成部分而形成的人口结构形式。在人口的社会结构中，教育文化结构是指在一定的区域中具有不同文化教育水平的人口占总人口的比例关系；民族结构是指不同民族的人口数在总人口中的比例关系。而人口经济结构主要包括产业结构、职业结构等，其中人口的产业结构是指经济活动人口在一定区域中，从事不同生产部门的经济活动所构成的人口比例关系。人口的产业结构以人口产业分布为依据来反映人口劳动力资源情况。人口职业结构主要指经济活动人口在各种职业中的分布状况和比例关系。人口职业结构的产生和发展体现社会分工的不断扩大、生产力的不断提高与解放。

(三) 人口地域结构

人口地域结构是指不同地理分布(包括行政、自然与经济区域分布，城乡分布等)下人口的比例构成形式，主要分为人口的空间分布结构和城乡结构。其中，人口的空间分布结构指不同的行政区域中人口的集中程度，受自然环境和资源情况影响较大；人口的城乡结构是指城镇人口与农村人口在一定区域总人口中所占的比例，既是反映城镇化水平的重要指标，也是社会经济不断发展的产物。

三、老龄化

(一) 人口老龄化

人口老龄化是指某个国家或地区老年人口占总人口的比例不断升

高。当一个国家或地区 65 岁及以上老年人口数占总人口数的比例超过 7%或 60 岁及以上老年人口数占总人口数的比例超过 10%时，则意味着这个国家或地区进入人口老龄化时期。

导致人口老龄化的关键驱动因素有两个：一是平均期望寿命延长；二是生育率下降。目前用来衡量老龄化的指标有 4 个：①老年人口系数(%)，即 60 岁及以上或 65 岁及以上人口数占总人口数的百分比；②老龄化指数或老少比(%)，即 65 岁及以上人口数与 15 岁以下人口数的百分比，反映人口年龄构成中上下两端的相对变动的趋势，当其在 30%及以上时称为老年型人口；③老龄化率，即 65 岁及以上人口增长率与平均人口增长率的比值，反映老年人口的增长速度；④人口年龄中位数。

(二) 健康老龄化

健康老龄化这一概念被广泛用于学术和政策领域，但其组成、定义和测量方法却一直缺乏共识。世界卫生组织在《关于老龄化与健康的全球报告》中将健康老龄化定义为发展和维护老年人健康生活所需的功能发挥的过程。其中功能发挥是指使个体能够按照自身观念和偏好来生活和行动的健康相关因素。它由个人内在能力与相关环境特征以及两者之间的相互作用构成。内在能力是指个体在任何时候都能动用的全部身体机能和脑力的总和。环境包括组成个体生活背景的所有外界因素，从微观到宏观层面，包括家庭、社区和广大社会。环境中有很多影响因素，包括建筑环境、人际关系、态度和价值观、卫生和社会政策、支持系统及其提供的服务。

第二节
1949—2016 年中国人口结构

一、总人口

联合国 2017 年发布的数据显示，全球总人口数达到75.50 亿人，其中，中国人口数约 14.09 亿人，约占全球总人口数的18.66%，是世界上人口最多的国家。

图 2-1 显示了 1949—2016 年国家统计局的调查数据（本节数据均来源于中华人民共和国国家统计局《中国统计年鉴》），自新中国成立以来，我国总人口数持续增长，从 1949 年的约 5.42 亿人增至 2016 年的约13.83亿人，增幅约 155.17%。

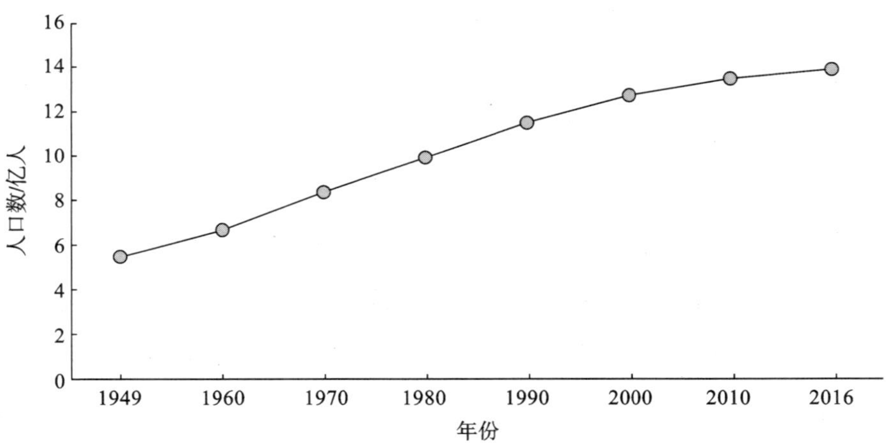

图 2-1　中国总人口变化趋势（1949—2016 年）

基于国家统计局的年度统计数据，图 2-2 展示了 1952—2016 年中国人口出生率、死亡率和自然增长率的变化情况。受社会经济发展、生育政策等因素的影响，我国人口出生率基本呈下降趋势，2016 年我国人口出生率为 12.95‰。随着近年来“全面二孩”政策的推出和实施，未来我国人口出生率必将发生改变。我国人口死亡率在近四十年内基本处于稳定状态，约为 7‰。

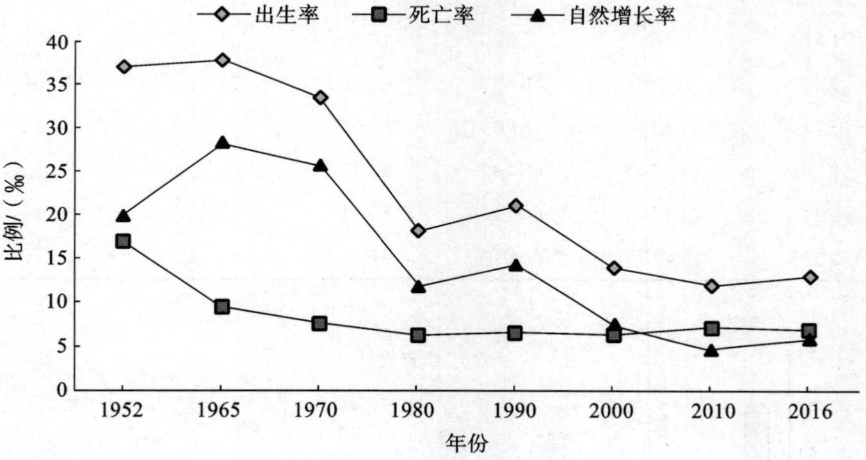

图 2-2　中国人口出生率、死亡率和自然增长率(1952—2016 年)

二、人口自然结构

(一) 人口性别因素

人口性别结构是人口自然结构的重要内容，它直接影响到婚姻、家庭状况以及人口再生长速度。总人口性别比和出生人口性别比是衡量一个国家或地区人口性别结构最常用的两个指标。表 2-1、图 2-3 所示为 1949—2016 年我国人口性别结构的变化情况，从中不难看出，我国人口性别结构常年处于“男多女少”的状态，但仍有趋于平衡的态势，2016年我国总人口中男性人口占51.21%、女性人口占48.79%。

表2-1 中国人口性别结构(1949—2016年)

年份	总人口数/万人	人口数/万人		比例/(%)	
		男性	女性	男性	女性
1949	54167	28145	26022	51.96	48.04
1960	66207	34283	31924	51.78	48.22
1970	82992	42686	40306	51.43	48.57
1980	98705	50785	47920	51.45	48.55
1990	114333	58904	55429	51.52	48.48
2000	126743	65437	61306	51.63	48.37
2010	134091	68748	65343	51.27	48.73
2016	138271	70815	67456	51.21	48.79

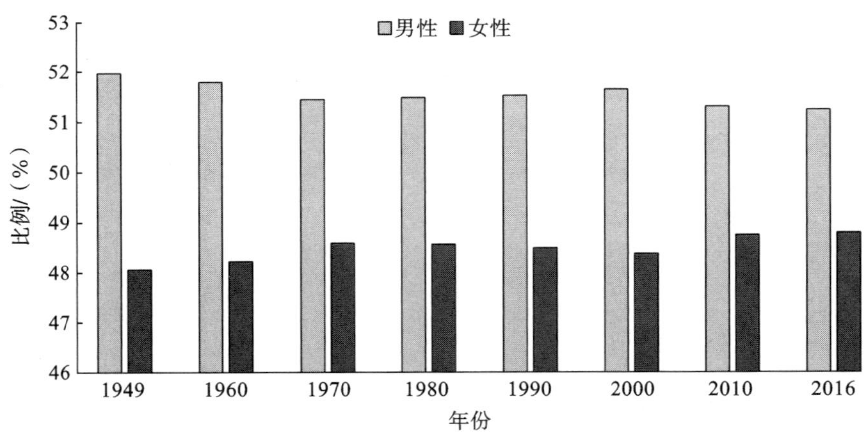

图2-3 中国人口性别结构变化(1949—2016年)

(二)人口年龄结构

表 2-2、图 2-4 所示为 1982—2016 年我国人口年龄结构的变化情况,其中 65 岁及以上人口比例逐年增高,少年儿童人口比例逐年下降。2016 年我国人口年龄结构中,少年儿童人口、劳动年龄人口和老年人口占总人口的比例分别为 16.64%、72.51%和 10.85%。

表 2-2 中国人口年龄结构(1982—2016 年)

年份	总人口数/万人	人口数/万人			比例/(%)		
		0～14 岁	15～64 岁	65 岁+	0～14 岁	15～64 岁	65 岁+
1982	101654	34146	62517	4991	33.59	61.50	4.91
1990	114333	31659	76306	6368	27.69	66.74	5.57
2000	126743	29012	88910	8821	22.89	70.15	6.96
2010	134091	22259	99938	11894	16.60	74.53	8.87
2016	138271	23008	100260	15003	16.64	72.51	10.85

(三)抚养比

图 2-5 呈现了 1982—2016 年我国人口抚养比的变化情况,其中老年人口抚养比呈持续缓慢增长趋势,从 1982 年的 8.0%增长至 2016 年的 15.0%,表明随着老龄化的加剧,我国老年人口的抚养负担正在逐年加重。此外,少年儿童抚养比和总抚养比在 2016 年均有小幅度提升,分别为 22.9%和 37.9%。

三、人口社会经济结构

(一)教育文化结构

根据国家统计局的历年统计数据,图 2-6 总结了从 1990 年到 2016

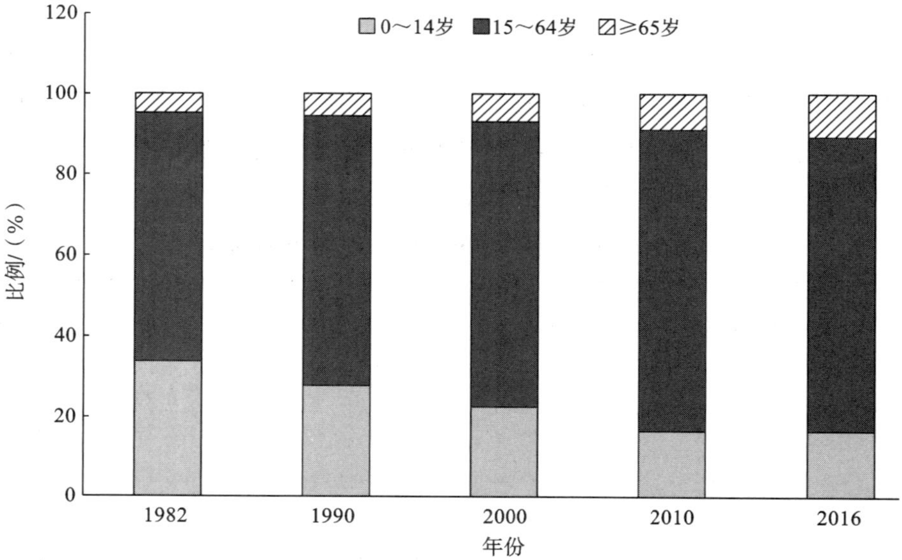

图 2-4　中国人口年龄结构变化(1982—2016 年)

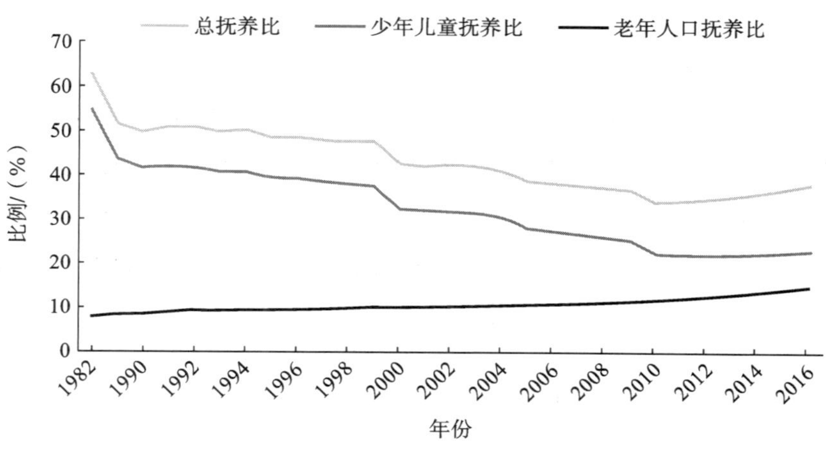

图 2-5　中国人口抚养比变化(1982—2016 年)

年的人口受教育程度变化情况。从图中数据不难看出，我国人口教育文化结构发生了明显变动，其中1990年和2000年小学学历人口最多，而2005年、2010年和2016年最主要的教育构成转变为初中学历，这表明我国教育文化结构正在朝更高的学历方向转变。

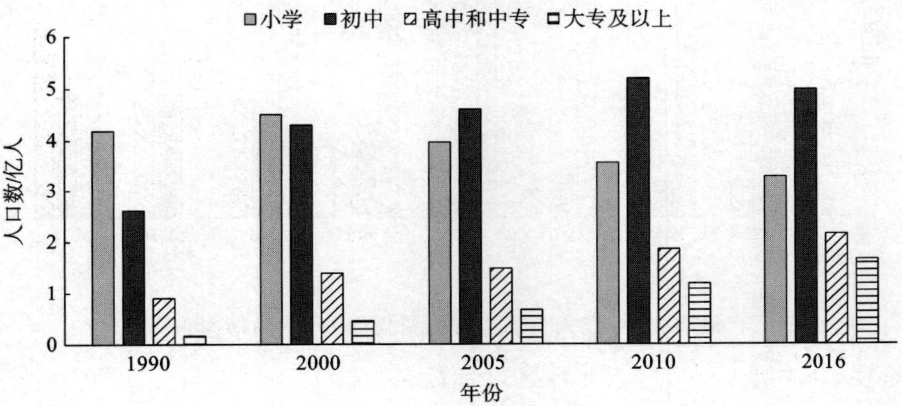

图 2-6　中国人口受教育程度变化(1990—2016 年)

(二) 产业结构

图 2-7 所示为 1952—2016 年我国人口产业结构的变化情况，人口产业结构中，第一产业就业人口比例逐年下降，由 1952 年的83.5%下降至 2016 年的 27.7%。第三产业就业人口比例逐年上升，由 1952 年的 9.1%升高至 2016 年的 43.5%。

四、人口地域结构

(一) 空间分布结构

图 2-8 所示为 1998—2016 年我国人口空间分布结构变化情况，空间分布结构基本不变。在六大地理区域中，华东地区人口数一直居于

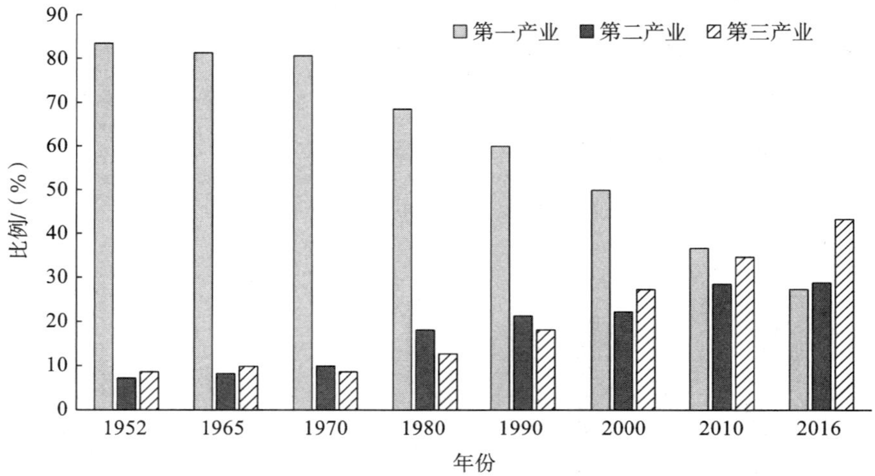

图 2-7　中国人口产业结构变化(1952—2016 年)

首位,华中地区次之,西北地区人口数最少。

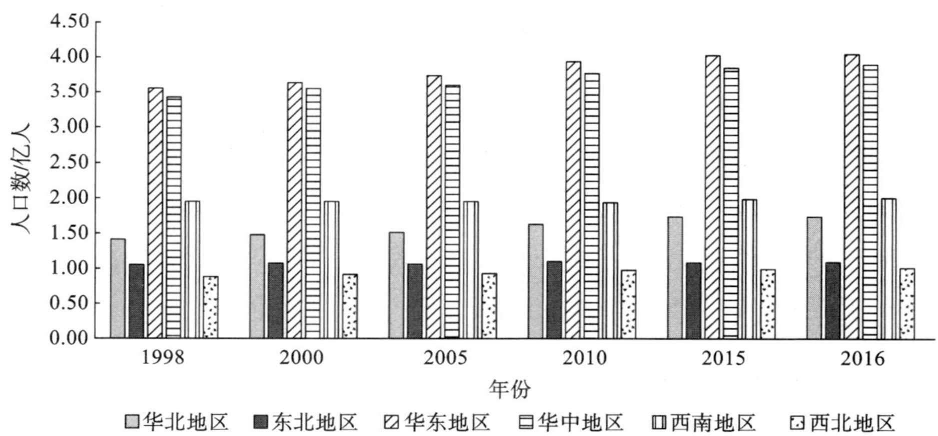

图 2-8　中国人口空间分布结构变化(1998—2016 年)

(二) 城乡结构

图 2-9 所示为 1949—2016 年我国人口城乡结构与城镇化率变化情况，从图中可以看出，我国城镇人口数逐年增加，人口城镇化率也相应逐年上升。2016 年我国城镇人口数达到约 7.93 亿人，占总人口数的 57.35％。

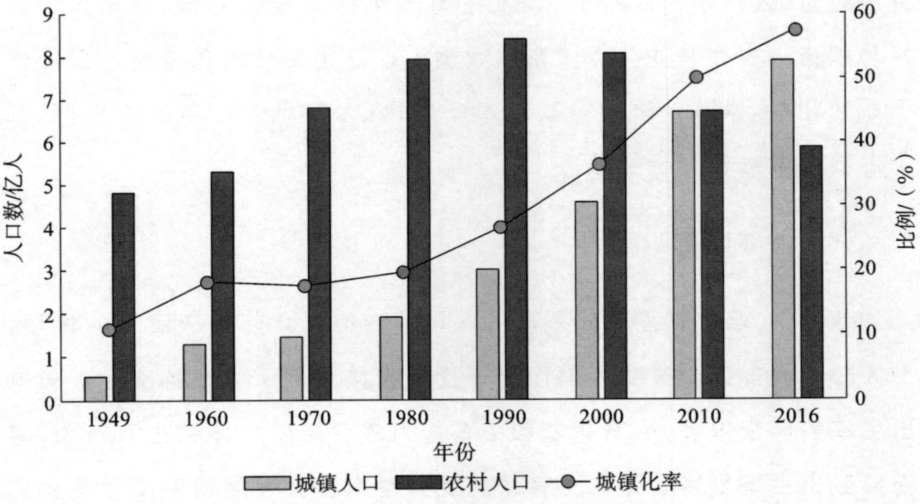

图 2-9　中国人口城乡结构与城镇化率变化(1949—2016 年)

第三节 中国人口结构影响因素分析

作为一个人口大国，中国的人口问题是无法规避的。人口结构可以有效地反映某个国家或地区在某特定时间的人口分配状态，人口结构的变化主要表现为不同人口属性(年龄、性别、社会关系等)下的人口数在总人口数中所占比例的变化。

人口结构的变化受到多种因素的影响，有人口本身的内部因素，也有一些外部因素，各因素相互影响，最终作用于人口结构，引起人口结构变化。人口结构在受到这些因素影响而产生变化的同时，也反作用于这些因素，使其产生变化。随着经济的发展、城镇化进程的推进、社会的转型、人们观念的转变，以及生育政策的调整和完善，我国人口结构和规模一直处于变化中。影响我国人口结构变化的因素复杂且处于不断变化中，本节针对影响我国人口结构（尤其是人口年龄结构）的几个主要因素进行分析描述。

一、内部因素

出生率、死亡率等内部因素对人口结构的变化起着决定性的作用，而人口的内部因素又受外部因素干扰而直接作用于人口的变化。影响出生率的因素很多，生育意愿和生育能力等会影响个体的生育行为，进而导致出生率发生变化。生育意愿受到整个社会发展的联动效应的影响，包括人口素质、经济发展水平、科技发展程度、社会进步情况、劳动力需求、自然资源限制情况等。相对而言，影响死亡率的因素较少。死亡是人们的一种自然行为，对死亡直接产生关键干扰的是人的寿命。寿命的延长会影响一个年度的死亡人口数，从而直接作用于年死亡率。相关科学技术水平、资源限制和社会环境等会对人的寿命产生影响，与过去相比，现在医疗科技的发达和人们养生手段的增多延缓了死亡。在现有的科学技术和较稳定的社会环境下，近几十年我国人口死亡率并没有太大的波动。

二、生育政策

（一）计划生育政策

20世纪70年代我国开始推行计划生育政策，1982年9月计划生育政策被定为基本国策，同年12月被写入《中华人民共和国宪法》，并于2001年被写入《中华人民共和国人口与计划生育法》。整个计划生育政策主要包括晚婚、晚育、少生、优生四个重要方针。计划生育这一基本国策自实施以来，对中国的人口问题和发展问题的积极作用是不可忽视的。

在计划生育政策实施的初期，体现最为明显的是在第三次人口普查时我国人口年龄结构中的少年儿童人口比例直接下降到40%以下，我国人口年龄结构也随之转变为成年型。随着计划生育政策的深入推广，育龄妇女的生育率越来越低，人口出生率也逐渐降低，少年儿童人口比例在2010年已经下降到16.6%，出现严重的“少子化”现象。上述变化说明全面实施计划生育政策对于我国人口年龄结构的转变起到了重要作用。

（二）“二孩”政策

1.“单独二孩”政策

2013年11月，十八届三中全会通过了《中共中央关于全面深化改革若干重大问题的决定》，其中提到“坚持计划生育的基本国策，启动实施一方是独生子女的夫妇可生育两个孩子的政策”，这标志着“单独二孩”政策的正式实施。“单独二孩”政策的推行是中国生育政策的一次重大调整，在全社会引起了强烈的反响。生育政策的调整也成为学术界关注的焦点，众多学者针对“单独二孩”政策下育龄妇女的生育意愿、人口走势和社会影响等进行了深入研究。

根据国家统计局发布的年末人口统计数据，2014 年我国总人口数的年自然增长率为 5.21‰，明显高于 2013 年（4.92‰）、2012 年（4.95‰）和 2011 年（4.79‰）的总人口数年自然增长率。2014 年总人口数年自然增长率的突然变化反映了“单独二孩”政策对我国人口的影响，如图 2-10 所示。

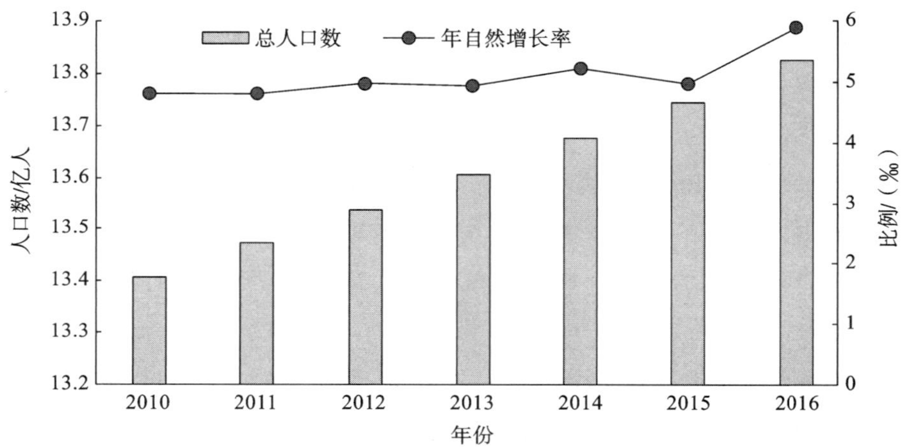

图 2-10　中国总人口数和年自然增长率变化（2010—2016 年）

2.“全面二孩”政策

2015 年 10 月，十八届五中全会决定“坚持计划生育的基本国策，完善人口发展战略，全面实施一对夫妇可生育两个孩子政策”，即“全面二孩”政策。2015 年底，第十二届全国人大常委会第十八次会议审议通过了《中华人民共和国人口与计划生育法修正案（草案）》，进一步明确了“全面二孩”政策自 2016 年 1 月 1 日起施行。这是继 2013 年启动实施“单独二孩”政策后又一次生育政策的重大调整，对中国人口形势和变化趋势产生了巨大的影响。国家统计局的年度数据显示，2016 年我国总人口数的年自然增长率为5.86‰,明显高于前几年的数据,表现为总人口数年自然增长率的骤然提升,如图2-10所示。

越来越多的学者开始关注"全面二孩"政策对我国人口、经济、卫生等方面的影响,并针对该政策对人口结构的未来效应进行了长期预测,刘叶等对实施"全面二孩"政策后我国2020—2030年的人口结构进行了预测和对比分析,由表2-3的对比结果可以看出,实施"全面二孩"政策能够在育龄妇女人口、劳动力人口和老年人口变化方面发挥作用。

表2-3　未实施和实施"全面二孩"政策后人口结构对比分析(2020—2030年)

对比分析	未实施"全面二孩"政策	实施"全面二孩"政策
育龄妇女人口数	10万人～80万人	60万人～90万人
育龄妇女人口变化趋势	下降	下降
育龄妇女人口变化速率	急	缓
劳动力人口数	7亿人～10亿人	8亿人～10亿人
劳动力人口变化趋势	下降	下降
劳动力人口变化速率	急	缓
老年人口数	2.5亿人～4亿人	2亿人～4亿人
老年人口变化趋势	上升	上升
老年人口变化速率	急	缓

"全面二孩"政策的开放一方面影响人口的发展趋势,另一方面可能改变未来人口的年龄结构。人口老龄化是中国目前以及今后要直面的重要人口问题之一。长远来看,"全面二孩"政策的开放或许可以在缓解人口老龄化方面发挥积极作用。开放"全面二孩"政策并不能在短期内对我国人口老龄化趋势产生影响,但能够在较大程度上减缓未来几十年老年人口抚养比的上升速率,进而达到减慢人口老龄化进程的目的。

三、社会经济

人口与社会经济发展的相互关系是人口学和经济学研究的核心问题之一。有研究者从人口老龄化动力学的角度分析了人口老龄化与经济发展的协调关系，发现人口老龄化和经济发展呈显著正相关。

经济发展水平影响着人口结构变化，尤其是人口年龄结构。在经济学视角下，人口老龄化指一个国家或地区“经济老年人口”占总人口的比例等于或超过7%。人口老龄化是工业化、城镇化和现代化的必经阶段和必然结果之一。社会经济发展对人口年龄结构有着决定性的影响，人口寿命的延长需要经济发展提供相应的支持。经济发展可以在一定程度上推动个体身体机能的改善，进而延长人口寿命和导致人口老龄化。因此，经济发展不仅可以改善生活条件，还会导致个体期望寿命延长、人口老龄化规模扩大，即顶部老龄化、高龄化成为主流。

此外，经济发展还决定了社会保障支出的多少，根据中国历年人均社会保障与养老保险支出情况，我国的社会保障水平呈逐年上升趋势，社会养老人口在老年人口中的比重不断扩大。社会经济发展对人口结构变化的直接影响在不断弱化，开始通过社会保障等间接影响人口年龄结构的区域演变机制。

通过各类人口-经济学模型不难看出，人口结构对经济发展也有着较强的影响。目前人口结构对社会经济发展的影响突出表现为五个方面。①对经济增长的影响：目前老龄化产业已经成为我国很多地区的重要经济增长点，对维持本地经济的可持续增长发挥着一定作用。②对经济结构的影响：优化了产业结构，并促进其转型升级。人口年龄结构的变化导致就业市场结构、消费市场结构和产业结构的调整。③对居民收入的影响：改变了居民收入分配结构与消费观念。近年来我国社会保障制度以及老年相关政策不断完善，人口老龄化对老年人口的收入分配产生了明显影响。④对公共政策的影响：促进了退休、养老等相关公共政策的制定与实施。人口结构对社会结构影响的相关研究推动了政策研究的发展，人口年龄结构导致公共政策的变化主要体现为各地区老龄化政策的变动。⑤对新兴产业的影响：催生了如养老地产等新兴养老产业。从《中国老龄事业发展“十二五”规划》到《国家积极应对人口老龄化中长期规划》，体现了我国对老龄产业的支持态度。

四、资源环境

人口与资源环境有着复杂的生存关系。人口增长的速度过快对资源和环境带来了一系列负面影响，而资源的减少和环境的恶化同时影响人口的自然增长率。

从资源环境对人口影响的角度来讲，资源逐渐减少，环境遭到破坏，人类的生存就会受到直接威胁，不能生产足够的食物，生产力水平下降，继而导致经济衰退，人类将陷入贫困状态，进而陷入生态变化的恶性怪圈中。

从人口对资源环境影响的角度看，人口数的变化是影响资源环境变化的一种重要方式。人口数的增加必然会导致对资源需求的增加，为了满足生存的需要，人类需要向自然界索取更多的资源，大力开发利用自然界的矿产等，自然环境因此进一步受到人类足迹的影响，生长轨迹偏离自然状态，环境面貌在人类活动的外部干扰下改变。人口结构是资源环境变化程度的影响因素之一，劳动年龄人口比例高、需要抚养的人口比例高、人口增长速率快都会加速资源的采掘和环境面貌的改变。人口的生产和消费模式同时也对资源环境的变化程度有着重要影响。粗放式的生产方式会加速环境恶化，对资源造成过度浪费；恶性消费对资源环境的杀伤力就像在草原上过度放牧从而加速草原变沙漠的影响一样，这些破坏是不可逆的。只有可持续发展才能使资源环境形成一个良性循环，然后缓慢恢复。因此，合理控制人口数，减缓人口的增长速率，发展科学技术，提高人口素质，对资源环保式开发，对环境呵护式影响，才能更好地让人类生存。

第四节 中国老龄化趋势预测

根据惯用的人口老龄化社会衡量标准，当一个国家或地区 60 岁及以上的老年人口数占总人口数的比例超过 10% 或者 65 岁及以上的老年人口数占总人口数的比例超过 7% 时，即标志着这个国家或地区进入人口老龄化社会。根据国家统计局 2017 年发布的统计数据，2016 年末，我国 65 岁及以上人口达到约 1.5 亿人，约占全国总人口的 10.85%。

随着经济的发展、社会的转型、城镇化进程的推进、生育政策的调整，以及人们观念的转变，我国人口规模和结构在未来几十年都将处于变化中。因此，对该时期我国人口的发展态势进行前瞻性的预测分析具有重大意义。为了及时准确地反映我国人口的变动趋势，结合新形势考虑参数的变化，运用最新数据进行定期的人口预测十分必要。联合国经济和社会事务部人口司每隔两年会发布一版《世界人口展望》(*World Population Prospect*)，综合考虑世界各国社会经济发展新形势对各国人口态势的新影响，并结合世界各国发布的最新官方人口统计数据对各国人口变动的趋势进行预测。本节依托联合国发布的《世界人口展望 2017》，对我国人口老龄化趋势进行描述和分析。

一、总人口规模和结构变动趋势

表 2-4 所示为联合国对 2017—2100 年中国人口与年龄结构变动趋势的预测结果，根据预测数据，我国总人口数将于 2030 年左右迎来峰值，峰值人口约为 14.41 亿人。此后，我国总人口将持续缩减，进入人口负增长时期，于 2044 年左右跌破 14 亿人，2059 年左右跌破 13 亿人，2072 年左右跌破 12 亿人，2086 年左右跌破 11 亿人，最终在 2100 年降至约 10.21 亿人，见图 2-11。

表 2-4　中国人口与年龄结构变动趋势(2017—2100 年)

年份	总人口数/千人	人口数/千人				比例/(%)			
		0～14 岁	15～64 岁	65 岁+	80 岁+	0～14 岁	15～64 岁	65 岁+	80 岁+
2017	1409517	249157	1010367	149993	25768	17.68	89.36	10.64	1.83
2020	1424548	248745	1002172	173631	27571	17.46	70.35	12.19	1.94
2025	1438836	239490	995649	203697	31744	16.64	69.20	14.16	2.21
2030	1441182	221682	973598	245902	40843	15.38	67.56	17.06	2.83
2035	1433509	206211	928118	299180	58298	14.39	64.74	20.87	4.07
2040	1417473	197476	882085	337911	69142	13.92	62.23	23.84	4.88
2045	1394361	193569	852347	348444	86938	13.88	61.13	24.99	6.23
2050	1364457	190703	814862	358892	111009	13.98	59.72	26.30	8.14
2055	1328501	185736	752495	390269	125585	13.98	56.64	29.38	9.45
2060	1288707	178210	717167	393330	124122	13.83	55.65	30.52	9.63
2065	1248118	170309	699776	378032	127944	13.65	56.07	30.29	10.25
2070	1208909	164282	681614	363013	150392	13.59	56.38	30.03	12.44
2075	1171510	160613	657333	353563	152633	13.71	56.11	30.18	13.03
2080	1135754	157976	628047	349731	141963	13.91	55.30	30.79	12.50

续表

年份	总人口数/千人	人口数/千人				比例/(%)			
		0～14岁	15～64岁	65岁⁺	80岁⁺	0～14岁	15～64岁	65岁⁺	80岁⁺
2085	1102475	154850	602611	345015	133874	14.05	54.66	31.29	12.14
2090	1072519	150621	583784	338114	133492	14.04	54.43	31.53	12.45
2095	1045801	145883	569010	330909	139950	13.95	54.41	31.64	13.38
2100	1020665	141603	555301	323762	144426	13.87	54.41	31.72	14.15

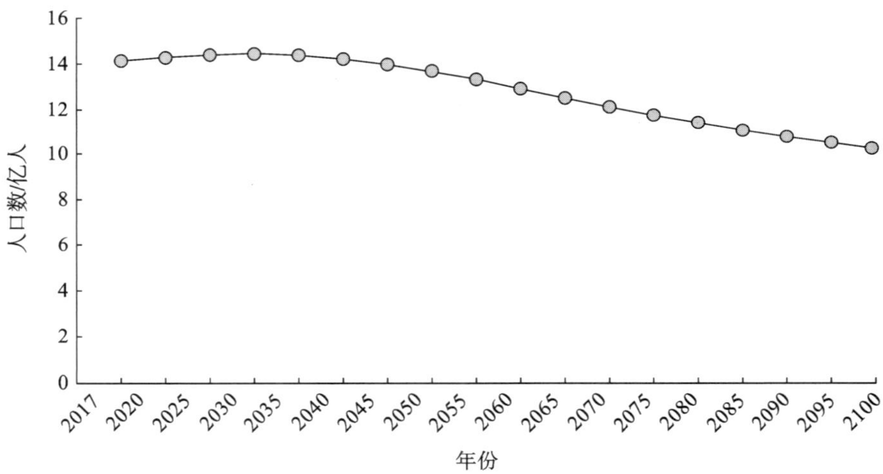

图 2-11　中国总人口变动趋势(2017—2100 年)

从人口年龄结构来看,未来我国人口的年龄结构将呈现不断老化的趋势。图 2-12、图 2-13、图 2-14 所示为 2017 年、2050 年和 2100 年我国人口年龄结构金字塔。可以看出,随着时间的推移,人口年龄结构金字塔的底部和中部不断收缩,顶部明显膨胀,这反映了我国总人口中少年儿童人口和劳动年龄人口占比将逐渐降低,而老年人口占比将不断增高,人口老龄化程度将持续加深。

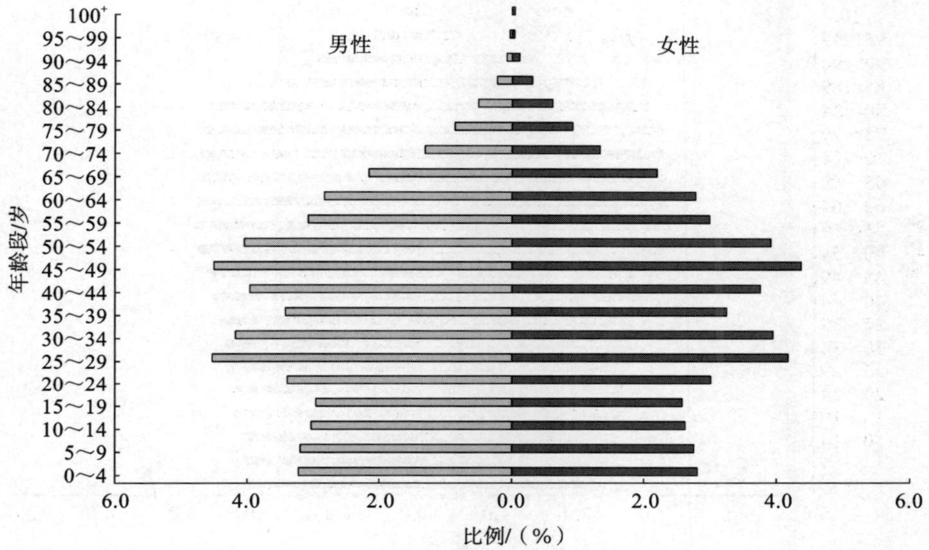

图 2-12　2017 年中国人口年龄结构金字塔

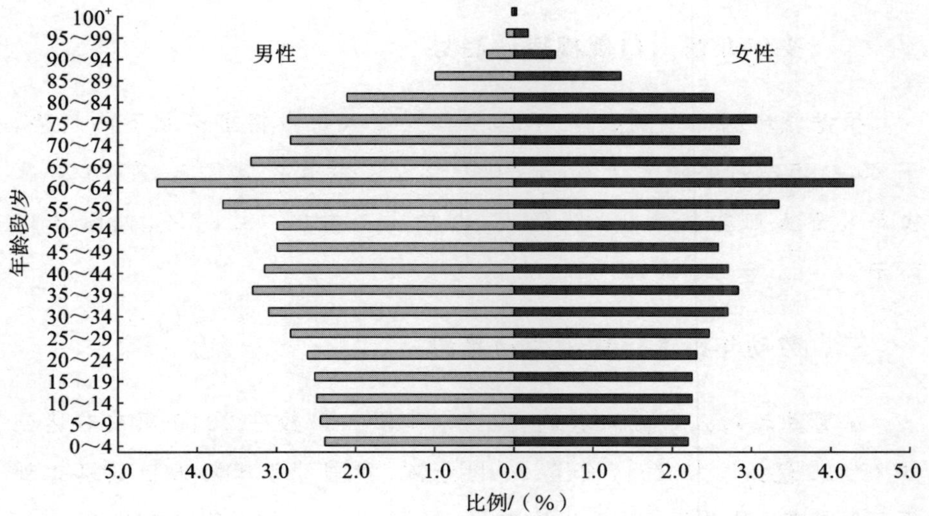

图 2-13　2050 年中国人口年龄结构金字塔

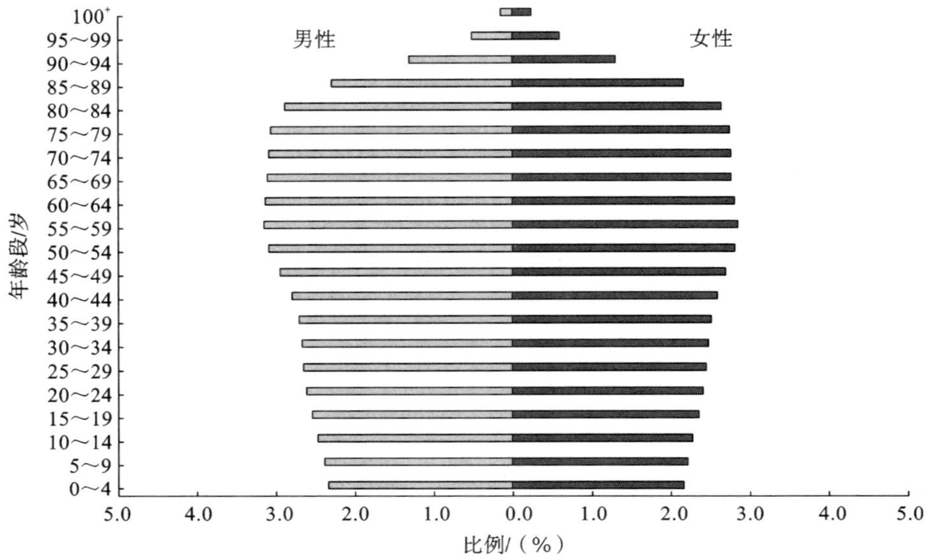

图 2-14　2100 年中国人口年龄结构金字塔

二、少年儿童人口规模变动趋势

根据联合国的预测数据，我国少年儿童人口数将呈持续下降趋势，于 2040 年左右跌破 2 亿人，于 2090 年左右跌破 1.5 亿人，在 2100 年少年儿童人口数约为 1.42 亿人，占总人口数的 13.87%，如图 2-15 所示。

三、劳动年龄人口规模变动趋势

从劳动年龄人口数来看，我国劳动年龄人口数在 2015 年左右达到约 10.15 亿人。从 2017 年至 21 世纪末，我国劳动年龄人口数基本处于下降趋势，预计于 2021 年左右跌破 10 亿人，2040 年左右跌破 9 亿人，2051 年左右跌破 8 亿人，最终于 2100 年降至 5.55 亿人左右，如图

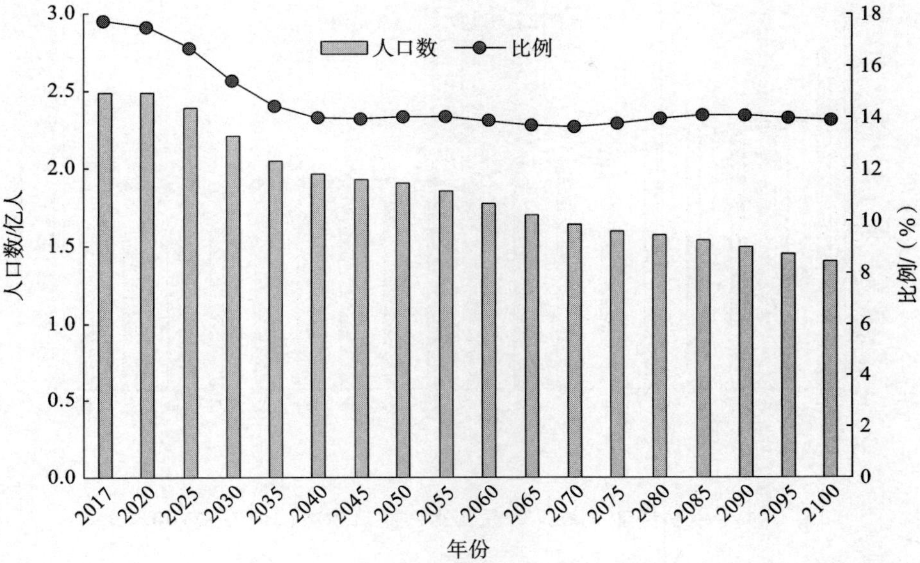

图 2-15　中国少年儿童人口数及比例变动趋势(2017—2100 年)

2-16 所示。

从劳动年龄人口比例来看,我国劳动年龄人口比例在 2017—2055 年间呈现较明显的下降趋势,从 2017 年的 89.36%降至 2055 年的 56.58%;此后,劳动年龄人口比例维持在 54%～57%并保持平稳,见图 2-16。

四、老年人口规模变动趋势

从图 2-17 可以看出,我国 65 岁及以上人口数正处于急速攀升阶段,预计于 2060 年左右达到峰值,约 3.93 亿人,随后缓慢下降。65 岁及以上人口比例也同样处于上升阶段,预计于 2060 年左右达到 30.52%,随后缓慢下降,至 2075 年后又缓慢上升。

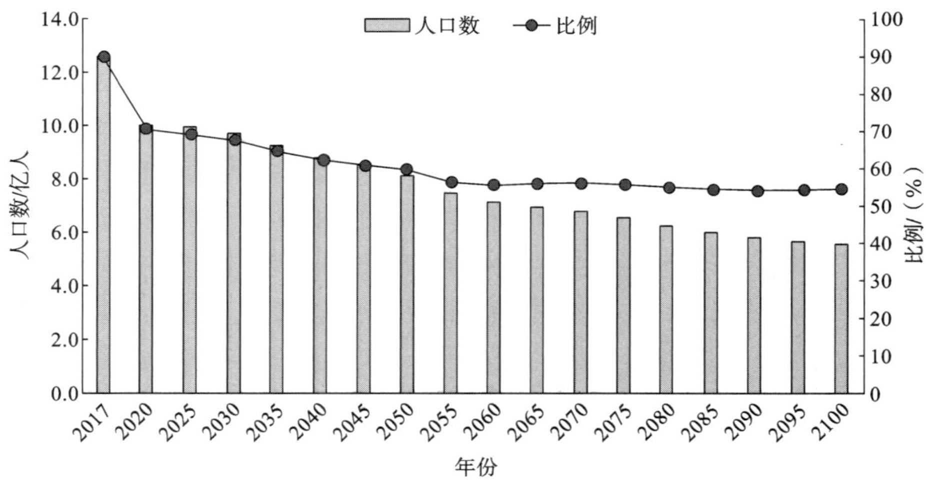

图 2-16　中国劳动年龄人口数及比例变动趋势(2017—2100 年)

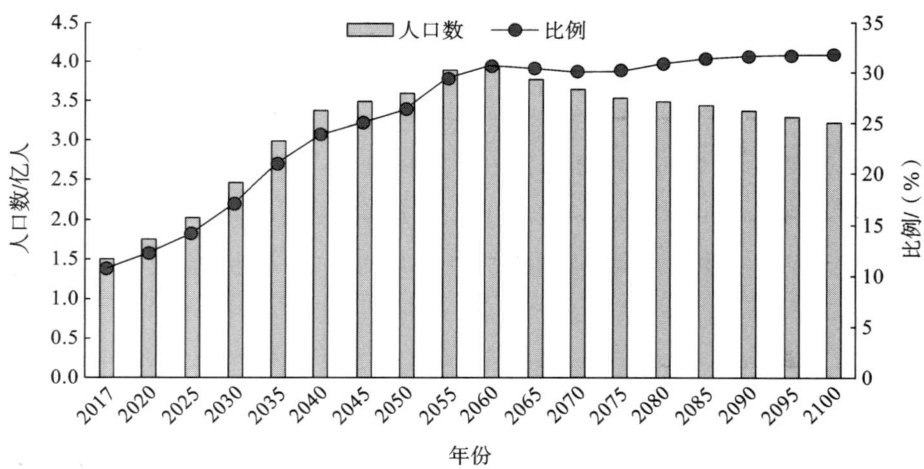

图 2-17　中国 65 岁及以上人口数及比例变动趋势(2017—2100 年)

同样，我国 80 岁及以上人口数也将呈上升趋势，预计于 2075 年左右达到峰值，约 1.53 亿人，随后有所下降。随着人口老龄化程度的加剧，我国 80 岁及以上人口比例总体不断升高，到 2100 年，我国 80 岁及以上人口数预计约占总人口数的 14.15%，见图 2-18。

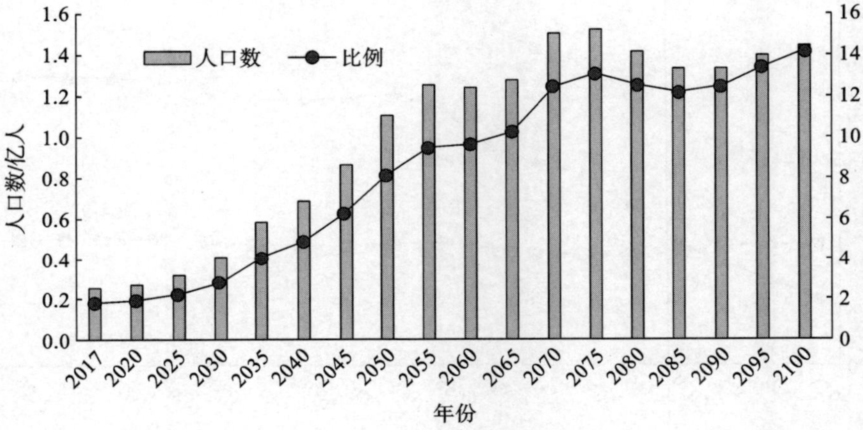

图 2-18　中国 80 岁及以上人口数及比例变动趋势(2017—2100 年)

五、抚养比变动趋势

图 2-19 所示为 2015—2100 年我国人口总抚养比、少年儿童抚养比和老年人口抚养比的变动趋势。根据预测数据，我国人口总抚养比在近四十年内都将处于持续增长状态，2015 年为 37.7%，预计于 2060 年左右增长至 79.7%，随后小幅度下降继而缓慢回升，到 2100 年人口总抚养比将达到 83.8%。2015—2100 年我国老年人口抚养比基本处于持续上升状态，2015 年老年人口抚养比为 13.3%，预计于 2060 年增至 54.8%，到 2100 年将达到 58.3%。

总体来说，未来几十年我国人口老龄化将处于增长趋势。老龄化趋势在社会经济和生育政策等多种因素的作用下，呈现在波动中缓慢变化的态势。到 21 世纪后半叶，我国总人口数、老年人口数、总抚养

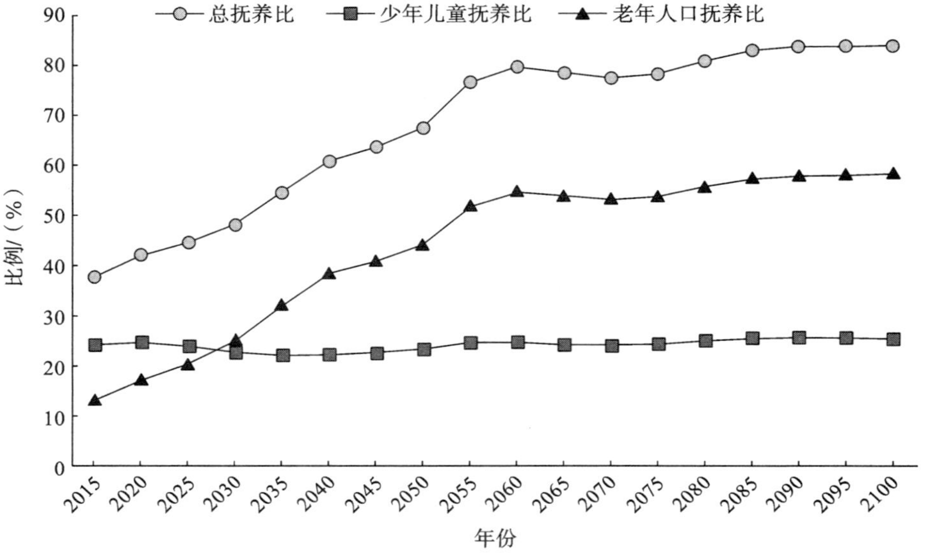

图 2-19　中国人口抚养比变动趋势(2015—2100 年)

比、少年儿童抚养比和老年人口抚养比的提升速度均在波动中明显放缓。

主要参考文献:

[1]　孙国均.贵州省人口结构变化及对策研究[D].贵阳:贵州大学,2016.

[2]　World Bank. World Development Report 2011: conflict, security, and development[M]. Washington, D. C.: World Bank, 2011.

[3]　Bussolo M, Koettl J, Sinnott E. Golden aging: prospects for healthy, active, and prosperous aging in Europe and Central Asia [M]. Washington, D. C.: World Bank, 2015.

[4]　World Health Organization. Ageing and life-course [EB/OL].

[2019-05-27]. http://www.who.int/ageing/healthy-ageing/en/.

[5] Office of the United Nations High Commissioner for Human Rights. The right to adequate housing[J/OL]. Human rights fact sheet, 2009, 21(1): 1-51[2019-05-27]. http://www.ohchr.org/Documents/Publications/FS21_rev_1_Housing_en.pdf.

[6] Interactive data-profiles of ageing 2017[EB/OL]. [2019-05-29]. https://population.un.org/ProfilesOfAgeing2017/index.html.

[7] 庄亚儿,姜玉,王志理,等.当前我国城乡居民的生育意愿——基于2013年全国生育意愿调查[J].人口研究,2014,38(3):3-13.

[8] 乔晓春."单独二孩"政策下新增人口测算方法及监测系统构建[J].人口与发展,2014,20(1):2-12.

[9] 风笑天."单独二孩":生育政策调整的社会影响前瞻[J].国家行政学院学报,2014(5):57-62.

[10] 刘叶,吴晟,吴兴蛟,等.基于Leslie模型分析全面二孩政策对人口结构影响[J].软件,2017,38(8):145-150.

[11] 刘晓艳,石洪波."全面二孩"政策下的中国人口结构解析[J].统计与决策,2017(8):77-80.

[12] 吴依桐,罗守贵.全面二孩政策对我国人口结构的影响[J].上海管理科学,2017,39(3):63-69.

[13] 王开泳,丁俊,王甫园.全面二孩政策对中国人口结构及区域人口空间格局的影响[J].地理科学进展,2016,35(11):1305-1316.

[14] 姚从容,李建民.人口老龄化与经济发展水平:国际比较及其启示[J].人口与发展,2008,14(2):80-87.

[15] 莫龙.1980～2050年中国人口老龄化与经济发展协调性定量

研究[J]. 人口研究，2009，33(3)：10-19.

[16] 刘家树. 我国人口结构与经济增长关系实证分析[J]. 安徽工业大学学报(自然科学版)，2007，24(2)：229-232.

[17] 郑贵廷，韩鹏. 人口老龄化的经济学再审视[J]. 人口学刊，2007(6)：23-26.

[18] 王志宝. 人口老龄化与社会经济发展相互关系研究进展[J]. 城市与环境研究，2016(1)：98-112.

[19] 纪玉山，滕菲. 中国人口老龄化对经济结构的影响研究[J]. 社会科学辑刊，2013(1)：103-108.

[20] 汤丁. 养老产业发展的金融配套政策研究[J]. 宏观经济管理，2015(12)：27-29.

[21] 杜鹏，翟振武，陈卫. 中国人口老龄化百年发展趋势[J]. 人口研究，2005，29(6)：92-95.

[22] 陈卫. 中国未来人口发展趋势：2005～2050 年[J]. 人口研究，2006，30(4)：93-95.

[23] 翟振武，陈佳鞠，李龙. 2015～2100 年中国人口与老龄化变动趋势[J]. 人口研究，2017，41(4)：60-71.

CHAPTER 3

第三章

中国人口老龄化的特点与分析

第一节 中国人口老龄化的基本特点

世界人口正在加速老龄化,中国也处于人口老龄化高潮期。与其他经济发达国家相比,我国人口年龄结构转变的速度明显增快。我国人口老龄化的发展趋势将呈现以下几个突出的特征。

一、老年人口规模庞大

目前,中国是世界上人口最多的国家,也是老年人口最多的国家。我国老年人口基数庞大主要是由死亡率和生育率降低、人口期望寿命延长而导致。世界卫生组织报告,我国每名妇女平均生育子女数从1950年的6.11下降到2015年的1.66;与此同时,总死亡率也从每万名人口22.2减少到7.2,人口期望寿命从44.6岁上升到75.3岁,老年人的寿命于2050年时将更长,有望达到80岁。根据联合国老龄化社会标准,一个国家或地区进入人口老龄化社会的标准是65岁及以上的老年人口在总人口中所占比例超过7%,或60岁及以上人口所占比例超过10%。根据这一标准,中国从1999年进入人口老龄化社会。国家统计局数据显示,到2015年底,我国60岁及以上老年人口数约为2.22亿人,占总人口数的16.2%,其中,65岁及以上老年人口数约1.44亿人,占总人口数的10.5%。相关人士预测,到2025年,我国60岁及以上老年人口数将超过3亿人,2033年将超过4亿人。到2053年,我国将有约4.87亿老年人,占总人口数的34.9%。根据联合国公布的数据,21世纪上半叶,我国将一直是世界上老年人口最多的国家,此后,我国的老年人口数也仅次于印度,成为老年人口第二大国。如此庞大的老年人口数在全世界都是比较罕见的。

二、老龄化来势猛、进程快

2000年的第五次人口普查结果显示,我国65岁及以上人口数约为0.88亿人,占总人口数的比例达到7%,进一步证明我国已经进入人口老龄化社会,与此同时,我国也处于人口老龄化的快速发展阶段。由于每一个国家的人口状况不同,所以,人口老龄化的增长速度也有所不同。与许多经济发达国家的人口老龄化进程相比,我国人口老龄化速度十分惊人。根据联合国标准,人口老龄化发展速度的评判指标是65岁及以上人口在总人口中所占比例由7%增至14%所花费的时间。2010年,我国进行了第六次人口普查,结果显示我国65岁及以上人口数增加至约1.19亿人,10年增加了约3000万人。我国人口老龄化速度在发展中国家是最快的,而且在发达国家也仅次于日本。我国老年人口比例将在短短二三十年从7%上升到14%,而这一进程在法国、瑞典、美国、英国、日本分别用了115年、85年、69年、45年和24年的时间。联合国的人口预测显示,2010年以后我国65岁及以上老年人口比例每10年将分别增加3.34、4.87、6.78个百分点,而2040年以后我国将维持较低的人口老龄化速度。如果我们对我国人口老龄化来势猛、进程快的特点缺乏正确的认识与判断,那么快速的人口老龄化问题必将给我国社会经济发展的各个方面带来严重影响。

三、地域分布差异明显

我国幅员辽阔,城市之间、地区之间的经济、政治、文化等方面各不相同,人口分布也存在显著差异。目前,我国人口老龄化的地域分布差异体现在两个方面。一是城乡差异大。理论上讲,老龄化最重要的人口学原因是生育率下降，因此，正常情况下农村地区的生育率相对较高，相应的人口老龄化水平相对较低。但在我国，与城镇相比，农村地区人口老龄化程度更高，主要是由城镇化进程加快，农村地区大量青壮年劳动力往城镇地区迁移，老年人口却坚守故土而造成的。1982年，我国农村和城镇地区60岁及以上老年人口比例分别为7.8%和7.1%；2000年，该比例分别为10.91%和9.68%；2005年，这一比例分别升至13.7%和12.1%；预计到2030年，我国农村和城镇地区60岁及以上老年人口比例将继续升高，分别达到21.8%和14.8%。虽然农村地区人口老龄化程度更为严重，但是农村社会经济发展水平、养老和医疗保险制度远远滞后于城镇。国家统计局公布的数据显示，2015年我国农村居民人均可支配收入为11421.7元，我国城镇居民人均可支配收入为31194.8元，城镇居民收入是农村居民的2.73倍。因此，农村人口老龄化问题更加突出，我国应对人口老龄化的形势更为复杂。二是东西部差异大。总体上看，东部沿海经济发达地区人口老龄化程度高于西部。1995年，东部地区65岁及以上人口比例已经达到7.57%，中部和西部地区分别为6.32%和6.06%。2011年我国人口老龄化系数超过10%的省区市有8个，在7%～10%之间的省区市有16个，低于7%的有西藏、内蒙古、广东、海南、青海、宁夏和新疆，其中人口老龄化系数最高的是重庆(12.42%)，最低的是西藏(4.82%)。

四、高龄、失能老年人口数量大、增速快

根据国际标准，老年人口内部年龄结构划分为低龄老年人口、中龄老年人口、高龄老年人口。60～69岁为低龄老年人口，70～79岁为中龄老年人口，80岁及以上为高龄老年人口。随着社会经济的发展和医疗技术水平的改善，我国人口寿命稳步提高。《中国老龄化与健康国家

评估报告》指出,1950年我国人口平均期望寿命为44.6岁,2015年上升到75.3岁,预计到2050年有望达到约80岁。与此同时,老年人口高龄化趋势也是我国进入人口老龄化社会的一大特征,我国老年人口中80岁及以上的高龄老年人口所占比例大幅度提高。我国高龄老年人口数在1990年约为801万人,2000年增至约1200万人,2005年继续上涨,达到约1600万人。《中国老龄产业发展报告(2014)》报道,我国80岁及以上的老年人口数在2010年、2012年、2013年分别达到2000万人、2200万人、2260万人,预计到2050年将达到9040万人。这都反映了我国老年人口高龄化趋势相当明显。

失能老年人是60岁及以上,由于疾病、损伤、衰老、心理失调等而出现生理、心理及社会功能受损,部分或完全丧失生活自理能力,需要他人帮助的老年人。随着年龄的增长,老年人身体功能逐渐衰退,最终导致老年人的生活自理能力越来越差。我国失能老年人口数不断上涨。2007年,我国失能失智老年人口数约为940万人,半失能失智老年人口数将近2000万人。《2014年中国社会形势分析与预测》指出,2013年,我国失能老年人口数已经超过3700万人。根据《中国老龄产业发展报告(2014)》,2015年我国部分失能和完全失能老年人口数将达4000万人,预计到2053年,失能老年人将超过1亿人。高龄老年人口是老年人口中失能的多发群体,高龄老年人失能的风险更高。同时,老年人慢性病患病率是全国总人口的3.2倍,这也进一步扩大了失能老年人的规模。调查显示,2014年我国已有约4000万失能老年人,相当于每5位老年人中就有1位生活不能自理。庞大的失能老年人群体日常活动受限,需要大量的社会照料与医疗护理资源,这在很大程度上对我国经济发展和养老保障体制带来很大压力。

五、老年人空巢、独居普遍

除了高龄、失能老年人的现象非常普遍外，我国老年人空巢、独居的问题也是不容忽视的。随着我国人口老龄化的快速发展及家庭结构的改变，少子女、无子女的老年人口数迅速增加，老年人空巢、独居现象日益突出。2006年全国老龄工作委员会《中国城乡老年人口状况追踪调查》结果显示，我国城镇老年人独立居住的比例为49.7%，其中，空巢家庭即夫妻户占41.4%，独居户占8.3%；农村老年人独立居住的比例为38.3%，其中，空巢家庭占29.0%，独居户占9.3%。我国老年人空巢化主要由两方面的原因造成。一方面，随着工业化、城镇化的快速发展，很多年轻人拥有更多在外寻求工作的机会，城乡、区域间人口尤其是劳动力人口的大规模流动，使得子女无法像以前那样留守家中照顾父母；另一方面，也与生育率降低和家庭观念转变有关。我国的流动人口从2010年的约2.21亿人增长到2014年的约2.53亿人，增长率为14.48%。与此同时，2014年，我国的空巢老年人口数已经超过1亿人，空巢家庭率超过40%，部分大中型城市达到70%。由于计划生育政策的长期施行和人们生育观念的改变，我国家庭规模不断"小型化"，1953年、1964年、1973年、1982年、1990年、2000年、2010年我国家庭户均人口规模分别为4.33人、4.43人、4.81人、4.41人、3.96人、3.44人、3.10人。家庭户的人口分布也随着年代的推移而有所不同。1982年以4～5人/户为主，1990年和2000年以3～4人/户为主，2015年以2～3人/户为主，由此可见，我国家庭规模呈现不断缩小的趋势。老年空巢家庭将随着家庭规模的"小型化"而出现。同时，我国的家庭观念也在逐渐转变，越来越多的老年人追求独立生活，主动选择独立居住。空巢、独居老年人在很大程度上缺乏家庭的关怀和支持，在生理、心理、医疗、安全等方面都存在较多的问题。

六、未富先老

一般来说，人口老龄化是社会发展到一定程度的必然产物，是人类社会文明进步的标志。发达国家的人口老龄化出现时，其经济承受能力和各方面的社会保障制度都处于较高的水平，同时，人口老龄化速度较为缓慢，允许其有一段较长的时间准备和应对人口老龄化，其人口趋势属于“先富后老型”或“富老同步型”。然而，我国人口老龄化是在经济发展水平不高的情况下出现的，并且，我国人口老龄化进程明显快于一般发达国家，仅用了短短二三十年的时间就基本实现从成年型国家向老年型国家的转型。我国于 1999 年进入人口老龄化社会，当时我国的人均 GDP 按照购买力评价计算也仅仅是世界平均水平的一半略多。事实上，仅以 GDP 作为衡量标准并不全面，我国不仅人均 GDP 远不及发达国家，而且在城镇化、文化教育、医疗卫生水平、产业结构、老年人收入结构等各个方面也与发达国家存在较大差距，可见我国属于典型的“未富先老型”国家。因此，我国应对人口老龄化问题的能力较为欠缺。

第二节 中国人口老龄化带来的发展机遇

21 世纪是人口老龄化世纪。人口老龄化是一把双刃剑，一方面可以给我国带来前所未有的机遇，另一方面也会给我国社会经济发展带来沉重压力。根据我国实际情况，人口老龄化对经济发展和社会发展的双重影响主要集中在以下方面。

一、对经济发展的影响

人口老龄化对经济发展的影响是明显的和多方面的，人口老龄化给经济发展带来了机遇，主要集中在人力资本、技术进步、产业结构三大方面。

(一) 人力资本

人力资本是推动经济增长的重要因素。我国整体人口素质促进了我国经济的快速发展。第一，我国人口老龄化导致劳动年龄人口数减少，工资水平上升，物质资本投资回报率低于人力资本投资回报率，这种发展趋势有利于促进人力资本投资。目前，就我国的教育水平而言，劳动年龄人口平均受教育年限明显增高，1980 年，我国劳动年龄人口平均受教育年限仅为 4.5 年，2007 年则高达 8.5 年，2018 年增至10.5 年，预计到 2020 年将达到 10.8 年，到 2030 年将升至 11.8 年，与此同时，我国接受高等教育的人口数也不断增加。我国普通本专科和研究生在校学生人口数在 1995 年分别约为 290.6 万人和 14.5 万人，2017 年，人口数分别猛增到约 2753.6 万人和 264.0 万人，这都充分表明了我国人口素质显著提升，人才队伍不断壮大。同时，老年人与年轻人相比从事某一项工作的时间更长，因此具备了丰富的工作经验；而且，随着人口寿命的延长，老年人很有可能获得更长的教育时间和拥有更高的文化程度，这就意味着这部分劳动力具有更专业的知识和能力，这两方面都有利于提高劳动力整体质量和生产效率。第二，由于人口快速老龄化和平均期望寿命的延长，人力资本投资的回收期延长，促进了我国的人力资本投资。第三，随着生育率的下降，人口老龄化将使得亲代增加对子代的教育投资支出，旨在实现终身效用的最大化，这些都会在一定程度上促进我国经济的发展。

(二)技术进步

技术进步是推动经济增长的关键因素。我国人口老龄化通过良性倒逼机制、人力资本存量的提升、消费需求的结构性变化这三种方法实现技术进步。

1. 良性倒逼机制 根据国家统计局数据,2003 年我国的平均工资水平是 13969 元,2013 年升至 51483 元。我国人口老龄化快速发展的直接影响是劳动力数量减少、劳动力成本上升,导致我国失去了丰富廉价劳动力的优势,对原有的劳动密集型生产要素结构产生巨大冲击,这在一定程度上促进了节约劳动力的技术创新。另外,由于我国劳动力工资水平的大幅度提升,企业将会在生产过程中利用更多的资本和技术取代劳动力以寻求成本最小化和利润最大化,有利于技术创新。

2. 人力资本存量的提升 人力资本会参与经济生产过程。人口老龄化虽然诱发劳动年龄人口数减少,但是通过提高人力资本投资,其可以加快技术扩散速度,促进技术进步。随着年龄的增长,人的知识和经验会不断增加。与年轻人相比,老年人通常具有更丰富的工作经验、更熟练的技术专长、更强的判断和分析能力,有利于科技创新;同时,相比年轻人,老年人通过一生的积累,到晚年拥有良好的人脉关系,具有广泛的社会资源。广泛的社会资源使老年人能够在社会上获得物质和情感等方面的支持,因此,老年人可以利用自己丰富的社会支持更好地从事工作;此外,老年人也可以将自己积累的知识、技能和经验传授给年轻人,提高年轻人的创造力。同时,当今社会,多数老年人经历过艰苦岁月,具有吃苦耐劳、热爱本职、责任心强的精神,对年轻人有示范作用,这些都会对科技创新产生积极影响。

3. 消费需求的结构性变化 老年人口比重增高的结果是老年人口的消费需求日益增多。老年人的需求和年轻人的需求有很大的不同，导致市场需求结构发生变化，老年人的多样化消费需求在很大程度上为市场提供了更多的创新空间。截至目前，我国养老服务业主要处于依靠原始人力提供简单的护理、照顾阶段，人力资源的使用效率普遍较低、服务质量不高、从业人员缺乏职业认同感、医学院校毕业生多数不愿意从事与老年人相关的职业，导致养老服务业处于供小于求的困境。智能化养老一方面可以解决养老服务人员短缺的问题，另一方面也可以减轻服务人员的工作强度，提高其工作热情。与此同时，智能化的养老产品如紧急呼叫器、智能检测腕表等也纷纷出现，不仅有助于掌握老年人的身体状况，也提高了老年人独立生活的能力。由此可见，人口老龄化推动了老年产品的研发，促进了技术创新。

（三）产业结构

产业结构是指生产要素在各产业部门间的比例关系和它们之间相互依存、相互制约的关系，即一个国家或地区的资金、人力和各种自然资源与物质资源在国民经济各部门之间的配置情况。一般而言，产业结构升级是指产业结构从低级形式向高级形式转变的过程，即从劳动密集型产业向资本密集型产业、技术密集型产业转变。人口老龄化导致我国劳动力短缺、劳动力成本递增，劳动密集型产业面临生存危机，同时也会催生一些新兴产业。此时，为了实现利润的最大化，越来越多的企业会选择用成本较低的资本和技术代替成本较高的劳动力资源，提高了劳动力和资本的最优边际技术替代率，这也必然会提升资本和技术在生产要素结构中的比例，有利于实现产业结构升级，引导我国“银发产业”蓬勃发展。1978 年，我国第一产业、第二产业和第三产业就业人员的比例分别是70.5%、17.3%和12.2%；到2017年，第一产业就业人员比例降至27.0%，第二产业和第三产业分别提高到28.1%和44.9%。

二、对文化生活的影响

文化生活是指社会生活中与文化紧密相连的活动。随着人口老龄化的快速发展，老年人文化生活的重要性和必要性越发突出。老年人口数的不断增长使得文化内容、文化形式与以往相比发生了很大的变化。有关老年人的价值观念、思想意识、伦理道德等老年文化显著增加。老年文化是指以老年人为主要对象的文化体系。在我国，人口老龄化带来了很多新的文化生活，主要集中在文学、影视、娱乐等方面，增添了老年人的生活乐趣。

（一）文学方面的影响

文学的工具是语言文字，其是一种形象地概述社会生活的艺术形式，主要包括诗歌、散文、小说、剧本等。老年文学则是一种反映老年人社会生活的艺术形式，是老年文化生活的重要组成部分。我国在步入人口老龄化时代以后，以老年人为主要对象的文学作品日益增多，同时，随着人们对老年人这一群体的重新认识，在文学领域中描述老年人积极形象、表现老有所为的作品也大幅度增加。

（二）影视方面的影响

随着人口老龄化程度的加深、经济水平和文化水平的不断提高，老年人从追求温饱到追求小康，从满足物质生活的基本需求到追求精神上的满足。在我国，老年人的闲暇生活大部分用于看电视。人口老龄化必将推动影视节目在质和量两个方面得到快速发展，各种各样的影视节目也必须做出相应的改变以符合老年群体的品位，如内容要丰富多彩、形式要生动活泼等，同时也要体现对老年人的深切关爱和人文关怀。

（三）娱乐方面的影响

人口老龄化使得城镇兴起了许多文娱活动，一部分老年人开始进行体育健身，参加娱乐表演、节日庆典、书画展览、遛鸟赏花等文化活动。老年人的这些文化活动不仅有助于他们丰富生活、陶冶情操、促进健康、增进交流、忘却孤独，而且对我国建设老年精神文明和构建和谐社会是十分有利的，值得在城镇及农村大力推广。

三、对老年教育的影响

老年教育是成人教育的重要组成部分，是终身教育的最后阶段，是构建学习型社会、提高全民族思想文化素质的重要内容，是精神文明建设不可或缺的一个方面。人口老龄化会逐渐推进老年教育的发展，使人们接受终身教育的思想。1973 年，世界上第一所老年大学在法国成立，拉开了世界老年教育的帷幕。此后，英国、瑞典、挪威等国家也纷纷建立了老年大学，之后迅速波及全欧、北美、日本。1983 年，我国创办了第一所老年大学——山东省红十字会老年大学，我国老年教育从此正式开始。老年教育受到了我国老年人的欢迎，目前，我国老年教育蓬勃发展。在我国，老年教育的发展前景很广阔。

第三节 中国人口老龄化造成的社会压力

人口老龄化在给我国带来机遇的同时，也会给我国带来不可估量的冲击，本节将从经济发展、社会保障、科技进步、制度建设四大方面进行探讨。

一、对经济发展的影响

人口老龄化对经济发展的影响主要表现在劳动力市场、产业结构、储蓄等方面。

（一）对劳动力市场的影响

庞大的劳动力资源在我国经济发展中起着重要作用。在国际上，劳动力人口的年龄结构通常划分成青年型、中年型和老年型三种类型，15～29岁为青年型劳动力人口，30～49岁为中年型劳动力人口，50～59岁为老年型劳动力人口。人口老龄化对劳动力市场有着直接作用，不仅导致老年人口数增加、劳动年龄人口数减少，而且会使劳动力人口的年龄结构发生变化，青年型和中年型劳动力人口在劳动力人口中的比例下降，老年型劳动力人口比例增高。随着年龄的增长，老年型劳动力人口的生理、心理、社会功能等都在不同程度地下降，同时，其学习和接受新事物、新技能的能力也在下降，使得劳动力供给质量、劳动生产率和社会总产出大幅度降低，进而导致经济发展速度减慢。此外，高龄者劳动参与率低于青壮年的劳动参与率，表明劳动参与率受劳动力高龄化的影响，由此对我国经济发展产生影响。

（二）对产业结构的影响

我们从需求和供给两个方面分析人口老龄化对产业结构的影响。一方面，不同年龄阶段的人群在消费结构和消费习惯上有很大的不同。人口老龄化导致老年人口数增加、人口年龄结构变化，使得社会的消费需求发生改变，从而导致产业结构的变化。另一方面，人口老龄化导致劳动年龄人口数减少以及劳动力平均年龄上升，从而导致制造业和服务业都无法继续维持原有的低工资水平来吸引大量的青壮年劳动力参与工作，因此，较大程度地削弱了我国传统低廉的劳动力人口优势，对劳动密集型产业的持续发展产生不利影响，劳动密集型产业将在一定程度上出现破产倒闭和产业转型的问题。

(三) 对储蓄的影响

资本积累是社会扩大再生产的来源，投资、消费和出口是拉动经济增长的“三驾马车”，其中，储蓄是投资和资本积累的重要资金来源。基于生命周期理论，一个人的消费在整个生命周期内较为稳定，生产主要集中在20～65岁这一年龄阶段，老年人口贡献更多的则是消费。人口老龄化导致老年人口比例上升，老年人因为退休后没有稳定的收入以及对医疗、护理、保健等方面的需求较高，消费远远大于收入，同时，子女需要赡养父母，具有高储蓄率的青壮年人口比例将下降，最终导致社会总储蓄下降。

二、对社会保障的影响

人口老龄化对社会保障的影响主要体现在老年社会保障方面。老年社会保障最重要的两个方面是养老保障和医疗保障。

(一) 对养老保障的影响

我国的传统养老形式是家庭养老。但是我国的家庭规模和结构因我国老年人口的日益增长和计划生育政策的影响而发生了很大的变化，开始出现“4＋2＋1”家庭、丁克家庭、空巢家庭，导致子女养老负担加重，传统的家庭养老模式不断弱化。人口老龄化导致老年人口抚养比逐渐增高。老年人口抚养比是指总人口中老年人口数与劳动年龄人口数之比，用以表明每100名劳动年龄人口负担的老年人口数。我国的老年人口抚养比在1982年为8.0%，到2015年增长到14.3%，预计到2020年将上升至16.9%，这表明劳动年龄人口平均负担的老年人口数在不断增加，即劳动年龄人口的抚养负担越来越大。随着我国老年人口比例的不断升高以及平均期望寿命的延长，养老金的支出将会急剧增长，导致我国养老保障资金面临收入减少和支出增加的双重压力。

（二）对医疗保障的影响

一方面，人口老龄化导致老年人口数迅速增加，与其他人群相比，老年人的患病率和伤残率明显增高，致使老年人的医疗和护理费用大幅度上升。我国老年人全年的人均医疗费用是总人口平均医疗费用的2.5倍，18%的老年人占用80%的医疗费用，这与其他老龄化国家相似。与此同时，老年人长期护理需求巨大但供给相对不足，家庭护理人力资源缺乏，养老机构人均床位费昂贵，严重影响老年人的生活质量。由于长期执行计划生育政策，少子女、无子女的现象非常普遍，此外，竞争激烈的社会环境使大多数子女远离家乡，忙于工作，无暇照顾父母，这在很大程度上导致空巢家庭成为老年人家庭的主要形式，老年人因此对子女的依赖越来越少。《中国养老机构发展研究报告》显示，2014年，我国养老机构床位增至551.4万张，每千名老年人拥有养老床位26张。但是，仅有288.7万老年人入住，床位空置率约达48%，很大程度是因为“住不起”。我国公办养老机构平均收费1919元/月，民办非营利养老机构为2201元/月。我国企业职工基本养老金约为2000元/月，机关事业单位退休人员养老金约为4000元/月。老年人无力承担高额的入住费用，即使勉强入住，所剩余的钱完全无法承担其他疾病风险。失能和高龄老年人的健康状况更不乐观，医疗费用和医疗照护压力相比健康老年人更高。失能老年人的日常照料费用要高出同年龄能自理的老年人的2倍以上。高龄老年人已成为受老年疾病威胁的脆弱人群，是照护需求最高的人群，平均每年需要护理189.2天。如果再加上疾病的医疗费用，必将给家庭、社会、国家带来沉重的经济负担。另一方面，人类的疾病谱由于我国人口老龄化的快速发展以及卫生状况的改善和医疗技术的进步而发生了明显的变化，具体表现在从少年儿童和劳动年龄人口的传染性疾病和多发病向非传染性疾病转变。2013年我国2.02亿老年人口中超过100万人至少患有一种慢性非传染性疾病。2012年，我国老年人中近80%死于慢性非传染性疾病。预计到2030年，我国由人口老龄化带来的慢性非传染性疾病的负担至少增加40%。

三、对科技进步的影响

随着我国人口老龄化日趋严峻，老年人的养老负担加大，社会保障支出逐步增加，致使社会财富的分配份额向社会保障方面倾斜，挤占了科技活动支持经费，从而不利于科技创新。人的身体机能和抵抗力会随着年龄增长而不断下降，从而导致患病的风险增高。总之，老年人在身体状况上不如年轻人。同时，老年人的认知能力、学习能力、创新能力远不及年轻人，缺乏接受和理解新技术、新知识的能力，因此在某种程度上，人口老龄化不利于科技发展。人口老龄化引起知识结构的老化，不利于科技创新。随着计算机和互联网的广泛普及，知识领域也在不断拓展，个人积累的知识和经验会随着时间推移而过时，科技发展将逐渐淘汰以往的知识和技能。如果不能与时俱进、持续学习，个人知识结构的老化必将阻碍科技进步。另外，我国人口老龄化可能导致年轻人占有的社会资源不足,而老年人过多占有社会资源。年轻人因职称少、岗位少、经费少、机会少,在一定程度上不能施展才华,不利于科技进步。

四、对制度建设的影响

制度建设关乎一个国家的制度文明状况,对社会稳定和有序运行起着基本规范作用。我国人口年龄结构和各年龄段人口之间的社会关系和政治力量格局随着人口老龄化将发生变化,对制度建设产生深远影响。随着人口老龄化的快速发展,老年人口在整个社会中所占比例大幅度升高,随之而来的问题层出不穷,这些问题不仅涵盖老年人问题,而且涉及社会经济发展问题,迫使我国设立相应的老龄工作机构。

主要参考文献:

[1] 国家人口发展战略研究课题组. 国家人口发展战略研究报告[J]. 人口研究,2007,31(1):1-10.

[2] 国务院. 国务院关于印发国家人口发展规划(2016—2030年)的通知[R/OL]. (2017-01-25)[2019-06-08]. http://www.gov.cn/zhengce/content/2017-01/25/content_5163309.htm.

CHAPTER 4

第四章

中国老年人口慢性病及健康风险

第一节 慢性病的本质

一、慢性病的定义

慢性病又被称为慢性非传染性疾病，它是一类病因隐匿、病程较长且病情迁延不愈，无准确的传染性生物学病因依据的疾病的总称，还包含一些目前没有完全被确认的疾病，并非专指某一种疾病。其主要有心脑血管疾病、糖尿病、恶性肿瘤、慢性呼吸系统疾病等。它有发病率高、患病率高、致残率高、死亡率高和医疗费用高的特点，对患者生活质量有着极其消极的影响。

二、慢性病的流行现状

慢性病已成为全人类健康的主要威胁之一。2012 年全球总死亡人口数约 5600 万人，其中有约 3800 万人死于慢性病，占总死亡人口数的 68％。世界卫生组织（WHO）预测，到 2030 年，慢性病的死亡人口数将增加到 5200 万人。

在我国医疗卫生科技水平不断提升的时代背景下，目前已经初步控制了各种威胁人们生命安全的传染性疾病，但就慢性病来看，其治疗方案仍不完善，疗效颇低。可以说，慢性病已经成为威胁人类安全的主要公共卫生问题之一。根据我国的数据统计相关报告，国内慢性病患者数量已经超过 2 亿，且死亡率极高（恶性肿瘤、心脏病以及心脑血管疾病患者死亡人口数已经达到了国内因病死亡总人口数的63.4％）。

慢性病是全球最重要的致残和致死原因，因慢性病死亡的人口数占全球死亡人口数的60%，占全球所有疾病负担的43%，所以加强对慢性病的控制是非常有必要的。

随着国民生活节奏的加快与社会压力的逐渐增高，中青年人群慢性病的患病率逐年增高，且有愈演愈烈的发展趋势，而高血压、恶性肿瘤、心脑血管疾病患病人群的年龄分布慢慢往低龄方向倾斜，各类并发症的发病年龄也不断提前，由此不难看出我国慢性病有着年轻化的发展趋势。

三、慢性病的主要危险因素

世界卫生组织曾有报告指出，引发慢性病的因素中，个人生活习惯及方式占比高达60%，慢性病也和遗传、环境、医疗及经济条件等多种因素有关。而在个人生活习惯中有四种主要危险因素，即不合理膳食、身体缺乏锻炼、吸烟和过度饮酒。

第二节 中国老年人口慢性病的情况及慢性病相关信息解读

一、中国老年人口慢性病的特点

老年人患慢性病具有如下特点：①老年人慢性病患病率高。2008年以后老年人慢性病的患病率“井喷”式增高，为60%～80%，各种慢性病患病率正在逐年增高，其中常见的慢性病患病率排列顺序同样也发生了变化，但居于首位的始终是心脑血管疾病，其对老年人的健康造成了主要威胁。②老年人同时罹患多种慢性病。因为年龄的增长，老年人一些器官功能慢慢减弱，不会简单地只存在一种疾病。因为同样的疾病高危因素或者相关性，多种慢性病常并存而且以1～3种慢性病为主导。③老年人心理问题显著。伴随老年人身体的改变，其心理也会发生微妙的变化。在老龄化的过程中，除了机体功能降低外，老年人也易产生负面情绪，如失落、焦虑、孤独、抑郁，甚至绝望等，各种慢性病的同时存在给老年人的家庭造成了沉重的经济以及心理上的负担，同时，大多数老年人为独居，无亲人陪伴，情感的缺失使心理疾病得以发生、发展。

二、中国老年人口慢性病分布现状及典型疾病

我国自1999年步入人口老龄化社会，老年人口绝对数居世界首位，同时我国也是世界上人口老龄化进程较快的国家之一。我国的人口老龄化具有老年人口数量巨大、增速迅猛、高龄人口增加、区域发展不均衡的特点。慢性病对我国人民的健康造成了恶劣影响，不仅大大降低了人们的生活质量，更成为个人和国家的沉重负担。2030年老年人慢性病的患病率可能由2000年的196.22‰增高到656.75‰，慢性病就诊人次由24亿次增加为95亿次；慢性病治疗费用从1994年至2030年的增长速度可能为每年17.72%，至2030年治疗费用可能为1994年的355.6倍。随着我国人口老龄化进程的加快，影响居民健康的主要问题已由感染性慢性病转变为非感染性慢性病。

国家发布的《中国居民营养与慢性病状况报告(2015年)》显示，2012年我国居民慢性病死亡率高达533/10万，占我国总死亡人口数的86.6%。其中最突出的致死原因是心脑血管疾病、恶性肿瘤以及慢

性呼吸系统疾病，它们的死亡率分别为心脑血管疾病 271.8/10 万、恶性肿瘤 144.3/10 万（肺癌、肝癌、胃癌、食管癌、结直肠癌是最主要的恶性肿瘤）、慢性呼吸系统疾病 68/10 万，共占总死亡人口数的 79.4%。国家卫生服务调查结果显示，2003 年，我国 15 岁及以上人口慢性病患病率为 18.8%，其中，城镇患病率为 27.7%，农村患病率为 15.3%；2008 年我国 15 岁及以上人口慢性病患病率上升至 24.1%，其中，城镇患病率为 32.0%，农村患病率为 21.0%；2013 年我国 15 岁及以上人口慢性病患病率继续快速增长，升高至 33.1%（其中，城镇患病率为36.7%，农村患病率为 29.5%）。2013 年与 2008 年相比上升了 9 个百分点，增长率达 37.3%；与 2003 年相比上升了 14.3 个百分点，增长率达76.1%，也就是说，2003—2013 年我国 15 岁及以上人口慢性病患病率增长了 76.1%。经过标化处理后，大多数慢性病的死亡率出现降低趋势，但仍有少量类型疾病死亡率增高，如冠心病、肺癌等。主要疾病情况如下所示。

（一）心脑血管疾病

心脑血管疾病包括冠心病、高血压、脑卒中等。世界卫生组织有关全球性慢性病的报告表明，2012 年全球因心脑血管疾病死亡人口数约为 1750 万人，占因慢性病死亡总人口数的 46.1%，冠心病和脑卒中是导致死亡的主要原因；全球约有 740 万人死于冠心病，670 万人死于脑卒中，预计到 2030 年死于心脑血管疾病的人口数将增加到约 2220 万人；每年约有 940 万人死于高血压，其中 51%因脑卒中、45%因冠心病死亡。可见心脑血管疾病给居民健康和生活带来的危害十分巨大。根据 2011 年世界银行报告中中国和部分国家主要慢性病死亡率（每 10 万人）的比较分析，我国与日本及欧美发达国家相比，心脑血管疾病的死亡率较高，其中脑卒中造成的死亡人口数是美国、日本和法国的4～6倍之多。

1．冠心病 冠状动脉粥样硬化性心脏病简称冠心病，也称缺血性心脏病，是因为冠状动脉的粥样硬化让血管管腔产生变化，造成狭窄或者阻塞，从而出现心肌细胞的缺血缺氧坏死而引发的心脏方面的疾病。目前认为冠心病的主要患病因素是遗传因素和环境因素，在遗传学研究中，冠心病易感基因位点已被发现23个，今后冠心病防治的一个重要研究课题将是针对致病基因的个体化治疗。

2．高血压 高血压是常见的慢性病之一。50％以上的老年人患有高血压，在高龄（≥80岁）人群中，高血压的患病率约为90％，是罹患脑卒中、心肌梗死乃至死亡的首要高危原因。我国于1958年、1979年、1991年、2002年和2012年先后进行了5次全国范围内的高血压抽样调查，结果显示高血压的患病率分别为5.1％、7.7％、13.6％、17.6％和29.6％，呈持续上升趋势。目前我国对于高血压的基本预防知识以及治疗方法的普及率很低。2002年控制达标率只有6％，2015年控制达标率提升为16.8％，虽然老年高血压控制达标率有所提升，但这一控制达标率与“健康老龄化”的要求仍存在较大差距。我国人群高血压“三率”仍处于较低的水平，老年人服用的口服药种类在增加，却没能有效提升高血压的控制达标率。

3．微血管病 微血管病属于心血管范畴内的独立疾病，由多种疾病因素引起。微血管病变是多种疾病病理过程中的一种共有现象，心、脑、肾等器官都有可能发生。

（二）恶性肿瘤

2015年我国恶性肿瘤的发病人口数约为429.2万人，死亡人口数约为281.4万人。恶性肿瘤致死前五位分别是肺癌、肝癌、胃癌、食管癌、结直肠癌。我国癌症发病率的增长，一半是由人口老龄化造成的，其他主要是由慢性感染、不健康的生活方式、环境污染和职业暴露等各种因素综合所致，上述诸多因素相互作用、相互影响，发病机制十分复杂。

（三）慢性呼吸系统疾病

呼吸系统相关疾病为常见多发病，主要病变位置在气管和支气管、肺部以及胸腔，轻者多表现为咳嗽和胸痛、呼吸受影响，重者则出现呼吸困难和呼吸功能衰竭而死亡。呼吸系统相关疾病的死亡率在农村人口中居第1位，在城镇人口中居第3位。值得关注的是，由于环境的破坏、不良的生活习惯以及人口老龄化的不断发展，全球慢性阻塞性肺疾病（又被称为慢阻肺，包含了慢性支气管炎、肺气肿、肺心病）、肺部弥散性间质纤维化、肺癌、哮喘、肺部感染等疾病的患病率、死亡率均在不断增高。

（四）糖尿病

糖尿病为老年人的常见疾病，病因较多，给人们的健康带来的危害仅次于癌症，被人们称为威胁生命的第二杀手。我国的糖尿病人群常常伴有多种并发症，以心脑血管疾病最为多见，依次为高血压（多达1200万人）、冠心病（约600万人）、脑血管意外（约500万人），而糖尿病同样会引发眼部疾病，失明人口数可达到约45万人，罹患尿毒症的患者也有约50万人。《中国居民营养与慢性病状况报告（2015年）》显示，我国18岁及以上成人糖尿病患病率为9.7%；城镇人口糖尿病患病率高于农村，且糖尿病患病率随着年龄的增加而增高。据统计，2011年全球糖尿病患病人口数已高达约3.66亿人，中国也升至首位。

WHO曾预测，在2025年，中国的糖尿病受累人口数可能会大于4000万人，而全世界的糖尿病受累人口数会突破3亿大关。所以我国的糖尿病问题仍然是关乎民生、关乎社会的大问题，不容忽视。

血糖控制以饮食、运动、口服药物、胰岛素注射为主，目前在针对1型和2型糖尿病的基因学研究方面尚无重大突破。2000年，国外学者对糖尿病患者行自体骨髓干细胞移植治疗，结果发现胰岛B细胞的功能得到了提升。通过将植入患者体内的诱导多能干细胞诱导分化为依据血糖高低来促进胰岛素分泌的胰岛B细胞，让患者恢复正常的胰岛B细胞功能，从而调节血糖、恢复健康，已成为研究热点。

（五）痴呆

痴呆包括阿尔茨海默病（Alzheimer's disease, AD）和血管性痴呆（vascular dementia, VD）等，是老年人常见的以脑萎缩、变性为主的脑部广泛性退行性病变。老年人口中痴呆的患病率也不断增高，已经成为又一世界性的难题。2012年，WHO报道全世界约有3560万人患有阿尔茨海默病，其中中国约有540万人。痴呆已成为仅次于心脏病、恶性肿瘤、脑卒中的第四位"死亡杀手"。随着人口老龄化程度的加剧，老年痴呆人口数将成倍增长。预计到2050年，全球老年痴呆人口数将超过1亿人；中国作为全球老年痴呆人口数排行第一的国家，将有超过2000万老年痴呆患者，其中85岁及以上的老年人将占1/3。

老年人口中痴呆受累人口数逐年增加，并且具有地域差异，在北方地区60岁及以上的痴呆患者占3.96%，并且多为脑卒中等脑血管意外并发症所致。在痴呆中，50%以上为AD，约25%为VD。痴呆的特点是病情进行性加重，呈阶梯式发展，最终发展成为完全的智力功能障碍。老年人年龄越大，功能障碍越严重，大约有25%的受累人群会由轻度功能障碍演变为痴呆。老年人口中痴呆起病隐匿且不自知,病程一般是5～12年,给其家庭带来沉重的心理、经济负担。

三、中国老年人口慢性病造成的经济压力

翟屹等研究显示,2003 年中国 35～74 岁人群高血压、冠心病和脑卒中的直接经济负担分别为 201.5 亿元、157.9 亿元和 242.97 亿元,由高血压导致的冠心病和脑卒中的直接经济负担达 190.84 亿元,占这两种疾病合计直接经济负担的 47.6%。2010 年中国心血管病报告显示,2004—2008 年,急性心肌梗死、颅内出血、脑梗死三种心血管病的住院总费用均在增加,对患者个人和家庭均造成沉重负担。通过 2009 年主要慢性病平均住院费用与家庭人均年收入比较分析可见,在农村,居民患有任何一种慢性病的住院费用均超过其人均可支配收入;在城镇,心肌梗死患者行冠状动脉搭桥术的住院费用显著超过城镇居民人均可支配收入。

四、《中国居民营养与慢性病状况报告(2015 年)》解读

(一)我国居民慢性病状况

1. 重点慢性病的概况 我国 18 岁及以上成年人 2012 年高血压患病率已经上升到 25.2%,糖尿病患病率上升到 9.7%,明显高于往年;40 岁及以上人群慢性阻塞性肺疾病患病率为 9.9%。通过对 2013 年我国肿瘤登记相关结果的分析可以看出,恶性肿瘤患病率为 235/10 万,并且近十年来在不断上升,其中男性患者主要是肺癌,女性患者易患乳腺癌。

2. 慢性病的危险因素 慢性病的患病、死亡与多种因素密切相

关，如经济、环境、人口、活动等。慢性病产生的主要高危因素有吸烟、过量饮酒、缺乏运动和喜食重口味、油腻食物等不健康的生活饮食习惯。社会经济的高速发展不仅给人们带来工作和生活压力，也对人们的健康造成一定的影响。首先，人们生活质量的不断提高使平均期望寿命不断延长，也推进了人口老龄化的发展，导致我国慢性病患者的基数不断扩大。其次，随着深化医药卫生体制改革的不断推进，我国公共卫生和医疗服务水平不断提升，慢性病患者的生存期也得以延长，死亡率在不断降低。可见我国社会经济和医疗水平的不断发展，不仅提高了国民生活水平，而且延长了人均寿命。我们也应重视个人行为因素对慢性病发展的影响，加之人口老龄化给慢性病防治带来的巨大压力，目前形势依然严峻，防控工作仍将是重中之重。

（二）改善居民营养状况和防治慢性病工作的开展

（1）以政府为主导，多部门团结协作，各项公共政策要深入体现改善营养状况和防治慢性病的工作重点，在多个方面（如环境整治、控烟、体育拓展、全民健身、营养调节等）相继推出一系列公共政策。国家于2011年积极组织推动了慢性病综合防控示范区的建设，至2015年底，已在全国30个省（自治区、直辖市）和新疆生产建设兵团设立了265个国家级示范区，积极发挥政府职能和强有力的行动力，在维护居民健康、促进社会进步方面发挥重要作用。

（2）建立防治并行、中西医结合、多位一体的慢性病防治体系。在国家层面，中国疾病预防控制中心营养与健康所、国家心血管病中心、国家癌症中心相继成立，使营养改善与慢性病防治工作有了主心骨和指挥官。地方层面加强了疾控机构、医院和基层医疗卫生机构的分工协作，建立防治并行、中西医结合、多位一体的慢性病防治体系，优化慢性病全程防治管理服务模式，推进分级诊疗制度，整体提升慢性病的诊疗能力，夯实慢性病的公共卫生服务均等化和有效诊疗服务的基础。

(3) 积极推进慢性病综合防治策略。加强健康宣传教育，推进全民健康生活方式行动覆盖率达 80%，改善贫困地区和偏远农村营养健康情况，对于恶性肿瘤、脑卒中、心脑血管疾病等慢性病进行筛查干预，早发现、早治疗。

(4) 持续提高慢性病防治决策的科学性。国家卫计委（现卫健委）提出需要不断优化营养与慢性病的网络监测。将监测内容以及覆盖范围持续扩大，陆续进行居民死因记录、肿瘤随访记录、营养与慢性病监测等相关事务，了解全体居民营养状况及慢性病发展趋势，从防治效果、防治政策等各方面着力加强慢性病防治。

第三节 中国人口老龄化的健康风险

一、老年人口慢性病相关危险因素

人口学因素、生活方式、环境因素是老年人口慢性病最主要的影响因素。人口学因素主要包括地域差异、年龄、文化程度等。农村地区人口文化程度低、卫生条件差、生活习惯不好、医疗资源较差，所以农村地区人口更易患慢性病。而年龄结构对慢性病的流行病学影响也不可小觑，年龄与慢性病的危险性呈正相关。可能由于女性寿命较男性长，其患病率也明显更高。老年人文化程度越高，其在家庭和社会中扮演的角色越重要，生活和工作压力可能会更大，他们罹患慢性病的风险越高。不良生活方式主要包括吸烟、酗酒、熬夜、缺乏体育锻炼、不良饮食习惯等。这些不良的生活方式常常是高血压、脑卒中、心脑血管疾病的重要诱因。缺乏体育锻炼引起的肥胖也容易引发各种慢性病。环境因素中，社会经济发展水平、医疗服务水平与慢性病患病率相关；此外，环境污染如雾霾及气候变化等也会引起慢性病。常见的有以下危险因素。

1. 年龄　年龄是很关键的影响因素之一。各种慢性病患病率与年龄呈正相关。冠心病患病人群主要集中在 40 岁左右，脑卒中好发年龄为 50 岁及以上。随着年龄的增长，上述慢性病患病率均逐渐上升。医学敏感人口将由 2005 年的 41.5%上升到 2025 年的 60.3%，慢性病在不同年龄组别中的患病率提示我们慢性病防治的重点人群和工作重点。

2. 饮食结构不合理　《中国居民营养与慢性病状况报告(2015 年)》中指出，我国居民过多摄入脂肪，脂肪供给能量占比超过 30%，而蔬菜和水果的摄入量反而略有下降，缺乏钙、铁、维生素 A、维生素 D 等营养素。2012 年的调查结果显示我国居民平均每天食用盐 10.5 g，相比 2002 年下降了 1.5 g，但仍然超过国家推荐的 6 g。

3. 吸烟　吸烟为心脑血管疾病如高血压、冠心病、脑卒中、动脉硬化等的高危病因，烟草中的尼古丁能使交感神经兴奋，周围血管收缩，从而导致血压升高，因此吸烟者更容易罹患高血压。吸烟还可使 TG、LDL-C、TC 水平增高，HDL-C 水平下降，促进血小板凝集和纤维蛋白原发挥作用，改变血脂代谢，从而诱发动脉粥样硬化的产生。同时，吸烟也是恶性肿瘤的高危因素。当前在烟雾中发现的致癌物质高达 40 多种。吸烟越多、时间越长、年龄越小，恶性肿瘤患病率越高。

4. 过度饮酒　研究发现，饮酒量与血压水平呈现剂量效应关系，因为酒精浓度增高同吸烟一样会兴奋交感神经,使周围血管收缩,血压上升。血压突然迅速升高会增加脑卒中患病风险,所以长期饮酒会导致心脑血管疾病患病风险增大。曾有报道因肝癌死亡的男性人群中,饮酒的恶劣影响比 HBV 感染更突出,而我国是肝癌大国,对于饮酒的控制不容忽视。有调查显示,2012 年我国 18 岁及以上成年人的人均年酒精摄入量高达 3 L,有害饮酒率为 9.3%,其中男性为 11.1%。

5. 缺乏体育锻炼 研究显示,每日 6000 步是衡量每日健身活动度的分水岭。达到或超过此标准的人群慢性病患病率明显较未达到者低。同时,体育锻炼能减缓机体衰老,有规律的体育锻炼不仅能提升心血管系统的机能及肺活量,也能增强抵抗力。高血压、糖尿病等慢性病的发生可能与大多数老年人患病后才开始进行体育锻炼有关,也可能与不恰当的运动时间、方式、强度有关。美国建议健康水平较好的老年人实施中等强度锻炼,如有氧运动和肌肉训练,每次不少于 10 分钟,每周 2.5 小时。合理的锻炼方式才能改善健康状况和促进健康。

6. 睡眠障碍 优质足够的睡眠是机体修复和精力充沛的重要保证,对维持机体正常生理状态至关重要。长时间睡眠异常或不足会导致机体免疫力下降,在各种高危因素的诱发下会增高内分泌系统、心脑血管疾病等的发生率。同时,长期睡眠不足的老年人精神状态差,容易焦虑,记忆力降低,易导致各种心理问题。所以睡眠障碍是老年人慢性病的高危因素。

7. 家庭支持 和谐的家庭关系和人际支持与老年人身心健康息息相关。家庭支持不仅包括经济和生活上的照料,而且包括情感支持,情感支持更为重要。子女是除配偶外最重要的支持者。有调查研究表明,子女陪伴越多,老年人身体状况越好。家庭成员较多者多以年轻一代为重心,经常会忽略老年人的健康,各种慢性病的预防与控制也会不足。多子女家庭老年人年轻时的经济压力和家庭压力更大，易落下不少病根，使慢性病患病率增高，并且常常是多种慢性病混合存在。家人是否关心和重视、是否加以督促就医也与老年人慢性病患病率关系密切，家人较好的慢性病防治意识有利于疾病的早确诊。

8. 其他因素　健康的社会决定因素理论指出，个人行为方式的选择受到物质条件、文化、社会资本等一系列社会决定因素影响，不完全是“自由选择”的结果。有研究显示，社会经济地位较高是老年人慢性病患病的保护性因素，社会经济地位决定了老年人的经济、医疗和养老保险水平。具有较好保障的老年人慢性病患病率低，这主要与他们的文化水平较高、生活压力较小、健康保障意识较强、可享受良好的医疗环境和注重个人生活方式等相关。经济迅速发展和社会转型引发的压力对健康造成的影响同样要引起我们的重视。现今“全面二孩”政策开放，在许多家庭中教育孩子的压力都集中于老年人，加重了他们的负担。

二、老年人口慢性病的防治

我国社会工业化的加速发展和疾病谱的改变，使慢性病患者数量不断增加。慢性病是人们健康的头号杀手，不仅增加了医疗成本，还给个人、家庭和社会带来沉重的经济负担。《中国慢性病防治工作规划(2012—2015 年)》中指出，2012 年，我国已有慢性病患者约 2.6 亿人，导致的疾病负担占总疾病负担的 70%，若不及时采取有效的控制措施，慢性病将给中国居民带来更严重的健康威胁。同时，慢性病的致病因素及经济社会影响都比较复杂，应当高度重视慢性病的防治管理。

1. 纠正不良生活习惯，加强自我管理　美国国家疾控中心报告认为降低慢性病患病率最根本的措施是让群众获得慢性病防治知识，这也是最经济实惠的控制手段。通过改变生活方式，美国人的脑卒中患病率下降了75%，糖尿病患病率下降了50%，高血压患病率下降了55%，恶性肿瘤患病率下降了34%，人们的平均期望寿命有望延长10年。完善社区卫生机构基础设施及人力资源建设，充分发挥社区基层医疗卫生机构的重要作用，将个人、家庭、社会紧密联系起来，多方面入手，利用社区科普教育、家人关心督促、社会媒体鼓励宣传等多种方式，帮助老年人建立良好的生活习惯和健康意识。应戒烟限酒，饮食宜低钠、低脂、低胆固醇、高蛋白、易消化，培养良好的进食习惯；多吃蔬菜水果，养成良好的排便习惯，保持大便通畅，避免便秘发生的诱因；加强体育锻炼，丰富生活，保持心情愉快；保持良好的睡眠和重视亚健康状况的管理。

首先，要划定慢性病自我管理人群范围。尽管慢性病种类有很多，但它们所引起的健康问题和症状常常类似。许多慢性病患者都受到疲劳、乏力及各种病痛的困扰，同时，很多患者会有呼吸困难、睡眠问题、抑郁等表现，都需要合理膳食、戒烟限酒、锻炼、遵医嘱等，所以慢性病自我管理项目对所有慢性病患者都有很好的效果。由于慢性病无法根治，而且病程漫长，超过80%的患者症状比较平稳，除了定期检查和随访外，大部分时间要靠患者自己管理自己的疾病，这些人就是慢性病自我管理的合适人群。

其次，应确定慢性病患者自我管理的任务和内容。慢性病有一些共有的特点，针对这些特点，慢性病自我管理的任务主要有怎样应对慢性病自身的问题、怎样继续自己的正常生活、怎样应对慢性病带来的情感变化等。具体来说，慢性病患者应当通过自我管理掌握解决问题的方法，养成科学健康的行为习惯。此外，还应挖掘社区资源，督促配合慢性病患者进行良好的自我管理。

2. 以社区为中心，发挥社区卫生服务机构的强大平台作用 将控制危险因素作为慢性病防治目标，以老年人切实需求为导向，开展以社区健康教育和促进为核心的慢性病防治工作。政府制定社区卫生服务实施规划、规范，卫生局和防病机构分别对社区慢性病防治工作进行行政管理和技术管理，统筹规划。结合诱发慢性病的危险因素（不良行为及生活方式等），必须加强对各类危险因素的预先控制工作，依据患者个体化的需求制订结合实际的防治方法，并加强对患者的心理疏导，同时为其制订动态化的管理方案，并加强相应的健康教育工作，也只有这样才能从源头上实现对慢性病的有效控制。慢性病的预防关键在于将研究成果有效推广到社区和初级保健单位，对基层医生进行培训，开展患者规范化、系统化、专业化的健康教育，使患者获得自我保健、自我管理的能力，自觉改变不健康生活行为方式，促进患者康复，减少并发症的发生，同时在社区定期开展慢性病筛查。

3. 转化医学的发展可为解决慢性病面临的难题提供一个生物、医学、信息科学等各学科有效合作的平台 转化医学从四个阶段参与了慢性病的防治并构建新的管理模式，通过以患者为中心、学科间交叉整合的阶段性转化，使慢性病患者能最大限度地受益于生物医学研究的最新成果，为人群健康提供了新的服务路径。

4. 加强对慢性病的社会管理 我国现在主要的慢性病管理模式为综合干预，具体办法有建立健康档案、进行疾病风险评估和健康指导、进行人群分类管理、制订个性化的健康干预措施。建立老年人健康档案，进行健康管理。通过周期性健康体检建立个人健康档案，进行连续性的动态健康及疾病的风险评估，制订个性化的切合实际的健康计划并进行健康干预。通过纠正不良生活习惯、控制危险因素等来实现健康计划。美国在1965—1975年就利用健康档案进行健康管理，使冠心病患病率下降了35%，脑血管疾病患病率下降了48%。值得一提的是，在以电子病历为核心的医院信息系统的基础上，建立的以各慢性病病种为主题的临床科研数据库，将数字化医院、电子病历、健康电子档案等各种医疗信息资源整合共享，推动了慢性病信息化管理模式的进展，为社区—医院—患者一体化管理提供了保障。今后在慢性病报告和检测信息系统中不断完善信息化管理可以对慢性病早期发现、诊断和治疗实现转化目标。

我国应当采取的防治策略如下所示。首先，应当从专家行为转变为政府主导；其次，应当从重视心脑血管疾病治疗转变为重视预防，因为80%～90%的危险因素可以预防；然后，要从加强大医院的建设转变为加强基层防治网络建设；再者，要抓好全社会健康教育，这是全人群的防治策略；最后，锁定高危人群，抓住核心问题，针对高危因素开展防治工作并做好慢性病管理，早发现、早治疗，提高治疗效果，降低致死率、致残率。

此外，还应采取新型慢性病管理方式。慢性病管理方式应该是一个“金字塔”，大部分人群应在全人群干预策略涵盖范围中，因此我们要把关口前移到全人群。全人群占整个预防量的65%～80%，因此80%的人群要强调健康教育。另外，要强调早期发现危险因素，定期测血压、血脂、血糖，发现危险因素后应立即预防、控制。大部分人群属于一级预防的范畴，即过去讲的“初级预防”。所谓二级预防就是已有如高血压、高胆固醇及糖尿病等危险因素（约占15%）后，要重点治疗危险因素并对其生活方式进行干预。三级预防就是患者已经患病（约占5%），对症治疗。

重心要下移，工作重心应从大医院转移到社区，因为靠大医院进行全人群的卫生预防是不可能的，只有建立良好的社区服务体系，才能够真正将慢性病防治工作做好。在社区应当由政府主导,政府要有政策,同时要有资源,需要政府配置,从而建成一个完整的社区卫生服务系统,包含患者的管理、宣传教育,这样才能产生良好的防控危险因素的效果。同时,全人群策略要有政策保证,要进行大众教育,提高对高血压、高胆固醇血症、高血糖的知晓率。对高危人群要控制高血压、高胆固醇血症、糖尿病。若已经患病要进行个体干预,个体干预要采取以患者为中心的管理模式,同时要进行行为干预。慢性病防治一定要有初级卫生保健作为支撑,这样才能真正达到防治效果。

主要参考文献:

[1] World Health Organization. Global status report on noncommunicable diseases 2014[R]. Geneva: World Health Organization, 2014.

[2] Lim S S, Vos T, Flaxman A D, et al. A comparative risk assessment of burden of disease and injury attributable to 67 risk factors and risk factor clusters in 21 regions, 1990—2010: a systematic analysis for the Global Burden of Disease Study 2010[J]. Lancet, 2012, 380(9859): 2224-2260.

CHAPTER 5

第五章

中国老年人口的健康需求与卫生服务利用

第一节 中国老年人口健康需求现状解读

一、中国老年人口的健康状况

我国是老年人口最多、增长很快的国家之一。《中国统计年鉴2018》显示，我国80岁及以上人口数已近3000万人，占总人口数的比例为2.07%。到2050年，我国60岁及以上的老年人将约占亚洲老年人口数的36%，约占世界老年人口数的22.3%。我国65岁及以上人口增长趋势如图5-1所示。

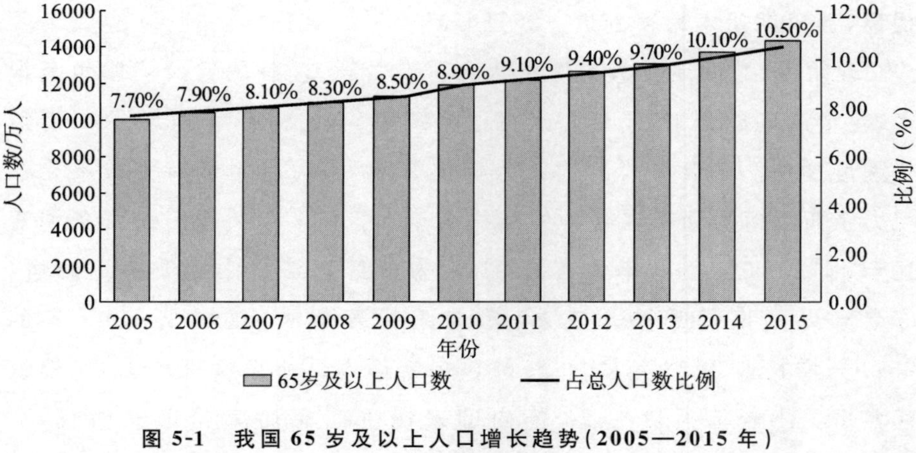

图 5-1 我国 65 岁及以上人口增长趋势(2005—2015 年)

根据民政部发布的《2016年社会服务发展统计公报》，我国正处于人口老龄化快速发展阶段。截至2016年底，我国总人口中，年龄在60岁及以上的老年人口数已经高达约2.3亿人，老年人口在总人口中所占比例已经达到16.7%。国务院发布的《"十三五"国家老龄事业发展和养老体系建设规划》(以下简称《规划》)预计,我国老年人口数还在持续增加,将在2020年达到约2.55亿人,老年人口在全国总人口中占比将高达17.8%。《规划》还表明,我国不仅老年人口数将持续增加,残疾老年人中失能与部分失能老年人口数也将不断增加。在2015年,持有残疾证的残疾老年人口数已有约1135.8万人,而失能及部分失能老年人口数也已经有约4063万人。可以说,老龄化趋势正以迅猛之势袭来,而面对这样的趋势,我国的老年健康服务却薄弱到远远无法满足社会需求。《规划》中提出了"健康老龄化",这一概念可以被简单理解为运用科学手段在生命的早期针对影响健康的因素进行干预,从而建设完成对老年健康有益的生活环境,以及有益于老年健康的社会支持,以求更好地对老年人的健康功能进行维护,使其健康水平得到进一步提高,健康期望寿命得到进一步延长。

现阶段,我国老年人的健康状况不容乐观,面临的健康问题也有很多,主要的问题如下:①老年人口数持续攀升,比例不断增高,人口老龄化速度加快。②老年人的健康状况比普通人差,其中还有为数不少在视力及听力等方面存在各种失能的老年人,2013年我国卫生服务调查显示,有11.6%的老年人在近30天内已经无法独立完成生活起居。③老年人的两周患病率在20年内大幅度增长,已经从1993年的25.0%增长到2013年的56.9%。在老年人口所患疾病种类中,慢性病最多。④老年人口在20年内迎来慢性病患病率的迅速增长,从1993年的50.8%上升到2013年的71.8%。有数据显示,我国老年人面临的最主要的健康问题就是慢性病,在慢性病种类中出现频率最高的分别是高血压、脑血管疾病和糖尿病。举例来说,1993年我国老年人口高血压患病率仅为68.9‰,而到了2013年,患病率已经上升到

334.4‰。总体来说，我国老年人口的健康状况存在着如下趋势。①在老年群体中，女性的健康状况比男性差；②年龄越大，健康状况越差；③农村老年人的健康状况比城镇老年人差；④从区域特点来看，东部地区老年群体的健康状况优于中西部大多数地区。

随着社会的不断进步，我国的医疗保健水平也在不断提高，这一现实让患有慢性病的老年人拥有了更长的生存时间，可以说这在很大程度上使得老年人的带病时间以及带残时间延长，这一客观现实一方面降低了我国老年群体的生活质量，另一方面也使我国社会对医疗保障及护理的需求呈现迅速增长趋势，同时，照料老年群体日常生活的需求也迅速增长，这些不仅让社会面临着越来越沉重的负担，而且家庭的经济压力也在不断增大。因为我国在人口老龄化程度上走在了现代化程度的前面，所以"未富先老"的特征日趋明显，可以说人口老龄化这一问题对社会与家庭都有很大的负面影响，其中最主要的一个问题就是老年群体的健康与医疗保障。我们可以将老年群体理解为一个特殊群体，老年阶段也是人的一生中较为特殊的阶段，该阶段人群有着不同于其他人群的生理和心理特点，这就决定了老年群体需求的特殊性。总体来说，老年人的生理特点有以下几点：①形体开始出现老态；②身体成分发生变化，各脏器和系统功能衰退；③代谢功能减退；④免疫功能明显下降。除了生理上的变化外，老年人的心理状况也不容忽视，失落、恐惧、孤独、心理空虚等都会影响老年人的健康。人口的高龄化发展、丧偶率的居高不下以及越来越多的子女选择外出务工，这些一方面使老年人在生活上缺乏照料，另一方面也使老年人难以获得精神慰藉。在老年人口中，低收入与无稳定经济来源的群体在经济上常常很拮据，在日常生活方面无法获得可靠保障。农村养老问题更加突出。

2013年，《中国健康老年人标准(2013)》正式发布，这一标准由中华医学会老年医学分会综合各方面因素制定。具体内容如下:①重要脏器的增龄性改变未导致功能异常;无重大疾病;相关高危因素控制在与其年龄相适应的达标范围内;具有一定的抗病能力。②认知功能基本正常;能适应环境;处事乐观积极;自我满意或自我评价好。③能恰当处理家庭与社会人际关系;积极参与家庭和社会活动。④日常生活活动正常,生活自理或基本自理。⑤营养状况良好,体重适中,保持良好生活方式。当人类的年龄不断增长时,其身体各组织器官就必然面临功能的不断衰退,个体的整体健康状况会越来越差,各种老年性疾病患病率呈现增高趋势。因此,随着人口老龄化一起出现的必将是不断增加的老年性疾病,这对老年群体的健康有着非常严重的影响,同时也影响了他们的生活质量。在这些老年性疾病中,以心脑血管疾病和糖尿病为代表的一类常见病对老年人的生活质量有着严重的影响,而各种心理疾病以及阿尔茨海默病等多发性老年性疾病则对老年人的心理健康造成了严重威胁。

现阶段,我国医学界已经将老年群体的健康问题放在越来越重要的位置上,并且取得了一定的研究成果。从研究结果我们可以发现,站在身体健康这一角度,我国老年群体死因中排在首位的是心脑血管疾病,其次依次是恶性肿瘤、慢性呼吸系统疾病。除了这些疾病之外,对老年群体的健康有严重威胁的疾病还有糖尿病等。而在心脑血管疾病中,患病率最高的是高血压、冠心病和脑卒中这三种疾病,这三种疾病的病情进展非常快,因而有相当大的可能出现急症或危重症。我们从心理与社会健康等角度出发,会发现老年人常常要面对自身器官的不断老化、功能的不断减退等改变,同时他们的生活环境等也发生改变,这使得老年人在心理上产生相应的改变。一旦老年人罹患了身体疾病,这对他们的心理也会造成很大的负面影响。当老年人退休后,其社会支持和经济地位与退休前相比会有较为明显的下降，社会认同也远不如退休前，再加上各种身体疾病的侵袭，老年人很容易因此患有抑郁症或者焦虑症等心理疾病。在这些心理疾病中，抑郁症对老年人的健康危害最严重。世界卫生组织的资料显示，抑郁症已经是世界上第四大疾病，并且其地位还在不断上升，很可能会在2020年变成第二大疾病。目前，我国已步入人口老龄化社会，抑郁症已经成为一种严重威胁老年群体身心健康的疾病。抑郁症不但有着很高的发病率，而且致死率非常高，同时伤残率也居高不下，因此，抑郁症必须引起社会和个人足够的重视。

二、中国老年健康服务业现状

现阶段，我国的人口老龄化进程正在不断加快，无论是对于政府还是对于社会来说，使老年人养老需求得到满足已经成为亟待解决的问题。为此，必须坚持贯彻“积极应对老龄化”这一战略，大力发展养老产业。我们可以将老年人的需求简单分成两类，其中一类是普遍需求，而另一类则是特殊需求。我们对养老产业的大力发展，正是为了使老年群体的特殊需求得到满足。养老产业和传统产业的主要区别在于它的界定依据是指向性需求群体，养老产业要做的就是生产出合格且符合特定群体需求的老年服务以及产品并将其提供给目标群体。在现阶段国内的有关研究中，一般把养老产业的服务对象分为两类，一类是为老年期进行各种准备的群体，另一类则是老年群体。我们通过国际经验可以得知，除了这两类群体之外，养老产业还有一类服务对象，即以养老机构为代表的为目标群体提供“为老服务”的机构与个人。所以，我们通常认为养老产业的服务对象可以分为三类，即为老年期进行各种准备的群体、提供“为老服务”的群体以及老年群体。我国进入人口老龄化社会已成为国际共识，人口老龄化程度的加剧也使得政府以及投资者日益重视老年健康产业的发展。

2014年，中国老年医学和老年健康产业大会在苏州国际博览中心开幕，全国政协副主席、大会名誉主席韩启德在开幕式上做了讲话。韩启德在致辞中说，我国已进入人口老龄化社会，提高老年医学水平和发展老年健康产业有着不可替代的重要意义。进一步推动老年医学的发展，也就是在推动老年健康产业的进一步发展，这不仅可满足老年人学习、工作、运动、休闲、保健、医疗的需要，还可以大大推动服务业的发展，为改善经济结构、拉动消费发挥巨大作用。一定要充分发挥市场在资源配置中的决定性作用，不断开发出可持续发展的、生命力惊人的老年健康产品，同时加强人才培养力度，为老年健康产业提供充足的人才保障，力求为老年健康事业贡献自己的一份力量。

近年来，我国加快了老年相关产业的建设速度，但总体来看，目前仍存在以下几个方面的问题。首先，老年健康服务机构供不应求。根据国家统计局的统计数据，截至2016年底，我国60岁及以上人口数约为23086万人，占总人口数的16.7%，65岁及以上的人口数约为15003万人，占总人口数的10.8%。而根据民政部的统计，到2014年底，我国老年健康服务机构只有2.8万个，床位数只有680万张。能够进入这类机构养老的老年人只占全体老年人口数的3%左右，而在美国等发达国家，进入专业养老机构养老的老年人的比例超过了30%。通过对比我们可以知道，我国严重缺乏养老机构。其次，我国缺乏健全而完善的老年健康服务体系，一个健全而完善的老年健康服务体系包含保健—预防—治疗—康复—安宁疗护。但从现阶段我国实际情况看，专门为老年人提供服务的医疗卫生机构、保健机构、康复机构、护理院等严重缺乏，不能满足机构养老的需求；此外，社区养老的健康服务能力还存在很大的进步空间，也急需提升对居家养老族群的健康服务能力。现阶段，我国的健康需求正在飞速增长，但同时健康服务业的发展却远远不能满足飞速增长的健康需求，健康服务业的重点体现在“服务”两字上，但我国社会各界对其内涵缺乏足够的理解，一方面健康服务业的物质基础建设依然不够完善，另一方面也缺乏牢固的人文基础。特别是国内现阶段缺少健全的服务信息化标准，直接导致信息共享和互联无法得到保障。从发展格局上来说，我国健康服务业过于分散，缺乏整体性，没有打造出过硬的品牌，产业中介服务亟待完善，因此既无法吸引智力资本，也对产业金融资本缺乏吸引力。我国健康服务业缺少专业人才，就以养老为例，2015 年，我国已有老年人口 2.2 亿人，需要 4933 万养老从业人员，而民政部的数据显示，直到 2015 年底，我国仅有不到 10 万持证上岗的养老从业人员，根本不能满足老年健康服务业的人才需求。

由于认识的局限、缺少政府扶持、产业起步较晚，我国的老年健康服务业一直处于一个比较薄弱的状态，从总体发展情况上来看是非常令人担忧的。在 20 世纪 80 年代，老年健康服务业在国内的发展还是一片空白，直至今日，该产业的发展依然是刚刚起步，可以说，与我国人口老龄化的发展进程相比，我国的老年健康服务业发展速度远远落后。现阶段，我国的老年市场每年有四千亿元的需求，但是能够提供给老年群体的服务与产品还不足一千亿元，供求关系严重失衡。除此之外，我国老年健康服务业还存在很多问题，如相关企业在经营上缺乏规范性和专业性、市场需求没有得到细分等。因此，建立一个完善而健全的老年健康服务业已经是刻不容缓的事。

三、中国老年健康服务需求内容多元化

我们身处在一个经济飞速发展的时代，科技的不断进步也让我们的生产方式发生了极大的转变。在这样的背景下，人们在物质欲望得到充分满足后，将重点转向了幸福指数，特别是自身的健康。因此，健康服务业得到了前所未有的重视。党的十八大认为，到2020年，我们就能够完成全面建成小康社会这一目标和任务，同时认为必须坚持将为人民健康服务作为改革的方向，可以说对于新一届政府而言，大力发展健康服务业已经成为其重要的发展战略，既能够改善民生，使全国人民的健康素质得到进一步提高，又能达到扩大内需、提高就业率的目的，有利于实现经济发展方式的转变。健康服务业的发展有利于提升经济发展的稳定性，同时也有利于经济结构的调整，能够为人民带来切实利益，促进我们完成全面建成小康社会这一重大目标。因此，政府已经出台政策，为健康服务业的发展提供充分的政策支持。由于我国各地区经济等发展水平不一，很多欠发达的省份健康服务业依然处于初级阶段，发展起步晚，投入不够多，发展失衡，无法满足群众日益增长的多样化健康服务需求。健康服务业可以被理解成新型战略性产业的一种，它的发展必须遵循科学规律，此外，要推进健康服务业的发展，不仅需要政府部门的大力支持，也需要社会组织的积极参与，以及个人的投入。只有集各方之力，才能够有效推进健康服务业的发展。同时，政府在积极推进健康服务业发展的过程中，必须抛弃官僚主义和惯性思维，积极解决问题，始终对职能界限有着清晰的认知，理性而合理地利用手中的权力，这样才能够成功推进健康服务业的可持续发展。

根据前瞻产业研究院发布的《2017—2022年中国老年健康服务行业发展前景与投资机会分析报告》，未来我国老年健康服务业主要将呈

现以下变化。

1. 需求总量持续较快增长 主要依据如下:①老年人口数不断增长,65岁及以上人口比例预计到2020年将达到11.7%(截至2016年底为10.8%),并在2020—2040年进入老龄化快速增长期。虽然目前国内已全面实施“全面二孩”政策,但从近两年的实施效果来看,随着育儿成本的不断提升,我国人口老龄化情况在短时间内不会得到很好的改善。②人口结构的改变在未来会导致空巢家庭老年人口数不断增加,从而使得社区养老、机构养老逐步替代居家养老,成为主流的养老方式,养老方式的改变也将推动老年健康服务体系不断完善,促进需求的增长。

2. 健康服务需求内容更加多元化 随着社会的发展,老年人需要的健康服务内容势必日渐多元化,从之前单一的医疗服务需求逐步向保健、医疗服务、健康管理、心理健康等多元化发展,从而引发包括保健品、医疗机构、老年人健康护理机构、老年人体检、老年人旅游等一系列养老产业的发展。另外,随着需求的多元化,老年健康服务内容势必将进行更细的分类。以空巢老年人和病残老年人等为代表的特殊老年群体数量在不断增多,这类群体将对健康服务业提出更细致、更多元化的需求。

3. 市场参与者将更加多元化 换言之,随着老年健康服务需求的日渐多元化,市场参与者也将越来越多元化,除了政府机构,越来越多的社会资本也参与其中。前瞻产业研究院预计,未来医药企业、地产企业、保险公司等都将参与到老年健康服务中来。

对于老年群体来说,他们不仅具有老年人口的共性,同时也有自己的个性特征。如果从同一个体的角度来看,个体在生命的不同时期,需要的健康产品和服务有着不小的差异;如果从不同个体的角度来看,我们根据社会经济特征可以将老年群体分为许多子群体，每一个子群体所需要的健康服务与产品都各不相同。因为服务对象群体有着不同的消费需求及能力，所以我们可以对市场进行不断的细分，为消费群体提供更符合其需求的健康服务与产品。

现阶段，我国正处于人口老龄化飞速发展时期。以河南省为例，截至2010年11月，河南省60岁及以上的老年人口数约为1197万人，占河南省常住人口数的12.73%，而截至2015年，河南省60岁及以上老年人口数约为1579.42万人，占常住人口的15.71%。受计划生育政策的影响，我国的城市家庭基本呈现倒金字塔结构模式。现阶段，在我国城市老年人中，已经有一半成为空巢老年人，而在大中型城市中，空巢老年人的比例更是高达56.1%。正是由于空巢老年人数量的日渐增加，市场对养老护理的需求也在迅速增加。因为老年人是整个社区内的一个特殊人群，他们中绝大多数有着程度不一的健康问题，这也就使得老年护理服务业有着巨大的市场。此外，在社会处于经济高速发展轨道中的同时，我国也面临着自然环境遭受破坏的问题。这直接导致了广大人民的慢性病患病率不断升高，恶性肿瘤与心脑血管疾病患病率都在不断增高。这种情形也造成了对老年护理服务的巨大需求。

按照原卫生部下属卫生发展研究中心初步测算，到2010年，我国老年人将需要高达180万名老年护理人员以及368.2万张老年护理床位，这意味着护理服务经济规模将达到史无前例的2000亿元。据此估计，到2020年，我国将缺少300万～500万名老年护理人员。2011年上海市奉贤区老年护理病房医务人员配置现状调查数据显示，该地区17家设有老年护理病房的一级医疗机构中，老年护理病床数总计1966张；有执业资格的医师共计127名，其中有28.3%为执业助理医师，79.5%的医师执业范围是内科；有护士资格证书的护理人员共计165

名。伴随着老年人口的增长，养老产业的需求也越来越多元化，而这一市场空白需要社会各界人士的努力和奋斗。老年护理服务业的发展前景非常光明。

第二节 中国老年人口的卫生服务利用

一、中国老年人口卫生服务利用情况

我们可以将卫生服务利用情况简单理解为居民实际上利用卫生服务的数量，可将其分为门诊服务利用、住院服务利用、预防服务利用和保健服务利用等多个方面。能够对卫生服务利用产生影响的因素有很多，除了常见的年龄、文化水平以及性别外，还有心理情况、社会经济因素、气候条件，此外还有卫生服务质量与设施、婚姻状况以及医疗保障制度等。不同特征的老年人在卫生服务利用情况和就诊、住院机构级别等方面存在显著差异，且这些差异受医疗保障制度的影响较大。

一个国家或地区的卫生服务系统若要有效率地运行，其卫生服务的供给和需求必须达到相对平衡。因此，政府不但要致力于扩大卫生服务供给规模，还必须重视社会和居民对健康及卫生服务需求的变化，以及医疗卫生机构提供的卫生服务资源的利用情况，这样才能维持社会卫生服务的供给与需求的平衡。由于资源的稀缺，卫生服务不可能绝对平均地被每一位服务对象利用。这种不均衡状态在任何国家都难以避免。因此，如何合理地配置有限的资源，尽量使其发挥最大的作用是研究卫生服务需求和资源配置合理化的关键问题。卫生服务资源配

置需要依靠政府和社会的投资和调控。配置资源后的效果如何则取决于资源的利用情况以及利用资源后对健康状况的影响程度。因此，对影响卫生服务资源利用的各种因素进行分析的过程中，除考虑疾病客观因素外，还需要考虑服务对象的主观因素。同样，分析卫生服务资源利用之后的效果时，除了考虑客观的体检指标外，也应该考虑服务对象的主观感受指标。不难发现，在我们身边，很多老年人很少主动关注自身的健康状况。注重健康的意识、家庭关系的支持、卫生服务资源的获取等因素都会影响老年人的卫生服务资源利用情况。为促进老年群体的卫生服务利用，未来的相关工作可从以下几个方面开展。①在老年群体中，尽可能减少由疾病导致的失能的意义大于治疗疾病；②在就医导向上应以一、二级医疗机构为主来分流患者；③在医疗机构的建设方面，应进一步加强基层医疗机构的配套服务功能的发展，加强对慢性病的预防，尤其是对老年人日常生活影响较大的慢性病。

根据国家统计局公布的第六次全国人口普查数据，全国总人口为1370536875人。其中在年龄构成方面，60岁及以上人口占13.26%，比2000年人口普查数据上升2.93个百分点；65岁及以上人口占8.87%，比2000年人口普查数据上升1.91个百分点，平均期望寿命更长，这是社会发展进步的表现。但同时，人口老龄化进程逐步加快，老年群体对医疗卫生、社会服务等方面的需求越来越大，给公共卫生带来了巨大挑战。虽然对卫生服务的需求量增加可能会带来卫生服务资源利用量的增加，但是存在需求却并不完全等同于产生利用行为。这是因为决定个人和家庭是否利用卫生服务资源的因素较为复杂，除了客观存在的疾病因素，还包括经济水平、医疗保障情况、社会人口学因素等。这些因素的综合结果很可能导致存在健康需求的个人或家庭最终决定放弃利用卫生服务资源。如果不能及时充分、合理分配卫生服务资源，就不能从根本上达到改善老年人口健康状况的目的。

二、中国老年人口卫生服务利用的影响因素

在我国，针对卫生服务的研究历史并不长，从20世纪80年代才开始发展。通常我们将卫生服务研究的对象理解为居民健康、卫生服务资源利用以及医疗需求和卫生服务资源之间的相互关系。在卫生服务研究的众多内容中，卫生服务需求及利用情况是其中的一个重点。能够对老年人的就诊产生影响的因素有很多，除了常见的年龄、地区因素以及就业情况外，还包括文化程度、是否患有慢性病以及婚姻状况等；能够对老年人住院产生影响的因素除了性别和是否患有慢性病外，还包括其就业情况和是否有医疗保险等。我们需要进一步加强健康教育的力度，提高老年人的认识水平，同时进一步提升基层卫生机构的服务质量，进一步提高老年人对卫生服务资源的利用度。

经济状况是影响我国老年群体卫生服务资源利用情况，尤其是农村卫生服务资源利用的重要因素之一。分析显示，农村卫生服务资源利用情况具备以下特点。经济状况成为制约卫生服务资源利用的首要原因；新型农村合作医疗的保障水平和制度安排还不能满足老年人的卫生服务需求；医疗费用增长过快、疾病经济负担沉重影响卫生服务资源利用；农村老年人健康意识相对差，不能及时体检而延误治疗。在中国广大农村，卫生服务资源相对匮乏，社会养老与医疗保障都面临着很大的压力，同时养老保险制度不够健全，医疗保险制度也亟待完善，这些都使老年人这一群体的卫生保健问题越来越明显。农村往往不具有较高的医疗保障水平，所以常存在有病不治、把小病拖延成重病等情况。现阶段，我国的医疗保障制度和卫生服务体系都无法与老年人口的需求相适应，因此，提供能让作为弱势群体的老年人口满意的卫生服

务已经变成难度很高的任务。怎样才能对现有的卫生服务资源进行充分而合理的利用,从而使老年群体的基本卫生服务需求得到满足已经成为老年健康产业发展的重中之重。充分研究老年群体的卫生服务资源利用情况及何种因素能够对其造成影响,有利于我们制定更加合理的卫生服务政策,使得老年人口的卫生服务体系得到进一步完善。

能够对卫生服务资源的利用产生影响的因素有很多,其中很重要的一个因素就是文化程度。随着文化程度的不断提高,生活质量也在不断提升。文化程度更高的群体拥有更丰富的信息获取渠道,以及更强烈的自我保健意识,他们会对各自的身心健康有着更高的关注度。而另外两个能够对卫生服务资源利用产生重要影响的因素则是人群的职业分布和社会医疗保障制度。卫生服务一直需要人们主观上对自身的健康情况等方面做出正确判断。而如今我国的老年人口对于自身的健康意识十分薄弱。2012 年,卫生部组织开展了中国居民健康素养监测,根据这项监测的结果可知,在我国 15～69 岁这一年龄段的居民中,具有健康素养的人口数占总人口数的 8.80%,其中具有慢性病预防素养的人口数占比为 9.07%。深入研究哪些因素能够对卫生服务需求与利用产生影响,有助于我们发现高危人群,同时也有利于我们进一步对疾病防治的重点进行确认,有利于对卫生服务进行更加合理的组织,从而充分发挥卫生服务资源的作用,使得卫生服务的社会公平性得到显著提高。能够对卫生服务需求与利用产生影响的因素有很多,这些因素也分为直接影响因素和间接影响因素,居民健康状况就是能够对其产生决定性影响的一个直接因素。间接影响因素则包括各种能够对居民健康以及社会卫生状况产生影响的因素,举例来说,人口数、人口的年龄结构以及性别结构都能间接影响卫生服务需求与利用;此外,社会经济因素、人口的受教育程度、医疗保障制度以及各地的气候地理条件等因素都是能够对其产生间接影响的因素。对于居民医疗服务来说，决定是否充分利用这一服务的是居民本人。简单来说，就是当居民感到身体不舒服的时候，他会不会根据实际情况判断出自己的病情严重程度，在对经济能力、医疗服务的价格以及效果等因素进行评估后是否会选择就医。

三、中国老年人口卫生服务利用的特点

2013年，我国有关机构进行了有关老年人就医流向的调查，这次调查的结果表明，老年群体两周就诊机构基本是基层医疗机构，而在这些基层医疗机构中，诊所卫生室所占比例达到了47.5%，社区卫生服务中心等占比达到25.3%。此外，在基层医疗机构就诊的农村地区老年人口数明显高于城镇地区老年人口数。我们将这一数据与2008年的数据进行对比，发现城镇地区老年人口在基层医疗机构就诊的比例出现了较为明显的提高。因此，面对我国人口老龄化程度不断加深、医疗卫生服务需求迅速增长这一实际情况，我们必须大力发展老年医疗服务产业，使老年人的基本医疗需求得到有力保障。我们充分分析了老年人口利用卫生服务资源的特点，发现只有进一步建立完善而健全的城乡社区卫生服务体系，同时督促基层医疗机构将老年医疗保险作为工作重点，才能使老年人所需的卫生服务得到保障。我们不仅要确保所提供的卫生服务的安全性和便捷性，同时还要确保其有效并且经济实惠。为满足我国老年人日益增长的卫生服务需求，大力促进老年医疗服务的健康发展，使基层医疗机构能够充分发挥自身作用，让老年人的基本医疗需求得到最切实的保障，进一步提高老年居民自身的健康情况，以政府为代表的有关部门一定要进一步对老年健康服务的社会保障机制进行不断完善，不断增加公共财政中对建立并完善老年卫

生服务体系的资金投入，最终建立一个健全完善的老年卫生服务体系；同时加大人才培养力度，为社区卫生服务体系提供人才保障。

面对我国老年人口的慢性病患病率不断上升这一现实，我们要做的是改变卫生服务体系的工作重点，不再将疾病治疗作为卫生服务体系的工作重点，而是将健康促进与管理作为卫生服务体系的新工作重点。现阶段我国在慢性病防治方面依然面临着相当严峻的形势，这一任务不仅具有紧迫性，而且非常艰巨，老年人口患有慢性病的形势越来越严峻，所以我们要使医学模式的转换进一步加快，同时促进重大慢性病防治也进入国家经济与社会发展战略，使整个社会对现代公共卫生有更深入和全面的认识，使老年人口的健康需求充分表现在经济与社会发展政策中，进一步使医疗与预防的协同整合得到加强。在全国范围内宣传慢性病防治内容，使更多的人能够充分认识慢性病以及慢性病带来的危害，全面提升老年人口防治慢性病的意识，并进一步增强老年人口的自我保健意识和自我保健能力。在对慢性病进行全面防治的整个过程中，由于我国现阶段的卫生服务资源非常有限，所以必须重视卫生服务资源的配置，始终坚持以重点倾斜兼顾全局为指导原则，将重点放在老年人口中的低收入以及丧偶等弱势群体上，这样有利于进一步提升老年人口健康的公平性，从而有利于实现国民整体健康水平的提升。

对武汉市城区60岁及以上老年人就医行为的问卷调查数据显示，自感病重时99.46%的老年人选择就医，且绝大多数选择大型医院。这一情形告诉我们，虽然卫生保健服务已经具有了不错的可及性，但是绝大多数老年人并不会在患病后第一时间选择社区医院。这是因为大型医院有着更好的医疗设施等外部条件，同时医生技术也较高；与之相对，基层医疗机构的医疗设施较落后，医生技术较差，可以说出现这一结果并不意外。调查还发现，在为数众多的卫生服务项目中，老年人最想要的不是健康教育，而是定期体检，说明老年人在疾病的预防以及健康的维持方面观念较为滞后。

第三节
提高卫生服务利用，促进健康老龄化

一、加强社会资本投资医疗服务的力度

对于我国的健康服务业来说，其基础性服务能力还需继续增强，而其保障能力也有待提高。从整体上看，我国目前虽然拥有为数不少的医疗机构，但是这些机构中民营医疗机构占绝大部分，这也就直接导致了其规模不够大，且缺乏强大的服务能力。因此，我们要做的是将审批权限尽可能下放，一切机构规划设置以及布局调整等消息都必须在最短的时间内对公众公布，一方面鼓励有关管理部门通过招标等方式来确定运行医疗卫生服务的主体，另一方面则要鼓励更多的社会资本进入并开办各种紧缺型医疗机构。对于各个环节的审批手续都应尽可能精简，不断放宽对营利性医院各个方面的准入限制。此外，还要将中外合资办医条件进一步放宽，让符合条件的境外资本能够设立独资医疗机构试点。现阶段我国依然没能解决社会办医所面临的核心政策问题，可以说这一问题在很大程度上影响了医疗卫生服务业的发展，甚至健康服务业的发展都受到这一问题的制约。国家必须发布相应的政策，使社会资本的概念得到进一步明确，同时也使办医性质得到明确定义，其功能定位也得以清楚展现，使分类管理政策体系得到进一步完

善；协助非公立医疗机构进入良性的发展趋势中，建立完善的政府补助机制，让公立医疗机构和非公立医疗机构在竞争中处于同一起跑线上。

二、充分发挥医疗卫生服务体系对健康服务业发展的基础性作用

在健康服务的链条上，我们必须重点关注关键环节，大力发展多元化医疗卫生服务，使健康服务业的内涵得到进一步的拓展。促进健康服务业的发展，最重要的任务就是鼓励社会办医。针对现阶段已有的各种制度，进一步加强其执行与监督的力度，让市场充分发挥自身的调节机制，以实现最终资源的优化配置。一方面要持之以恒地推进医药卫生体制改革，另一方面也要同时推进公立医院试点改革，进一步加强全国专科医院的建设，使社会资本充分发挥作用。

三、重点加强健康服务业的基础设施建设

为了能够建设足以支撑健康服务业发展的强大基础环境，我们必须深入发展信息化建设。首先，要大力发展成本较低的数字化健康设备，当然信息系统建设也是重中之重。只有研发出便于携带的用于采集健康数据的装置，才能通过先进的互联网以及移动终端等技术，最终实现健康大数据的共享，这有利于我们最终建立起一个完整度极高的健康信息平台。有了技术基础，我们就能进一步推广远程医疗，同时大力推广互联网医疗平台，这样能让优质医疗卫生资源突破时间和空间的限制而下沉到基层，使健康服务的质量在更大范围内得到提高。其次，还必须建设并完善一整套医疗职业道德诚信体系，充分运用行业自律以及社会监督等一系列手段，使诚信服务制度得到进一步完善。

四、完善老年健康服务信息化基础

要使我国老年健康服务信息化基础得到进一步完善，就必须首先完善老年健康信息管理平台、老年健康服务产品流通管理监督平台等一系列平台，这样有利于实现标准化的数据交换规范。此外，我们还必须进一步完善医院医疗保障等一系列信息管理系统，充分发挥现有的网络设施以及信息资源的作用，希望能够尽早实现老年健康服务各个环节的信息共享与交流。不断加快以网上挂号为代表的在线健康服务的发展，不断扩大其影响范围。对于欠发达地区，要大力发展远程医疗，促进优质医疗资源的下沉，通过远程医疗进一步提升欠发达地区的基层医疗水平。建立完善的电子商务平台，实现医疗器械和药品的竞争透明化、公开化，规范运作环节。在全国范围内不断普及应用数字化医疗设备，研发出便于携带的能够对健康数据进行采集的装置，通过互联网技术不断提高智慧健康服务水平。

五、加大社区卫生服务机构的投入

对老年人口的健康起到保障作用的主要部门是社区卫生服务机构，规模更大、级别更高的卫生服务机构主要解决那些重大的健康问题。老年人所患的一般是各种慢性病，因此社区卫生服务机构等基层医疗机构能很好地维持老年人的健康状态。我们参考了很多国外相关领域的经验，发现社区卫生服务机构的优势在于其可以为老年人提供连续的、综合的、协调的卫生服务，这种卫生服务的连续性体现在老年人健康问题的全过程中，贯穿于从发病到临终的整个过程，可以理解为一种可以有效解决老年人健康问题的途径，能够有效地维持老年人的生活质量。在我国，一个现实问题就是社区卫生服务的发展起步比较晚，因此还存在着种种不足与问题，如医疗设备不够完善、药品种类不够全面、卫生人员不具备较为高超的医疗技术等，这些问题使得社区卫生服务很难满足服务对象的医疗卫生需要，在很大程度上也使得老年人患病后不愿意去社区卫生服务机构就医，阻碍了社区卫生服务的发展。所以，我们要做的是尽量加大对社区卫生服务机构的资金投入，进一步提高社区卫生服务机构的医疗服务质量，这样才能充分发挥其在老年人慢性病管理等方面的优势，使老年人的生活质量得到进一步提高，也能在很大程度上促进我国健康老龄化的发展。

六、加强老年人身体锻炼，建设和谐的家庭关系

可以说，在现阶段我国面临的一系列人口问题中，人口老龄化是非常重要的一个问题，为了能够更好地解决这一问题，最关键的一点就是要实现健康老龄化。而要实现健康老龄化，首先就要促进老年人用更加科学的方式实现对卫生服务资源的合理利用。为了准确掌握我国现阶段的健康老龄化情况，有研究者对我国黑龙江省大庆市一部分老年人的健康水平以及他们的卫生服务资源利用现状进行了详细调查，这一研究有利于有关机构更加高效地提供卫生服务，同时使制定的卫生策略具有更高的合理性，也让我们有足够的数据来对卫生事业进行更加科学的规划。这项研究结果表明，老年人的慢性病患病率维持在一个比较高的水平，其中，一种疾病的患病率为 37.3%，两种疾病的患病率为 18.0%，三种及以上疾病的患病率为 13.0%。除了年龄之外，与老年人慢性病共病情况显著相关的因素还有睡眠质量以及与子女的关系等。相当一部分老年人除躯体健康情况比较差之外，还有不同程度的心理损伤，同时，这些老年人大部分存在一定程度的社会功能缺失。这一情况提醒我们在大力推进健康老龄化时，不仅要关注老年人口的

躯体健康，同时也要关注老年人的心理健康，还要关注老年人的社会功能维持情况，这三者缺一不可。此外，在对这三者进行综合考虑后，我们将老年人的自觉健康水平作为老年人健康标识的变量，通过仔细分析，我们发现了一些能够对老年人的健康状况造成严重影响的独立危险因素。这些因素除了常见的年龄和睡眠质量外，还包括与子女的关系以及是否有运动习惯。结果发现，老年人年龄越大，睡眠质量越差，缺乏体育锻炼和与子女的关系不够和谐的老年人的健康状况较没有这些危险因素的老年人更差。因此，应鼓励老年人多进行体育锻炼，利用各种手段改善睡眠质量，注意和子女建立更加和谐的关系。这些措施在很大程度上能促进老年人的身体健康，有利于推进我国健康老龄化事业。

七、大力发展养老产业

我们并不需要将养老产业理解成独立的产业，它分布在三大产业的许多领域。根据我国国情，应该将下列领域中的养老产业作为发展的重点：①消费品制造业，举例来说，可以制造老花镜以及拐杖等老年人生活中需要的一切特殊用品，或者一切能够帮助老年人补充营养且适合老年人消化特点的特殊食品；②房地产产业，举例来说，建立符合老年人需求的集医疗和保健等功能于一体的住宅小区；③卫生保健服务业，举例来说，可以生产适合老年人的各种保健品及医疗器具等或者提供各种医疗保健服务；④人寿保险业，如人身保险就非常适合老年人；⑤旅游娱乐业，举例来说，旅游服务和陪同服务就很符合老年人的需求，也可以开展老年棋牌活动等娱乐项目；⑥家政服务业，可以提供适合老年人的家庭护理服务、临终关怀等；⑦文体教育业，如老年大学等；⑧咨询服务业，举例来说，无论是心理咨询还是婚姻介绍都是适合老年人的服务。要促进当地养老产业的发展，就必须从当地的实际情况出发，借鉴国际经验，将满足老年人物质需求和精神生活作为两个最主要的目标。通过适度调整一些现有的产业结构，最终开发生产出各种具有实用性的老年产品，大力促进养老产业的发展。

八、增强居民健康消费理念

要更好地发展健康服务业，不仅需要政府和企业组织的不懈努力，同时也需要居民不断转化和提高自己的健康理念，其中最关键的一点就是树立"投资健康"这一消费观念。在中国历史文化中，健康养生一直占有较为重要的地位，然而随着现代社会经济的高速发展，我国居民养成了很多有害健康的生活习惯以及消费观念，如吸烟和缺乏足够的体育运动都是导致健康问题的罪魁祸首，要让人们意识到这一点，政府必须利用各种渠道广泛开展各种形式的健康教育，向大众积极宣传健康的生活方式以及健康理念，这有益于让居民进入投资、珍惜并提升健康的良性的理念循环中。同时我们还要不断鼓励商业医疗保险机构以各种形式进行公益宣传，在更大范围内推广健康积极的生活方式。此外，我们还要充分利用社会资源，如学校的体育场可以开放给公众进行体育锻炼。

因此面对我国人口老龄化程度不断加深、医疗卫生服务需求迅速增长这一实际情况，我国必须大力发展老年医疗服务产业，使老年人的基本医疗需求得到有力保障。我们充分分析了老年人口卫生服务资源利用所具备的特点，发现只有进一步建立完善而健全的城乡社区卫生服务体系，同时督促基层医疗机构将老年医疗保险作为工作重点，才能使老年人所需的卫生服务得到保障。我们不仅要确保所提供的卫生服务的安全性和便捷性，而且还要确保其有效并且经济实惠。必须对老年健康服务的社会保障机制进行不断完善，不断增加公共财政中对建立并完善老年卫生服务体系的资金投入，最终建立一个健全完善的老年卫生服务体系，同时加大人才培养力度，为社区卫生服务体系提供人才保障。

为满足我国老年人日益增长的卫生服务需求，我们要大力促进老年医疗服务的健康发展，使基层医疗机构能够充分发挥自身作用，让老年人的基本医疗需求得到最切实的保障，进一步使老年人口自身的健康状况得到改善。

主要参考文献：

[1] 贾欣欣.老年人群健康状况及其影响因素研究[D].南京:南京医科大学,2016.

[2] 韩德民,卢九星,李星明,等.中国健康服务业发展战略研究[J].中国工程科学,2017,19(2):21-28.

[3] 于勇,陶立坚,杨土保.中国人口老龄化与公共卫生服务的需要[J].中国老年学杂志,2013,33(1):220-222.

[4] 许可,胡善联,徐大麟,等.人口老化的卫生经济学研究(一)老年人口对卫生服务的需要和利用[J].中国卫生事业管理,1996(1):38-40.

[5] 林静.威海市农村老人门诊服务利用与影响因素研究[D].济南:山东大学,2008.

[6] 郭春萍,李继梅,王丽萍.高校社区老年人健康状况及卫生需求调查[J].吉林医学,2011,32(14):2873-2874.

[7] 高启杰,曲永亮,申建为.中国老龄人口生存状况之窥视——以京郊密云县为例[J].天津商业大学学报,2011,31(4):3-8.

CHAPTER 6

第六章

中国人口老龄化进程中面临的问题与挑战

自1999年中国进入人口老龄化社会以来，人口老龄化问题越发严重，老年人口数及比例不断上升。劳动年龄人口的减少和老年人口的增加给社会和经济发展带来了严峻挑战。与发达国家不同，中国的人口老龄化进程很快，老年服务和保障体系尚未满足人口老龄化的需求，处于“未富先老”的境地。本章从养老服务体系、医疗保障体系和老年学科建设三个方面阐述了我国人口老龄化进程中面临的问题与挑战，明确了我国人口老龄化现状，为健康老龄化建设提供了理论依据。

第一节 中国养老服务业资源现状及挑战

一、老年护理服务业人力资源开发现状

由于人口老龄化进程的加快，我国老年人口抚养比持续上升，预计到2020年将达到28%。也就是说，每100名劳动年龄人口必须至少承担28名老年人的养老金。老年人养老问题已成为健康老龄化的重要任务。“十二五”期间，我国的老龄化事业和养老保险制度基本形成，即形成“基于家庭、社区支持、机构补充和医疗的老龄化服务体系”；开放式养老床的数量达到672.7万张，每1000名老年人的养老床数量达到30.3张。截至2015年，中国每千人口的注册护士数为2.36人，执业(助理)医师与注册护士比为1∶1.07。目前，尚未建立老年护理专家护理体系，也尚未形成社区护士和老年护理人员培训体系。2012年，我国独居或空巢的老年人比例已超过40%，这意味着家庭护理的作用较小。

老年人有权选择适合他们的养老方式，但这需要养老服务业提供更多类型的优质老年护理服务。据统计，政府和集体设立的养老机构的入住率相对较高(占比超过85%)，个人设立的机构的入住率较低(低于40%)；在杭州等较发达地区，养老机构的入住率较高(平均入住率为75.7%)，床位周转率较低(2006年的床位周转率为21.7%)。但是，各养老机构普遍存在护理人员较少、学历较低等问题。此外，养老机构的规模也各不相同，大多数养老机构结构简单、功能单一、缺乏足

够的户外活动设施，提供的服务也局限于饮食、居住、医疗等基本层次，护理人员存在数量不足和结构不合理的问题。从现有的研究结果可以看出，目前我国养老机构在制度建设、服务、职工、商业模式等方面仍然存在一定的问题，不能满足社会的需求。

二、老年护理服务业人力资源面临的挑战

（一）老年护理服务需求与人力资源不匹配

首先，就中国养老业的现状而言，学科专业人才队伍建设存在滞后现象。我国高等教育机构及大型医院尚未形成完善的老年护理培养体系，该领域缺乏创造性的领军人才及管理人才，需要改善承担家庭主要护理医疗服务的社区医疗机构的人力资源质量。我国社区护士总量不足，东中西部社区护理人力资源配置存在差异。其次，养老机构或提供上门护理服务的机构从业人员缺乏准入标准和培训体系。目前我国养老服务业的从业人员以女性为主，年龄分布在40～60岁。这些人员大多是家庭妇女，并未接受过系统的老年护理培训，缺乏老年照护的相关知识，尤其是老年人的情绪管理和心理应对知识。这种人力资源分配与老年人的护理服务需求不相符，导致无法保证老年护理服务的质量。造成这一现状的可能原因：首先，大多数学院和大学没有护理专业；其次，老年护理服务业的工资和社会地位不高，难以吸引人才。《全国护理事业发展规划（2016—2020年）》指出，在“十三五”期间，要大力培养护理专业人才，并对社区基层护理人员和养老护理从业人员进行培训，培训覆盖率达到90％。《“十三五”国家老龄事业发展和养老体系建设规划》也指出，要推进涉老相关专业教育体系建设。加快老年医学、康复、护理、营养、心理和社会工作、经营管理和康复辅助人才的培

训;建立全面的职称评定和技能水平评估体系,拓宽养老服务技术人员的职业发展空间;逐步提高老年护理人员的薪酬待遇,从而保证人才质量,留住优质人才。

(二)中国志愿服务体系的发展还不完善

中国不仅在职业养老金体系中处于薄弱状态,而且缺乏有效的志愿服务体系。如果有一个成熟的志愿服务体系,中国的养老金问题可能会得到缓解。但是,从各方面来看,中国的志愿养老金制度仍处于起步阶段,不能有效地补充职业养老金市场。首先,中国的养老金立法需要改进,从某种意义上说,当前相关法律法规不够完善,阻碍了养老服务体系的发展。其次,养老保险制度在各地区之间存在严重的不平衡,缺乏组织来管理养老志愿者、协调志愿服务中的各种问题。最后,中国缺乏养老志愿者文化,多数人只是一时兴起,并且去养老院的次数有限,不能对养老服务体系进行有效的补充。

综合上述问题,政府需要完善相关政策法规,健全养老服务体系,以达到如下目标,即在2025年之前,建成为老年人提供细心、经济服务的服务提供系统,以便每个需要养老服务的老年人都能找到合适的服务人员。政府和社会相关机构应共同努力,解决养老服务业人力资源供给不足的问题,提高老年护理服务中职工的专业地位和专业水平,建立一支由专业人才和志愿者组成的老年服务专业团队。

我们必须从老年人的需求出发,完善老年人的服务。首先,通过定期培训提高现有从业人员的能力。政府可以组织养老行业的从业人员定期培训,提升他们的专业素质,确保服务质量,努力保障老年人在养老领域的基本权益。其次,通过政策制定规范养老市场。从整体出发,对养老行业进行规训和整理,确保从业者在盈利的同时切实满足老年人的养老需求。对于养老从业人员，要出台完善的准入标准和评价制度，以确保养老行业的良性发展。最后，整合资源，优势互补。整合不同地区的养老业，集中优势，确保老年人在养老过程中可以享受不同类型的养老服务。

同时，我们可以借鉴欧美发达国家的经验，整合政府、市场从业者和民间志愿者的力量，充分保障养老行业的人力资源需求。志愿者可以作为养老的补充力量，无论是机构养老还是居家养老，志愿者均可以发挥重要作用。因此应当加强宣传以提高志愿服务意愿。开展有效的宣传活动，使更多人认识到志愿者活动对老年人的意义，让他们主动参与志愿者活动；还要明确志愿服务过程中的责任划分及奖励机制。这样才能保障老年人和志愿者的权益，吸引更多的志愿者加入养老服务业。

第二节 中国医疗保障制度现状分析

目前，中国的医疗保障制度主要包括医疗保险和护理保险，此外，还有社会保障制度中的养老金、社会保险和商业保险等作为辅助。在医疗保险方面，我国建立了城镇职工基本医疗保险、城乡居民基本医疗保险(原城镇居民基本医疗保险与新型农村合作医疗的整合)。“十二五”期间，参保人口覆盖率达到95%。随着人口老龄化进程的加快，现有的医疗保障体系需要不断加强资金管理和风险控制，以防出现收不抵支的情况。

一、城镇职工基本医疗保险制度

国务院于1998年印发了《关于建立城镇职工基本医疗保险制度的

决定》。城镇职工基本医疗保险制度是为劳动者设立的，是一个风险分摊平台，旨在弥补因疾病风险导致的被保险职工的经济损失。它有助于恢复职工的健康，使其尽快回归社会生产活动。该制度已实施20余年，我国大部分地区(98%)已启动该制度。2015年，我国城镇职工基本医疗保险参保人员达到约2.89亿人，保险基金收入达到约9083.5亿元；累计结余约10997.1亿元，且近十年来基金收入呈明显的递增态势。然而，随着人口老龄化程度的加深，老年人保险人口比例上升，基金支出持续增多。老年人是慢性病与重病的多发人群，其医疗消费大多是(累积)高额的，对医疗费用拉升影响较大。据测算，退休老年人所产生的平均医疗消费约为在职人员的4倍，且目前我国退休老年参保人员暂不缴纳保费。

二、城乡居民基本医疗保险制度

城乡居民基本医疗保险制度是城镇居民基本医疗保险与新型农村合作医疗制度的整合，使两个制度在基本制度、管理制度、信息方面有机统一，建立协调、高效、便利的城乡居民基本医疗保险制度。2016年1月国务院印发《关于整合城乡居民基本医疗保险制度的意见》，截至2016年10月，全国20个省(区、市)已出台政策文件，部署城乡居民基本医疗保险制度一体化，甚至有的省(区、市)已全面实现了城乡居民基本医疗保险制度的整合。截至2015年，参加城乡居民基本医疗保险的人口数达到约9.79亿人，中国基本医疗保险覆盖率达到95%以上。整合的结果主要体现为医疗保险制度公平性的提高、制度运行效率的提高和居民受益程度的提高。但有研究显示整合制度的设计存在缺陷，甚至出现居民受益程度降低的情况。目前，对于城乡居民基本医疗保险制度需要从总体规划、筹资和支出等方面进一步论证，以优化保障体系。

三、各种类型的补充医疗保险

基本医疗保险范围广泛，但保护水平有限。例如，重大疾病保险已覆盖全国31个省(区、市)、9.2亿人。此外，各种形式的企业补充医疗保险模式也在探讨中。如：社会保险管理机构以社会保险形式运营的补充医疗保险；商业保险公司组织的补充医疗保险；由工会组织经办的职工互助保险等。此外，随着政府职能的逐步转变和社会管理方法的不断创新，用市场手段满足社会管理和公共服务需求是必然选择。商业保险已成为国家治理体系和治理能力现代化的重要手段。原中国保险监督管理委员会在"十三五"规划中指出将创新和发展各种形式的商业养老保险产品，鼓励商业保险公司发展医疗保险、残疾人收入损失保险、疾病保险等商业健康保险产品，满足有更高的养老保障和医疗保障需求的人。

四、医疗救助制度

城镇职工基本医疗保险制度的基本特征如下：职工正式就业的单位(企业或国家机构)参加基本医疗保险；保险费的支付与享受的福利有关。它不包括在非正规部门就业的工人和在现行制度中没有能力支付保险费的工人，其中很大一部分是低收入或非收入弱势群体。针对目前医疗保险制度的短板，部分城市为弱势群体建立了医疗救助制度。以北京市为例，北京市民政局、财政局、劳动保障局、卫生局联合发布了《北京市城市特困人员医疗救助暂行办法》，从2002年1月1日起开始实施，目的在于减少弱势群体的医疗费用。

五、长期护理保险制度

目前，我国已经形成了以城镇职工基本医疗保险、城乡居民基本医疗保险为基础的医疗保险制度。然而针对日趋增加的长期照护负担，我国还未探索出完善的长期护理保险制度。根据发达国家的经验，长期护理保险制度在解决人口老龄化问题方面发挥着重要作用。我国目前正在15个城市开展试点工作，探索建立长期护理保险制度。在探索过程中主要发现了以下问题：首先，长期护理社会保险难以筹集资金，转型依赖于医疗保险；其次，长期护理商业保险的供需偏冷，效果不佳。

综上所述，目前我国的医疗保障体系已基本实现了制度转型和机制转换。在该制度中，完成了从福利型公共医疗保险和劳动保险向社会医疗保险的转变；同时，在新系统下，实行了社会统筹与个人账户相结合、费用分担、医疗服务竞争（定点医院）、费用控制（结算方式）以及社会化管理等新的运行机制。在制度层面上已经形成了以基本医疗保险为主体、各种形式的补充医疗保险（公务员补充医疗保险、大额医疗互助、商业医疗保险和职工互助保险）为补充、社会医疗救助为底线的多层次医疗保障体系的基本框架。医药卫生体制的改革也取得了较大的进展，对医疗保障制度的发展起到了促进作用。

第三节
中国医疗保障制度存在的问题及对策

一、我国医疗保障制度存在的问题

虽然我国医疗保障制度的改革和建设取得了很大进展，但总体来说，医疗保障制度还有很多需要改进的地方。有必要对医疗保障制度中存在的问题进行深入思考和分析，特别是对于制度的实施来说，从而明确医疗保障制度未来的发展思路。当前，中国医疗保障制度的主要问题如下所示。

（一）多层次医疗保障体系尚未形成

虽然中国医疗保障体系框架基本形成，但仍缺乏合作。首先，城乡居民基本医疗保险一体化的制度和福利待遇需要进一步提高；其次，现有系统各级的运作尚未走上正轨，成效并不显著。基本医疗保险与补充医疗保险、商业医疗保险、社会医疗救助、社区医疗服务等之间仍然没有有效联系，其有效性还需要进一步提高。

（二）医药卫生体制改革与医疗保障制度改革不适应

医药卫生体制改革是医疗保障制度顺利推进的关键。随着市场经济体制的建立，政府对公立医院的补偿规模逐渐缩小，医院更多地关注经营收益，追求经济效益已成为医院的经营动力。虽然医院“以药养医”的补偿机制已经在新一轮的医药卫生体制改革中被废除，但与此同时，相应提高的诊疗费用也让民众怨言颇多。除了人口老龄化、疾病泛化和医疗技术改进等自然原因造成的成本压力外，基本医疗保险基金还受到医药卫生体制改革滞后所带来的考验。在实施医疗保障制度的许多地区，存在医疗保险基金无法维持生计的情况。

医药卫生体制改革与医疗保障制度改革不协调的一个严重后果是医院、医疗保险机构和患者之间的关系不清楚且造成医患关系紧张。为了控制医疗费用的增长，政府发布了一系列规范医院行为的文件，明确规定了药物、治疗方案、费用结算方法和指定药房的选择。许多城市的医疗保险机构改变了与医院“按项目付款”的费用结算方法，采用对医院具有更高约束力的“总预算制度”。这种结算方式增大了指定医院的压力，甚至导致医院和医疗保险机构之间的冲突，进而导致投保患者满意度的下降。

(三)政府对医疗资源投入不足

目前，中国基本医疗保险筹资比例为单位支付职工工资收入的6%左右，个人支付个人工资收入的2%左右(具体支付比例因省而异)。由于没有医疗资金的积累，对于在新系统实施时已经退休的“老年人”来说，他们的医疗保险资金构成了一笔“隐性债务”。在没有其他渠道解决老年人医疗保险的“无形债务”的前提下，老年人和退休老年人的医疗费用仅由职工承担，这必将使医疗保险基金的压力增大。这也是许多地区医疗保险基金每年超支的重要原因。

与此同时，人口老龄化也给医疗保险带来了较大压力。医疗保险基金的需求随着老年人口的增加而逐年增加。老年人的慢性病患病率远远高于中青年，而提供医疗保险基金的劳动年龄人口比例正在下降，导致医疗保险基金减少，而在职职工的医疗保险责任增大。医疗保险基金的有限性和医疗需求的相对无限性是医疗保险运作中的矛盾点。在我国对医疗保健投资相对不足的背景下，这种矛盾更为突出。政府对医疗资源的财政投入不足对医疗保障制度产生了不利影响，医疗保险基金处于捉襟见肘的状态。同时，由于医疗服务结构不理想，患者的医疗需求尚未得到合理分解时，资金已经流入大型医院，成本较高，但医疗保险基金有限，资金未能得到有效利用。

二、完善医疗保障制度的构想

针对我国现行医疗保障制度存在的主要问题，可以提出完善医疗保障制度的构想。我国未来社会保障体系建设的基本思想：逐步建立与经济发展水平相适应的社会保障体系，追求社会公平，立足民生。在这种指导思想的基础上，我国医疗保障体系建设和发展的价值取向应该公平和普遍，使社会全体成员都能享受到医疗保障。实现公平的关键措施是完善医疗保障体系建设，通过多层次的医疗保障网络覆盖社会各界，满足群体不同的医疗需求。

（一）建立多层次的医疗保障体系

健康是每个公民的基本权利。在医疗保障领域，使所有社会成员都能公平地享受医疗保障是各国政府不可推卸的责任。尽管由于社会经济发展战略和生产力发展水平受到限制，我国目前的医疗保障体系不能成为全民的统一体系，但建立适合不同群体需求的医疗保障体系是有可能实现的。城镇职工基本医疗保险制度是国家强制实施的社会保险制度，目的在于保障在职和退休职工的基本医疗需求。对于城镇职工基本医疗保险，其保险对象的定义非常明确。改善基本医疗保险制度的紧迫对策是确保系统外的职工能够进入系统范围。基本医疗保险应确保所有职工都得到保障，职工可以按照政策实际接受基本医疗。要加快补充医疗保险制度的建设，减轻职工基本医疗保险范围以外的负担。当被保险人员承担了大笔医疗费用时，可以通过补充医疗保险获得补偿。补充医疗保险可以采取多种形式，其中使用市场优势（商业保险）进行操作是明智的选择。对于灵活就业等新的就业形式，政府应建立特殊的医疗保障制度。对于灵活就业的职工应采用灵活多样的管理方法。具体而言，参与方法、支付方法、治疗福利、基金管理和服务应有不同的安排。建立医疗援助制度，解决弱势群体的担忧。应该给没有工作或失去工作能力的弱势群体（如残疾人）提供更多帮助。与对待其他社会成员一样，使弱势群体享有健康权而不因为贫困而放弃这种基本需求。要尽快完善我国城乡居民基本医疗保险制度，实现统一覆盖、统一筹资政策、统一保障、统一医疗保险目录、统一定点管理、统一基金。

我国的医疗保障体系应该涵盖城镇职工基本医疗保险、城乡居民基本医疗保险、补充医疗保险、商业医疗保险、灵活雇员的特殊医疗保险和弱势群体的医疗援助制度。在这个医疗保障体系中，每个社会成员都可以享受基本的医疗服务。

（二）未来发展目标

原国家卫生和计划生育委员会等十三个部门制定的《"十三五"健康老龄化规划》认为，为积极应对人口老龄化，建议加强医疗保障体系建设，为维护老年人健康奠定坚实基础。

一是完善医疗保障制度，巩固和提高保障水平，全面实施城乡居民重大疾病保险制度。在地方试点的基础上，探索建立长期护理保险制度，实现直接结算满足要求的跨省异地住院老年人医疗费用。鼓励发展与基本医疗保险挂钩的老年商业健康保险，以满足老年人多样化和多层次的健康保障需求。二是进一步加大对贫困老年人的医疗救助力度。在对低收入人群和有特殊困难的中老年人的医疗救助工作的基础上，将低收入家庭的老年人纳入重特大疾病医疗救助范围。此外，为有特殊情况而计划生育困难家庭的满足资格的老年人提供适当的医疗救助。

第四节 中国长期护理保险制度的构建

基于对现有医疗保障体系的补充，长期护理保险制度的发展及其实施中遇到的阻碍也值得关注。我国人口老龄化程度逐渐加深，且未来将加速发展。我国的总人口很多，老年人的规模也很大。第二次全国残疾人抽样调查数据显示，2006 年我国 60 岁及以上的残疾人口数约为 4416 万人，且持续增加，将在 2054 年达到顶峰，约为 2006 年的 3 倍。但是，大多数残疾和半残疾老年人仍然在家中接受照顾，很难享受护理服务。面对紧急护理需求，学术界、相关政府部门和专业团体对我国建立长期护理保险制度形成了基本共识，即应尽快探索和建立长期护理保险制度，进一步完善中国的社会保障体系。

我国现行社会保障体系中并不包括长期护理保险，但是，长期护理保险已经开始在部分地区进行试点，如青岛的长期医疗保险、长春的残疾人医疗保险、南通的基本医疗保险，以及济南的职工长期医疗护理保险，已分别于 2012 年 7 月 1 日、2015 年 5 月 1 日、2016 年 1 月 1 日和 2016 年 6 月 1 日实施。

从我国目前的长期护理商业保险的发展和现有社会保险试点的经验来看，我国的长期护理保险制度建设还存在一些重要问题。

一、筹资渠道面临的困境

我国建立和发展长期护理保险制度所面临的关键问题是资金来源问题，即筹资渠道问题。对国内外试点长期护理保险筹资渠道的分析、成功经验的启示，以及中国严重人口老龄化的情况，都提示了长期护理保险需要大量护理费用的现实，决定了我国建立长期护理保险制度不能单纯依靠一两个筹资渠道，而应多层次、多渠道筹集资金。因此，应从政府财政补贴、医疗保险基金、住房公积金、社会支持和个人缴费中筹集资金。但是，从这五个方面筹集资金将不可避免地遇到一些困难。

1. 缺乏相关的法律和政策依据 我国的长期护理保险制度尚未建

立，相关筹资渠道的法律和政策也缺失。无论是对政府、企业还是对个人，相关法律和文件都没有明确规定相关的资金比例。此外，还缺少有关长期护理保险制度的实施和覆盖范围的法律法规。如果资金问题无法解决，将困扰我国建立和发展长期护理保险制度。

2. 筹资金额和筹资办法难以确定 政府财政补贴方面，由于每个地区的人口老龄化程度、政府的财政状况，以及城镇和农村的发展程度不同，加上长期护理保险的社会性质，难以确定补贴的具体数额和补贴办法。医疗保险基金方面，我国的医疗保险基金本身就存在收不抵支的风险，如果过度依赖医疗保险基金来维持长期护理保险的运营，有可能会造成两个保险体系的损害。住房公积金的提取和使用方面，国家和部分省区市对住房公积金使用管理等若干问题提出了意见，但意见仅就重大疾病的情况提取公积金做出了具体规定，并没有涉及其他内容。社会支持方面，国家目前的福利基金和慈善捐款对国家社会保障基金有一定的拨款。但是，由于长期护理保险仍处于探索阶段，因此没有关于提取额度和提取方法的规定。个人缴费方面，长期护理保险的目标是老年人失能后的护理。但由于不同人有不同的收入，从个人收入中提取多少以及如何提取也成为问题。

3. 试点地区的成熟经验尚未形成体系 我国的长期护理保险制度尚未建立，但已有多个试点地区，如青岛、长春和北京海淀区。青岛和长春的长期护理保险制度发展良好，在一定程度上解决了失能老年人的长期护理问题，并积累了成熟的经验和做法，但这些成熟的经验和做法还没有形成体系，所以在探索长期护理保险制度时，没有相应的参考，更难以探索和实施。

4. 个人参保意识薄弱 我国的长期护理保险目前正处于试点阶段，因此一些尚未参加长期护理保险的个人，由于缺乏对长期护理保险重要性的理解，参与意识薄弱，缴费积极性不高。

二、中国长期护理保险筹资体系的构想

在分析上述各种筹资渠道和不同地区的试点经验的基础上，我们认为我国应该建立政府财政补贴和个人缴费为主、医疗保险基金和住房公积金为辅、社会支持为补充的长期护理保险筹资渠道。为了实现这一目标，还需要有如下保障措施。

1. 建立健全相关的法律法规 从德国、日本和韩国等国家的实践经验来看，长期护理保险的发展在很大程度上得益于健全的法律法规和监管体系。我国应加快修订《中华人民共和国社会保险法》，并出台相关法律法规。此外，还要明确社会中长期护理保险筹资比例的运行管理措施和监督管理机制，加快各部门的协调配合，完善长期护理保险的筹资渠道。

2. 确定具体的筹资额度和筹资办法 确定具体的筹资额度和筹资方法是长期护理保险筹资渠道有效运作的关键。在政府财政补贴方面，有必要建立财政资金的长期投资机制。为此，有必要完善筹资额度动态调整机制，明确筹资方法，充分发挥政府财政补贴的主要作用。在个人缴费方面，有必要综合考虑社会经济发展水平、居民收入水平和企业负担，并出台具体的提取方法，明确个人缴费率。在医疗保险基金和住房公积金方面，应充分评估医疗保险基金和住房公积金的现状及其面临的可持续性问题。合理确定提取额度，出台相关措施，不仅保证目前医疗保险基金和住房公积金的支付，而且不影响其长期运作。在社会支持方面，要加强与慈善组织和基金会的合作，建立长期稳定的合作关系，同时明确福利彩票基金拨付的配额，完善分配方式。同时，在降低企业社会保障缴费比例的前提下，出台有关企业提取比例的具体

政策。

3. 总结试点地区的成熟经验并形成体系　在未来一段时间内，我国应对青岛、长春、北京等地长期护理保险筹资渠道的发展进行全面评估。一方面，我们应该汲取一些地区成功的做法；另一方面，我们应该对一些已经出现的问题加以规避，并不断加强理论分析和比较实际情况，尽快形成可复制和可扩展的经验，对社会长期护理保险筹资渠道的建设发挥指导和借鉴作用。

4. 加大宣传力度并鼓励积极参保　长期护理保险制度要真正成为一项可持续的政策，就必须得到公众的支持、认可和参与。因此，有必要通过报纸、电视、微信公众号、微博和网络媒体的线上线下整合，进一步加大宣传力度，提高公众对长期护理保险制度的认识，使其意识到长期护理保险制度是缓解人口老龄化风险的有效手段，提高他们参与保险的积极性，从而推动长期护理保险相关筹资渠道的建设。

第五节 健康老龄化学科建设进展与问题分析

在老年护理人才储备方面，国外有老年照护本科、硕士、博士，而我国在老年照护领域几乎没有专业人才的储备。除了概念上的原因外，真正的困境主要是缺乏专业的教育和培训以及规范老年护理人员的管理制度。其职业发展的立场模糊不清，其权益得不到保障。

《"十三五"健康老龄化规划》中提出，要加强专业人员队伍建设，提高队伍的专业化和职业化水平。切实加强老年健康服务人员队伍建设，尽快培养一批有爱心、懂技术、会管理的老年健康服务工作者。将老年医学、康复和护理人才作为急需紧缺人才纳入卫生计生人员培训规划，加强专业技能培训，大力推进老年护理人员的职业技能鉴定工作。采取积极措施保障护理人员的合法权益，合理确定并逐步提高其工资和福利待遇。支持高等教育机构和职业院校开设相关专业或课程，加快老年医学、康复、护理、营养、心理和社会工作等方面专业人员的培训。鼓励医养结合服务机构参与人员培训的全过程，为学生实习和教师实践提供岗位。重点建设一批职业院校卫生服务类和养老服务类示范专业点。

人工智能在养老服务业的应用处于起步阶段，将人工智能应用于养老服务业能够有效缓解老年护理人力资源压力，降低护理成本。中国正处于人工智能的研究阶段，目前感应式和监控式辅助器械已经投入使用，但是佩戴或夜间光源供给都会影响老年人的正常作息而效果不佳。因此需要积极开发全方位、全天候且不影响老年人生活的人工智能设备，促进其在老年护理行业中的应用及其产业化发展。

发达国家比中国更早进入人口老龄化社会，经过长期的研究和探索，其在健康老龄化方面的技术成就略高于中国。因此我们应当加强国际合作，借鉴其他国家在应对人口老龄化进程中的成果。例如，美国、英国等发达国家相继在20世纪步入人口老龄化社会，而这些工业和科技强国善于利用自身优势，已经处于老年照护科技行业的领先位置。我国可以通过一批中外高水平大学科研合作平台的建设，促进国际科研合作的开展，引进一批先进的技术成果，探索人工智能在老年护理中的应用。例如，我国的智能老年辅助设备仍处于第二代，未达到不影响老年人日常生活的水平，而发达国家已经出现了机器人辅助行走、做简单家务、情感陪护、语言沟通等设备。我们可以通过科技合作学习其技术，进而自主研发；应当加强多学科共同合作，推进老年照护质量的提升。健康老龄化是一个复杂的过程，并不可能由某一个学科单独完成,而是关系到不同的学科门类。因此,应当促进医科、理工科、管理科学、社会科学等多学科的共同合作与发展,方能全方位保障健康老龄化建设。同时,应倡导研究机构与市场企业合作,促进生产、教育和研究的一体化。高校或研究机构的研发成果要切实服务于健康老龄化建设,就必须市场化、产业化。因此,研发机构可以与市场企业共同发展。一方面,市场企业可以为研发机构注入研发资金、提供市场数据;另一方面,研发机构也可以及时促进成果转化,为市场企业谋发展,为人民谋福利。

主要参考文献:

[1] 周诚晨.养老服务人力资源的有效供给问题研究[J].科学中国人,2016(14):201.
[2] 张静,张丽霞.将志愿者服务机制引入养老服务问题的研究[J].西北人口,2009,30(1):47-50.
[3] 郑功成.中国社会保障制度变迁与评估[M].北京:中国人民大学出版社,2002.
[4] 仇雨临.中国医疗保障体系的现状与完善[J].北京市计划劳动管理干部学院学报,2004,12(3):11-16.
[5] 仇雨临,孙树菡.医疗保险[M].北京:中国人民大学出版社,2001.
[6] 王延中.试论国家在农村医疗卫生保障中的作用[J].战略与管理,2001(3):15-18.
[7] 王延中.建立农村基本医疗保障制度[J].经济与管理研究,2001(3):15-18.
[8] 赵玉川,蒋烽.我国医疗卫生体制改革的政策选择[J].经济研究参考,2002(19):29-40.

[9] 朱玲.政府与农村基本医疗保健保障制度选择[J].中国社会科学,2000(4):89-99.

[10] 郝君富,李心愉.德国长期护理保险:制度设计、经济影响与启示[J].人口学刊,2014,36(2):104-112.

[11] 高春兰,班娟.日本和韩国老年长期护理保险制度比较研究[J].人口与经济,2013(3):104-110.

[12] 戴卫东.长期护理保险——理论、制度、改革与发展[M].北京:经济科学出版社,2014.

[13] 宋占军,朱铭来.我国长期护理保险需求测算与发展战略[C]//2012中国保险与风险管理国际年会论文集.北京:清华大学出版社,2012.

[14] 雷晓康,冯雅茹.社会长期护理保险筹资渠道:经验借鉴、面临困境及未来选择[J].西北大学学报(哲学社会科学版),2016,46(5):108-115.

[15] 佘瑞芳.我国医养结合养老模式的现状、问题及其对策研究[D].南昌:南昌大学,2014.

[16] 景思霞.重庆市巴南区"医养结合"养老模式与路径研究[D].重庆:重庆医科大学,2014.

[17] 张旭.医养结合养老模式研究[J].赤峰学院学报(汉文哲学社会科学版),2014,35(3):102-104.

[18] 廖芮,张开宁,王华平,等.我国健康老龄化背景下的医养结合:基本理念、服务模式与实践难题[J].中国全科医学,2017,20(3):270-277.

[19] 王方刃,李金钹,陈上仕.福州市社会养老机构现状及提供卫生服务能力的调查分析[J].中国卫生资源,2003,6(5):217-218.

[20] 曾琳,郭祯玲,施清清,等.福州市鼓楼区养老机构调查分析[J].福建建筑,2009(2):87-89.

[21] 陈雪萍,章冬瑛,倪荣,等.杭州市养老机构为老服务现状调查与对策[J].护理学杂志,2008,23(21):13-15.

[22] 唐万琴,丛晓娜,徐波,等.南京市养老服务机构现状调查分析[J].江苏卫生事业管理,2009,20(6):33-35.

[23] 廖敏,张蕾.养老机构发展主要问题及对策研究——长沙市养老机构及入住老人的调查与思考[J].长沙民政职业技术学院学报,2006,13(2):13-16.

[24] 刘建民.广西养老机构现状调查与对策分析[J].传承,2010(3):162-163.

[25] 易大方,王玉伟.武汉市养老服务机构现状调查[J].科技创业月刊,2006(9):168-169.

[26] 李文颖,马广奇.中国养老金制度的现状、问题及对策[J].社会福利(理论版),2013(4):22-23.

CHAPTER 7

第七章

中国健康老龄化政策分析

第一节 中国健康老龄化政策概况

一、基本情况介绍

近年来,中国正处于人口老龄化高潮期,人口老龄化的形势十分严峻,人口老龄化问题也异常突出,人口结构发生了重大变化。据统计,2018年我国60岁及以上人口约2.49亿人,占总人口的17.9%,其中65岁及以上人口约1.67亿人,占总人口的11.9%。预测到2050年,我国60岁及以上人口将达到约4.79亿人,占比达35.1%,其中65岁及以上人口将达到约3.59亿人,占比达26.3%。这一系列数据表明,我国人口老龄化已进入飞速发展阶段,并且具有规模大、结构失衡等特点。我国学者越来越关注人口老龄化及其衍生的问题,基于人口老龄化趋势预测和特点分析的研究数见不鲜,应对人口老龄化的相关政策也层出不穷。

健康老龄化最早于1987年5月召开的世界卫生大会上被提出。在我国,关于健康老龄化最早的研究始于1990年,该研究是由联合国人口基金援助、首都医学院附属宣武医院老年医学研究中心承担的"北京老龄化多维纵向研究",其中的健康部分是参考1987年世界卫生大会关于"健康老龄化决定性因素"的研究方案设计的。最早将"健康老龄化"概念引入国内的是原中国老年学学会会长邬沧萍教授。在1994年2月召开的中国老年保健研讨会开幕式中,他做了题为"为使我国出现健康的老龄化而奋斗"的讲话。同年9月20日他又在《人民日报》上提出“健康老龄化”。健康老龄化是指在人口老龄化社会中，多数老年人处于生理、心理和社会功能三者协调统一的健康状态，同时也指社会发展不受人口老龄化的影响。其具体内涵主要包括以下几点：①老年人个体的健康（指身心健康和良好的社会适应能力）；②老年群体的整体健康（指健康期望寿命的延长以及与社会整体相协调）；③老年人家庭的健康（指有老年人的家庭代际和谐，老年人婚姻自由、家庭幸福）；④老年人经济健康（指老有所养，不为养老发愁）；⑤社会环境健康（指发展健康的生活方式和健康的社会经济机制）。健康老龄化重点强调社会生活的完善对老年人整个生命过程的重要意义。

二、中国老龄政策体系演进的历史轨迹与主要特点

人口老龄化过程不断变化，按照人口老龄化不同时期所呈现出的不同问题及解决方案，对应对人口老龄化的相关政策演变进行梳理分类，新中国成立以来我国老龄政策体系的变化历程主要可分为四个阶段，即老龄政策的萌芽期、初步创立期、调整形成期和快速发展期。

（一）萌芽期（1949—1977年）

20世纪50年代初至70年代中后期，我国人口年龄结构处于向成年型过渡阶段，基于当时的社会环境，这一时期老龄化问题并没有引起国家的关注和重视，因此尚无成文的老龄政策，只是在对老年人的工作中有所涉及。除《中华人民共和国宪法》中明确规定保护老年人合法权益外，老龄政策与法规主要是围绕企业、国家机关和事业单位的社会养老保障和医疗保障制度进行的。这一时期虽然没有系统成文的老龄政策，但出台了不少被之后的老龄政策包含在内的政策文件，如60年代，国家实施了农村合作医疗制度以及城市职工养老和公费医疗政策，初

步建立了我国老年社会保障制度。1966—1977 年，我国老龄工作处于中断阶段。从 1949 年至改革开放，我国人口老龄化趋势不明显，老龄工作没有引起国家和民众的重视，老龄政策相关研究没有进展，但不可否认的是，这一时期对老龄相关政策的摸索为后期老龄工作的开展以及政策的建立奠定了基础，同时也累积了一定的经验。

（二）初步创立期（1978—1989 年）

统计表明，国务院各机构在这个时期印发了大约 40 份老龄政策相关文件。1982 年，中国老龄问题全国委员会成立，代表着中国的老龄工作开始步入正轨，老年人的养老问题开始得到政府的重视。1978 年，国务院印发了《关于安置老弱病残干部的暂行办法》《关于工人退休、退职的暂行办法》，并开始在全国试行及推广。这两个政策主要是为对建设社会主义有贡献的老年干部和老年工人设置的安置政策。1982 年，为响应第一次老龄问题世界大会的号召，我国从中央到地方陆续成立了老龄工作机构。1983 年，中国老龄问题全国委员会已发展成为全国常设机构。这些机构的设立为老龄工作规范化提供了保障。1983 年，《城镇集体经济组织职工养老金保险试行办法》发布，表明城镇集体经济组织职工在年老退休后会得到一定的生活保障。1984 年起，养老保险制度在我国揭开序幕，养老保险费用社会统筹开始在全国各地施行，这为我国养老保险制度的建立拉开了序幕。1987 年，民政部印发了《关于探索建立农村基层社会保障制度的报告》，指出我国老年人口比重在增高，但家庭养老的功能在减弱，养老任务日渐加重，主张建立农村基层社会保障制度。

初步创立阶段，我国的养老问题开始受到国家的关注，相关养老政策、保险制度陆续出台，老龄机构初步建立，形成老龄政策体系雏形，养老工作开始向规范化和专业化方向发展，但老龄政策的主要重点为解决企业老弱病残职工和老年干部的晚年生活，全局的、系统性的工作思路尚未形成。

（三）调整形成期（1990—1999年）

这一时期，国务院印发了大约100份相关文件。国务院印发的《县级农村社会养老保险基本方案（试行）》和《关于企业职工养老保险制度改革的决定》体现了我国对农村养老保险发展的重视和对城镇养老保险的关注。1992年，民政部印发了《关于进一步加快发展农村社会养老保险事业的通知》，强调必须大力加快发展农村社会养老保险事业，指出当时农村社会养老保险事业的发展远远落后于全国整体形势。1994年，"健康老龄化"概念正式引入我国。1994年底，健康老龄化研讨会在我国召开，在场与会嘉宾一致认为实践健康老龄化要符合我国具体国情，即老年人口数量多、未富先老、医疗卫生的重点转向慢性病和非传染性疾病等，我们要走中国特色健康老龄化道路，构建符合我国国情的健康老龄化中国方案。1994年12月，国家计委、民政部等部门联合发布了我国第一个老龄工作发展规划——《中国老龄工作七年发展纲要（1994—2000年）》，对推动我国老龄事业的发展起到了十分重要的作用，提出了如何初步建立具有中国特色的老龄工作体系，形成适应我国健康老龄化的社会条件与环境。1995年，国务院印发《关于深化企业职工养老保险制度改革的通知》，提出建立一个适应我国社会主义市场经济体制要求和适用城镇不同老年群体的养老保险体系的改革目标。1999年10月，国务院决定成立全国老龄工作委员会，同年，文化部出台了《关于加强老年文化工作的意见》，强调要大力提高老年文化生活水平，建好老年文化活动场所，办好老年大学，丰富老年生活。

在这一阶段，我国开始调整老龄政策，关注农村老年人，并强调在法律层面保护老年人的合法权益。与此同时，城市养老保险得到稳步发展，农村养老保险也逐渐规范化并进入快速发展阶段，标志着我国养老保险开始向更全面、更具包容性的方向发展。

（四）快速发展期（2000 年至今）

2000 年至今，国务院各机构印发的相关文件数量约为 200 份，可见国家对老龄工作的重视。21 世纪是一个新的阶段，我国老龄政策进入快速发展期。2000 年，财政部、国家税务总局印发的《关于对老年服务机构有关税收政策问题的通知》提出要大力推进老年服务机构建设，大力支持社会老年福利机构运营，社会福利的工作由政府向社会转化，并加快社会福利的社会化进程。原劳动和社会保障部印发的《关于加快实行养老金社会化发放的通知》和《关于进一步规范基本养老金社会化发放工作的通知》，进一步强调养老保险的社会化。同年我国还印发了《老年人社会福利机构基本规范》和《"社区老年福利服务星光计划"实施方案》，标志着我国老龄政策开始全面面向社会。2001 年印发的《中国老龄事业发展"十五"计划纲要》，对新世纪初的老龄工作做了科学的规划，明确提出要将老龄事业纳入国民经济和社会发展总体规划中。其强调从保障老年人医疗卫生、经济来源、日常照料、权益和文化娱乐五个方面出发对实现老龄工作目标的措施进行系统的设计，也表明我国对探索老年长期照护服务体系日渐重视，并依靠长期照护体系为我国老年人提供高质量的养老服务。除了发展城镇医疗外，我国也逐渐重视农村医疗的发展，从 2002 年开始试点农村医疗制度改革，建立新型农村合作医疗制度。2006 年，全国老龄委发布了《中国老龄事业发展"十一五"规划》，提出解决农村人口的老龄化问题是重点内容。

同年国务院各部委联合出台了《关于加快推进新型农村合作医疗试点工作的通知》，提倡为农村居民提供高质量便捷的医疗服务。2008年发布的《关于全面推进居家养老服务工作的意见》指出，要以科学发展观来指导我国居家养老服务的发展，积极推动这一养老服务模式在城市社区的广泛开展并积极从城市向农村推进。2011年，国务院印发《中国老龄事业发展"十二五"规划》，其对该时期面临的老龄化趋势和问题做出预测，制定出"十二五"时期的任务。在这一时期，我国老龄政策在内容上从继续完善养老退休政策扩大到老年人的精神层面，不仅注重老年人物质层面的保障，而且更加注重老年人精神的需求；在对人口老龄化问题的理解方面，不仅仅将老年人的问题（而是将全体人的问题）看作老龄化唯一的问题，在此理解上老龄政策所面向的人群范围扩大。这一时期我国老龄政策体系初步形成并日趋完善。《中国老龄事业发展"十二五"规划》还提出要改善机构养老服务发展布局，推进供养型、养护型、医护型养老机构建设，表明医养结合模式成为我国养老的新型模式。同年12月，国务院办公厅下发了《社会养老服务体系建设规划（2011—2015年）》，在居家和机构养老等功能定位上明确提出要涵盖医疗保健、康复护理等内容，力求建立综合养老服务网络。

2012年，我国以新修订的《中华人民共和国老年人权益保障法》为制度基础，以《国民经济和社会发展第十二个五年规划纲要》《国家基本公共服务体系"十二五"规划》《社会保障"十二五"规划纲要》《国家人口发展"十二五"规划》和《中国老龄事业发展"十二五"规划》为顶层设计，以各部委专项政策文件为补充完善，初步形成了老龄政策体系，为贯彻落实党的十八大提出的"积极应对人口老龄化，大力发展老龄服务事业和产业"目标任务，提供了有效的制度保障。养老保障制度全面覆盖是2012年的政策重点。2013年7月，《中华人民共和国老年人权益保障法》正式实施，从家庭赡养与扶养、社会保障、社会服务、社会优待、宜居环境、参与社会发展、法律责任等方面保障老年人合法权益，积极推进老龄事业的发展。同年 8 月，国务院常务会议确定深化改革加快发展养老服务业的任务措施，强调要加强养老服务能力建设、探索创新养老服务模式、分层分类提供养老服务、切实加强农村养老服务、推动医养融合发展、探索医疗机构与养老机构合作新模式。会议要求各级政府要积极加快养老服务业发展，并提出到 2020 年要全面建成以居家为基础、社区为依托、机构为支撑的覆盖城乡的养老服务体系。同年 9 月，国务院发布《关于加快发展养老服务业的若干意见》(以下简称《意见》)，提出逐步使社会力量成为发展养老服务业的主体，健全养老服务体系，提供价格合理、方便可及的各类养老服务和产品，满足多层次、多样化的养老服务需求，并使养老服务业成为积极应对人口老龄化的重要举措。《意见》也首次正式提出要推动与健全医养融合发展，鼓励医疗机构与养老机构积极密切合作，并将医养结合养老机构纳入医保覆盖范围，不断健全医养结合发展体系。

2015 年 3 月，国务院办公厅印发《全国医疗卫生服务体系规划纲要(2015—2020 年)》，提出要统筹医疗服务和养老服务资源，加强医疗技术对养老服务的支持，保证机构和社区养老服务内容多元化。2015 年 11 月，国务院办公厅转发了《关于推进医疗卫生与养老服务相结合的指导意见》，明确了医养结合的发展目标和重点任务，从政策层面进一步指导和推动医养结合体系的发展。

2016 年 6 月，民政部、国家发展改革委员会印发《民政事业发展第十三个五年规划》，强调“十三五”时期民政部门要积极采取行动应对严峻的人口老龄化形势，大力推进养老服务业的发展，全面建成以居家为基础、社区为依托、机构为补充、医养相结合的多层次养老服务体系，创新投融资机制，探索建立长期照护保障体系，全面放开养老服务市场，增加养老服务和产品供给。同年10月，《“健康中国2030”规划纲要》出台，从医药、医疗和健康管理等方面对老龄事业发展做出了进一步指示，鼓励开放养老服务市场。同年12月，《关于全面放开养老服务市场提升养老服务质量的若干意见》提出全面放开养老服务市场，大力提升居家社区养老生活品质，全力建设优质养老服务供给体系，切实增强政策保障能力，加强监管和组织实施，强调要运用市场力量来提升养老服务质量。

2017年3月，全国十三个部门联合印发了《“十三五”健康老龄化规划》，首次提出了健康老龄化的内涵及具体内容，将老年健康服务作为中心任务，提出要优化老年健康与养老资源配置与布局，补齐短板，加快推进整合型老年健康服务体系建设。同年6月，国务院办公厅发布《关于制定和实施老年人照顾服务项目的意见》，提出要大力弘扬敬老养老助老的社会风尚，做好老年人照顾服务工作。

在这一时期，我国的老龄政策飞速发展，政策涉及的内容更加全面具体，对发展养老服务业和提高养老服务质量给予了高度关注，在保障老年人基本生活的同时，也强调满足老年人的文化娱乐需求，体现出实用性和大众化的特征。

第二节 部分省市老龄政策优化经验

一、上海市优待政策分析

上海在我国属于人口老龄化问题较为严重的地区，早在20世纪70

年代末期就进入人口老龄化社会。上海市是我国经济较为发达的特大型城市，在众多城市中，上海市最早进入人口老龄化社会，并且它的人口老龄化程度最深。本节将对上海市老龄政策现状进行分析。

自《上海市老年人权益保障条例》于 2016 年 5 月 1 日开始实施以来，上海市老年人的权益保障得到改善，该条例从家庭赡养与扶养、社会保障、社会服务、社会优待、宜居环境、参与社会发展、法律责任等方面都做出了相应的规定。

由于上海市在全国范围内经济条件较为发达，其社会福利保障制度也一直位于我国前列。近年来，上海市开始以“区”为整体单位推行实施各类老龄政策，其中收益最为明显的政策主要包括以下两种。

（一）2006 年开始实施的养老服务支持政策

1. 调整养老服务补贴标准 进一步拓展养老服务覆盖面和受益面。经评估，对 60 岁及以上低保、低收入且需要生活照料（照料等级分轻度、中度和重度）的本市户籍老年人，给予人均 200 元/月的养老服务补贴。补贴经费由市、区县福利彩票公益金各出资 1000 万元；其余资金由市、区县两级财政按 1∶1 比例配比。有条件的区县可以视本区域社区居家养老服务开展情况及财力情况，通过本级财政或本级福利彩票公益金等，适当扩大服务补贴范围。

2. 设立养老服务专项护理补贴 对享受养老服务补贴的低保、低收入的本市户籍老年人，经评估，照料等级为中度或重度者，设立养老服务专项护理补贴。标准为中度每人 100 元/月、重度每人 200 元/月。其中，70 岁及以上者，养老服务专项护理补贴纳入相关的医疗保障专项资金；60～69 岁者，养老服务专项护理补贴由市、区县福利彩票公益金资助，按 1∶1 比例配比。

3. 对养老服务从业人员培训费予以补贴 养老服务从业人员必须经过培训，持证上岗。除具有本市户籍的养老服务从业人员继续享受劳动部门“万人就业项目”政策中的培训经费补贴外，对其他养老服务从业人员的培训费用，由各区县在市财政转移支付的外来从业人员技能培训资金中统筹解决，具体培训工作可由区县政府以购买服务的形式予以落实。

4. 解决居家养老服务工作经费 居家养老服务日常运作经费、人员经费、低收入老年人的评估经费等，按照“事权与财权相统一”的原则，由各级财政予以安排。对民办非企业单位性质的居家养老服务组织、老年人日间服务中心等，由区县政府或街道(乡镇)以购买服务的形式予以相应保障，并由区县政府和街道(乡镇)落实开展社区居家养老服务的工作场所。

5. 完善养老床位一次性补贴机制 对于符合条件的新增公益性养老床位，由市建设财力和福利彩票公益金在现有基础上继续给予一定的补贴，区县财力与市配比一般不小于1∶1，有条件的区县应增加配比。

6. 继续研究老年人日间服务中心的支持政策 市建设财力对列入2006年市政府实事项目的20个示范型老年人日间服务中心给予30万元/个的一次性建设补贴。区县财力与市配比一般不小于1∶1，有条件的区县应增加配比。在总结2006年示范型老年人日间服务中心经验的基础上，继续研究老年人日间服务中心的支持政策。

7. 落实居住区养老设施建设 对新建居住区，各区县应严格按照2006年《城市居住地区和居住区公共服务设施设置标准》配置，落实居住区养老设施的建设经费。由市建设交通委等部门牵头，进一步加大对养老设施公建配套标准设置与建设落实情况的监督检查。未经批准，不得擅自变更土地性质和养老设施用途。

（二）2016年开始实施的养老服务优待政策

1. 政府服务优待政策 一些非营利性组织或企业提供给老年人的服务所产生的费用全部由政府部门承担，政府以出资的形式将老年人委托给这些机构照护。相关机构致力于为老年人提供更优质的服务，让老年人能安度晚年。老年人能享有这些权益，且只需要出很少一部分钱，因为大部分因享受服务所产生的费用由政府部门承担。住房保障政策主要针对子女不在本市的老年人，只有符合这一条件才能向有关部门申请廉租房，并能获取其他关于廉租房使用的相关优惠权益。目前，工商管理部门针对社区养老给出了专门的管理方法，希望通过这一方式促进养老服务业更长远的发展。通过降低标准和要求，促进养老设施的便利化，使养老服务市场更加繁荣。卫健委等相关部门也制定并实施了有关政策，为老年人的长期照护服务提供帮助。

上海市的相关部门采取了许多措施并付诸行动来推进社区养老的改革与发展。截至2015年底，全市已经覆盖了超过430家老年人日间服务中心，这些机构能够为上海市近1.6万老年人提供包括健康保健、生活照护和精神关怀在内的相应照护措施。建造的老年人助餐服务点已超过640个，确保能为至少7万名老年人提供社区助餐服务。

2. 卫生保健优待政策 持有"上海市高龄老人优待证"的老年人如果到医院看病就医，可以享受包括挂号、就诊、取药、化验、付款在内的"五优先"服务；如果在各乡镇社区卫生服务中心住院，可以享受床位费减半的优惠。

3. 交通出行优待政策 为了优化老年人的交通出行，上海市投入了无障碍出租汽车，专门用于服务残疾人群体和老年群体。公园游玩方面也有优惠，正式注册的所有公园中有90%对老年人免费开放；而收费的公园中，除了对70岁及以上的老年人完全免费开放外，还对60岁及以上的老年人采取了不同程度的优惠政策。当下，城市绿化局也致力于落实相关优惠政策，计划将部分绿化公园对65岁及以上的老年人免费开放。

4. 商业服务优待政策　自2016年起，城镇居民均享有医疗保险，而农村居民在当地门诊就诊时即可直接报销医疗费用的80%。60岁及以上农村老年人的住院报销比例可提高20%，70岁及以上城镇居民的个人缴费将继续给予全额补贴。由于老年人的支付能力较为薄弱，且当前养老筹资极其短缺，因此出台相应的扶助制度来与老年人的长期保险和护理制度构建连接具有十分重要的意义，可包括基本医疗保险制度、商业保险制度和养老服务补贴制度等，除此之外，也应制订详细的实施方案来确保老年人在晚年能得到长期照护。

5. 文娱休闲优待政策　持有"上海市高龄老人优待证"的老年人可以享受上海市尊老社会一条龙服务，凭优待证免费进入博物馆、纪念馆、公共厕所、带有公益性质的文化体育场馆等。同时在此基础上为老年人建设社区活动室，并为各类活动设施提供资金支持。除此之外，为了支持老年人开展相关老年教育、老年文娱、老年体育等活动，每个社区可按照老年人口数提取老年活动经费，标准为8元/人。

6. 维权服务优待政策　司法行政部门及律师事务所为老年人提供涉法事务的咨询服务时应免费，公证机关为居民办理赡养、抚养老年人的协议公证时，可根据老年人的经济水平按照相应程序适当减免其公证费用。若老年人的自身合法权益受到侵害，政府法律援助机构应当为其提供法律援助服务。

2016年颁布的《上海市老年人权益保障条例》对上海市老年人的

社会保障、服务、优待以及家庭赡养等各方面都做出了详细解释说明。其中，老年综合津贴的标准共分为五档：65～69岁，每人每月75元；70～79岁，每人每月150元；80～89岁，每人每月180元；90～99岁，每人每月350元；100岁及以上，每人每月600元。

二、山西省老龄政策借鉴

山西省自2003年进入人口老龄化社会以来，人口老龄化进程不断加快，老年人的高龄化、空巢化趋势十分明显。随着人口老龄化程度的加剧，失能、半失能老年人口数也在不断增加，养老问题俨然成为全社会关注的焦点。2017年8月4日，山西省人民政府印发《山西省"十三五"老龄事业发展规划》，规划指出到2020年，超过60%的社区计划建立居家养老服务中心等，具体任务介绍如下。

（一）完善老年人的社会保障体系

进一步提高老年人养老医疗保障水平、贫困老年人救助水平、老年人经济保障水平和公益慈善帮扶水平。《山西省"十三五"老龄事业发展规划》明确指出，山西省将依法将老年人纳入基本养老保险、基本医疗保险和城乡居民大病保险的覆盖范围。完善基本养老保险跨地区转移接续制度与医疗保险医疗费异地直接结算制度。鼓励有条件的地区将基本治疗性康复辅助器具按规定逐步纳入基本医疗保险支付范围。探索建立长期护理保险制度。重点为失能、半失能老年人提供护理和康复服务。推动临终关怀服务机构建设，发展临终关怀服务。鼓励商业保险公司开发长期护理保险产品和服务。

提高贫困老年人救助水平。将符合条件的城乡老年人全部纳入最低生活保障制度保障范围，通过分类施保等措施提高特困老年人救助水平。对贫困的高龄、失能、半失能老年人实行社保政策兜底，建立健全救助、补贴制度。完善医疗救助制度，全面开展重特大疾病医疗救助，逐步将低收入家庭老年人纳入救助范围。

发展补充养老保险和补充医疗保险。推动商业性老年保险产品，研究探索适合老年人需要的其他保险产品。发挥农村土地和集体经济的养老保障作用。

鼓励社会组织、爱心企业、爱心人士面向老年人开展募捐捐赠、志愿服务、慈善信托、安全知识教育、急救技能培训、突发事件防范等形式多样的公益慈善活动。加强民政部门与公益慈善组织、社会服务机构之间的有效衔接，实现政府救助与社会帮扶的有机结合。

（二）健全养老服务体系

构建以居家为基础、社区为依托、机构为补充、医养相结合，功能完整、规模适度、覆盖城乡的养老服务体系。

居家养老是当前符合我国国情以及大多数老年人意愿的一种养老模式。因此，山西省将全力推进居家养老服务，并逐步形成以居家养老服务中心为平台和枢纽，由社会养老服务组织、服务供应商、服务工作者（包括社会工作者、公益岗位工作者、志愿者等）、社区、物业公司、监督管理部门等构成的居家养老服务体系，为老年人打造“一刻钟养老服务圈”。预计到2020年，60%以上的社区将建立居家养老服务中心。推动居家养老服务信息网络建设，构建老年人及其家庭基本信息数据库、居家养老服务综合管理系统、呼叫系统以及老年人家庭视频监控系统等。

同时，要进一步加强社区养老服务设施的建设，到2020年，全省范围内的城市社区将全部建成老年人日间照料机构，农村日间照料幸福工程也将基本覆盖千人以上的行政村。

全面推进养老机构的建设，鼓励和支持社会力量兴办养老机构。到2020年，山西省的养老机构将超过1500家，其中民办养老机构和公办的民营养老机构占70%以上，养老床位高达19.5万张，完成每千名老年人拥有35张床位的目标。

山西省将推动医疗卫生与养老服务相结合，使符合条件的养老机构与基本医疗保险经办机构签订相关的基本医疗保险定点服务协议，用于入住老年人的医保报销。支持养老机构与周边医疗卫生机构开展合作，由医疗卫生机构为入住养老机构的老年人提供挂号、就诊、转诊等绿色通道服务。支持有条件的养老机构设立医疗机构，建立"住、养、医、护、康"五位一体的养老服务模式。计划到"十三五"末期，每个县(市、区)建有一所医养结合型的养老机构或医养联合体，失能、半失能型护理床位至少占养老床位总数的30%。

进一步加强老年疾病的预防以及重大疾病的防控工作。基层医疗卫生机构应为辖区内65岁及以上的常住老年人免费建立健康档案，并每年至少提供一次免费的健康体检和健康指导服务，有效开展健康管理服务。鼓励各级医疗卫生机构为老年人提供义诊服务。积极发展老年病专科医院以及综合医院老年病科，到2020年，80%以上的三级综合医院以及50%以上的二级综合医院开设老年病科。

加快养老服务相关专业教育培训体系的建设，养老服务研究人才、管理人才及专业技能人才应分级分类培养。鼓励高等院校、科研机构增设养老服务专业学科，并拓展养老服务专业的课题研究。到2020年，从业的养老护理工作者持证上岗率至少达到85%。

(三)保障老年人的合法权益

维护好老年人的合法权益，并做好普法宣传工作。充分利用"敬老月”“国家宪法日”“老年节”等重要时点时段，各部门组织开展老龄政策法规的宣传、教育及普及工作。

山西省还将开展老年人的法律服务工作。全面建立由党政主导、司法保障、社会全面参与的老年维权工作机制。认真做好老年人的来信来访工作，并加强老年人的法律援助、司法救助等法律服务。做好适应老年人特殊需求的专项法律服务工作，重点开展针对贫困、高龄、失能、失智等有特殊困难老年人的法律服务工作。到2020年，基层老年法律援助的覆盖率达到90%。全省的119个县(市、区)全面设立老年人遗嘱库，并为老年人开设遗嘱相关法律指导和咨询服务。

与此同时，做好老年人的优待工作。要保证老年人的各项优待条款落实到位，不断完善老年人的优待政策，降低优待的年龄标准，提高优待的标准及其覆盖范围。

(四)扩大老年人的社会参与

许多老年人在离开原有的工作岗位后，依旧有继续发挥余热的意愿。山西省将进一步树立积极老龄化的理念，引导老年人树立老有所为、自力更生的观念，并增强老年人通过自身努力来提高生活质量的责任心和积极性。

山西省将加强老年人的人力资源开发。将老年人才的开发利用纳入各级人才队伍建设的总体规划中，鼓励各地区制定老年人才开发利用的专项规划。支持老年人才进行自主创业，并帮助有一定意愿且身体条件允许的贫困老年人及其他老年人接受相关岗位技能、农业技术等方面的培训，通过劳动脱贫致富。鼓励各单位建立健全老年人才的信息数据库。

加强老年人的社会管理。鼓励并引导老年人加入基层老年协会等基层社会组织，促进退休人群服务管理的社会化，并发挥退休人员在社区治理创新工作中的积极作用，实现社区对退休人员的服务管理与退休人员发挥特长优势服务社区的双向互动。推进基层老年协会组织的建设工作，提升城乡社区老年协会的覆盖范围。“十三五”中期实现城市社区老年协会全覆盖，2020年实现农村老年协会的全覆盖。与此同时，推进基层老年协会的规范化建设，对于暂时不符合登记条件的老年协会，应当在乡镇（街道）进行备案。

（五）建设老年宜居环境

推进适合老年人的宜居环境建设工作。加强老年人住宅的无障碍及适老化的改造工作。优先进行对高龄、贫困、残疾、失能、半失能、独居等有特殊困难的老年人家庭的无障碍改造，部分有条件的区域可对有特殊困难的老年人家庭的改造工作予以适当补助。城镇住房供应政策则为老年公寓、老少同居的新社区及有适老功能的新型住宅的开发提供政策扶持。在对农村危房、老（旧）居住区、棚户区进行改造的过程中，将满足条件的老年人优先纳入住房保障范围。

加强适老出行环境的建设工作。强化社区的无障碍通行，重点完成对扶手、坡道、电梯、楼梯等公共建筑节点的改造，满足老年人的基本安全通行需求并建设社区步行路网。加强对城市道路、公共交通工具、公共交通建筑的无障碍建设和改造工作。落实老年人的乘车优待政策，简化相关办理手续，进一步扩大优待的范围和力度，并按照规定为老年人设立专座。有条件的地区，在火（汽）车站、机场、旅游景点等区域为老年人设立专用等候区和绿色通道等，为老年人的出行提供便利。

强化适老生活服务环境及配套设施的规划建设工作。集约化建设老年人就餐点、养老机构、老年活动中心、日间照料中心等养老服务设施及社区配套设施，完成对资源的综合利用共享。同时，还要加强公共设施的无障碍改造。按照相应规范标准，加强对与老年人日常生活密切相关的公共设施的无障碍设计及改造，社区公共服务设施进一步完善无障碍服务功能。为老年人提供安全的生活环境。健全社会治安防控体系，加强对养老机构等涉老重点场所和设施的监管和安全隐患排查工作。

（六）发展老龄产业

开发老年用品及其产品市场。支持并引导老年用品和产品生产企业的发展，鼓励开辟老年用品和产品展示、体验场所，发展老年用品和产品租赁市场。加强老年用品和产品的质量监督和市场监管。

增加老年用品和产品的供给。引导、鼓励和支持相关行业、企业围绕老年人的健康促进、健康监测可穿戴设备，慢性病治疗，康复护理，协助器具和智能看护，应急救援，通信服务，电子商务，旅游休闲等领域，推进老年用品和产品的研发及应用，增加老年用品和产品的供给。支持并进一步推动老年用品和产品产业领域开展大众创业、万众创新。落实相关税收优惠政策，支持老年用品和产品产业领域的科技创新及应用项目。

（七）丰富老年人的精神文化生活

积极引导老年人参与有益身心、文明健康的文娱活动。鼓励支持老年艺术、文化、体育组织发展，以基层为重点，组织开展各类利于老年人精神文化生活的活动，加强老年活动设施和场所的建设。发展老年教育，充分发挥老年大学、老年远程教育网上学校等相关培训机构的作用。到2020年，基本形成覆盖广泛、灵活多样、特色鲜明、规范有序的老年教育新格局。进一步发展老年体育文化，到2020年，90％的乡镇

(街道)设立老年人基层体育组织,城乡社区普遍建立老年人体育健身活动站点和体育团队。

(八) 夯实老龄工作基础

进一步加强老龄工作的信息化建设、老龄科学研究与老龄事业交流合作。

第三节 近期中国健康老龄化主要发展目标及完成情况

一、"十二五"期间主要发展目标

2011 年 9 月 17 日,国务院印发《中国老龄事业发展"十二五"规划》,提出要积极应对我国人口老龄化,实现老龄事业的快速发展。

"十二五"时期是我国全面建设小康社会的关键时期,也是老龄事业发展的重要机遇期。在此期间,我国的主要发展目标如下所示。

(1) 建立应对人口老龄化战略体系基本框架,制定实施老龄事业中长期发展规划。

(2) 健全覆盖城乡居民的社会养老保障体系,初步实现全国老年人人人享有基本养老保障。

(3) 健全老年人基本医疗保障体系,基层医疗卫生机构为辖区内 65 岁及以上老年人开展健康管理服务,普遍建立健康档案。

(4) 建立以居家为基础、社区为依托、机构为支撑的养老服务体系,居家养老和社区养老服务网络基本健全,全国每千名老年人拥有养老床位数达到30张。

(5)全面推行城乡建设涉老工程技术标准规范、无障碍设施改造和新建小区老龄设施配套建设规划标准。

(6)增加老年文化、教育和体育健身活动设施,进一步扩大各级各类老年大学(学校)办学规模。

(7)加强老年社会管理工作。各地成立老龄工作委员会,80%以上退休人员纳入社区管理服务对象,基层老龄协会覆盖面达到80%以上,老年志愿者数量达到老年人口的10%以上。

二、“十二五”期间取得的成就

(一)《“十三五”健康老龄化规划》

基本医疗保障制度框架基本形成,医疗保障水平不断提高。基本医疗保险制度进一步完善,基本实现了医疗保险全覆盖。“十二五”期末,我国城乡居民(包括老年人)医保覆盖率达到95%以上,待遇保障水平持续提高,城乡居民住院医疗费用政策范围内报销比例达到75%。

老年医疗卫生服务体系逐步健全,服务能力不断加强,专业康复护理机构不断增加。截至2015年,全国共建有康复医院453所、护理院168所、护理站65所,比“十一五”期末分别增加了69.0%、242.9%、16.1%。康复护理人才队伍进一步壮大。2015年,康复医院、护理院、护理站从业卫生人员分别为36441人、11180人、316人,比“十一五”期末分别增加了96.5%、286.7%、69.9%。基层医疗卫生机构为老服务不断深化,为辖区内65岁及以上老年人开展健康管理,每年1次免费健康体检,2015年接受体检老年人数达1.18亿人。养老机构医疗卫生服务能力不断增强，全国有23%的养老机构设有医务室、护理站等医疗机构。

老龄健康政策不断完善，老龄健康权益得到更好的保障。2014年，国家成立老龄工作领导小组，统筹推进老年健康相关工作，组织开展"中国健康老龄化战略研究"，明确"健康老龄化"的核心要义，做出关注生命全程、提高老年人健康水平和生命质量的战略部署；启动"新家庭计划——家庭发展能力建设"和"计划生育家庭养老照护试点"项目，着重培养并提高家庭养老照护能力。2015年11月，国务院办公厅转发了卫生计生委等部门《关于推进医疗卫生与养老服务相结合的指导意见》，明确了医养结合工作目标、重点任务和保障措施。文件印发后各部门明确分工，各自结合职责抓紧落实。原卫生计生委和民政部联合出台《关于做好医养结合服务机构许可工作的通知》，明确首接责任制，提高办事效率。启动国家级医养结合试点工作，在全国遴选确定90个试点城市(区)，探索建立符合国情的医养结合服务模式。各地医养结合工作扎实起步，以多种形式围绕老年人的健康养老需求提供综合连续的医养结合服务。

(二)《"十三五"国家老龄事业发展和养老体系建设规划》

"十二五"时期我国老龄事业和养老体系建设取得长足发展。《中国老龄事业发展"十二五"规划》《社会养老服务体系建设规划(2011—2015年)》确定的目标任务基本完成。老年人权益保障和养老服务业发展等方面的法规政策不断完善；基本养老、基本医疗保障覆盖面不断扩大，保障水平逐年提高；以居家为基础、社区为依托、机构为补充、医养相结合的养老服务体系初步形成，养老床位数量达到672.7万张；老年宜居环境建设持续推进，老年人社会参与条件继续优化；老年文化、体育、教育事业快速发展，老年人精神文化生活日益丰富；老年人优待项目更加丰富、范围大幅度拓宽，敬老、养老、助老社会氛围日益浓厚，老年人的获得感和幸福感明显增强。详见表7-1。

表7-1 “十二五”期间老龄事业发展和养老体系建设主要指标完成情况

主要指标	完成情况	预期目标
城镇职工基本养老保险参保人数/亿人	3.54	3.57
城乡居民基本养老保险参保人数/亿人	5.05	4.5
企业退休人员社会化管理比例/(%)	81.1	80
离退休人员养老金待遇年均增长率/(%)	10.7	7
农村五保供养平均标准年均增长率/(%)	15.3	7
城乡居民基本医疗保险参保人数/亿人	13.3	13.2
每千名老年人拥有养老床位数/张	30.3	30
基层老年法律援助覆盖面/(%)	98	75
老年协会城乡社区创建率/(%)	81.9	87.5
老年教育参与率/(%)	3.5	5
老年志愿占比/(%)	10	10

三、“十三五”期间主要发展目标

(一)《“十三五”健康老龄化规划》

“十三五”期间，围绕国民经济和社会发展目标，优化老年医疗卫生资源配置，加强宣传教育、预防保健、医疗救治、康复护理、医养结合和安宁疗护工作，建立覆盖城乡老年人的基本医疗卫生制度，构建与国民经济和社会发展相适应的老年健康服务体系，持续提升老年人健康水平。

(1) 公平可及、兼顾质量的老年公共卫生服务体系不断完善，老年人健康服务水平不断提升。

(2) 有序衔接、综合连续的老年健康服务体系基本形成，为老年人提供综合连续的整合型服务，基本满足老年人健康服务需求。

(3) 更加公平、更可持续的基本医疗保障制度体系不断完善，探索建立长期护理保险制度。

(4) 老年健康相关政策制度体系更加完善，健康老龄化各项工作全面推动、持续发展。

(二)《“十三五”国家老龄事业发展和养老体系建设规划》

预计到2020年，老龄事业发展整体水平明显提升，养老体系更加健全完善，及时应对、科学应对、综合应对人口老龄化的社会基础更加牢固。

多支柱、全覆盖、更加公平、更可持续的社会保障体系更加完善。城镇职工和城乡居民基本养老保险参保率达到90%，基本医疗保险参保率稳定在95%以上，社会保险、社会福利、社会救助等社会保障制度和公益慈善事业有效衔接，老年人的基本生活、基本医疗、基本照护等需求得到切实保障。

居家为基础、社区为依托、机构为补充、医养相结合的养老服务体系更加健全。养老服务供给能力大幅提高、质量明显改善、结构更加合理，多层次、多样化的养老服务更加方便可及，政府运营的养老床位数占当地养老床位总数的比例不超过50%，护理型床位占当地养老床位总数的比例不低于30%，65岁以上老年人健康管理率达到70%。

有利于政府和市场作用充分发挥的制度体系更加完备。老龄事业发展和养老体系建设的法治化、信息化、标准化、规范化程度明显提高。政府职能转变、“放管服”改革、行政效能提升成效显著。市场活力和社会创造力得到充分激发，养老服务和产品供给主体更加多元、内容更加丰富、质量更加优良，以信用为核心的新型市场监管机制建立并得到完善。

支持老龄事业发展和养老体系建设的社会环境更加友好。全社会积极应对人口老龄化、自觉支持老龄事业发展和养老体系建设的意识意愿显著增强，敬老、养老、助老社会风尚更加浓厚，安全绿色便利舒适的老年宜居环境建设扎实推进，老年文化体育教育事业更加繁荣发展，老年人合法权益得到有效保护，老年人参与社会发展的条件持续改善。详见表 7-2。

表 7-2 “十三五”期间国家老龄事业发展和养老体系建设主要指标

类别	指标	目标值
社会保障	基本养老保险参保率	达到 90%
	基本医疗保险参保率	稳定在 95%以上
养老服务	政府运营的养老床位占比	不超过 50%
	护理型养老床位占比	不低于 30%
健康支持	老年人健康素养	提升至 10%
	二级以上综合医院设老年病科比例	35%以上
	65 岁以上老年人健康管理率	达到 70%
精神文化生活	建有老年学校的乡镇(街道)比例	达到 50%
	经常性参与教育活动的老年人口比例	20%以上
社会参与	老年志愿者注册人数占老年人口比例	达到 12%
	城乡社区基层老年协会覆盖率	90%以上
投入保障	福彩公益金用于养老服务业的比例	50%以上

第四节 中国健康老龄化发展方向及展望

一、健全老年人照护体系

随着平均期望寿命的延长、老年人口数量的急剧增加，以及老年慢性病患病率的逐年升高，需要照料的老年人迅猛增多，给我国当前阶段的老年照护体系带来巨大的挑战。为完善我国老年人照护体系和相关健康老龄化政策，特提出“整合照料”的照护体系理念。

整合照料的概念：①由单一机构提供社会服务和卫生资源。②由一个以上的机构共同(联合)提供社会服务和卫生资源。③连接初级和次级健康照料资源。④在单一组织内连接不同等级的照料资源，如精神健康服务。⑤连接治疗和预防服务资源。

整合照料以被照料者为中心，将基本照料、社区照料和社会照料综合起来，提供不间断的、高质量的照料，各机构联合合作而非相互竞争。整合照料将不同的照料资源整合起来，使本处于碎片化照料的个体达到社会照料和健康照料的完美化水平。

目前，整合照料主要有两种整合机制。

1. “机构整合”模式 通过政府政策来整合照料机构层面，建立健全新的“机构”工作网络，整合原有的照料资源，完善现有的照料资源，以提升服务的可及性。

2. “社区整合”模式 相对于“机构整合”，“社区整合”基础照料单位为社区，调配集中国家、机构等照料资源，提供无间断的、高品质的社会服务。“社区整合”模式将社会照料、社区照料和初级照料以被照料者为中心综合统一起来，目标明确，能完全调动各部门参与照料的积极性，避免资源浪费。

整合照料是针对人口老龄化及慢性病挑战的有效策略，有非常大的上升空间。其主要针对社会和卫生照料的“碎片性”，这对于目前我国人口老龄化服务照料中“管理部门化、政策碎片化”等问题的解决，有很大的参考价值。所以，系统总结国外在这方面的经验教训，可对我国当前阶段老龄照料政策的发展和完善提供帮助。

二、为老年人建立终身教育体系

全力发展利用老年人力资源。要想提高老年产出，必须努力加强老年教育，建立终身教育体系。这是双向的过程，既需要老年人本身有想学习的思想意识，又需要他们有通过学习提高文化水平的想法，还能为此付诸行动；这需要政府及教育部门共同协调、帮助、鼓励和重视老年人，以完成实践，给予他们参与培训活动和教育的机会。政府需要全面建立健全老年人教育网络，研究并改进老年教育的内容，探究老年教育管理工作，促使老年人提升知识储备，从而适应新科技新社会的发展需求，提供老年人也能参与社会劳动的条件。结合不同老年人的需求和特点，组织多样的教育培训项目，基本满足老年人对教育的需求；还要加强政府对老年教育的支持，加大财政投资，持续提升教育服务质量和服务水平。

三、建立整合型老年医疗卫生服务体系

老年人口具有多元化需求的特性，需要为老年群体提供综合性的

有效健康服务；切实把重心转移至内在能力的提升，加强信息收集体系，实时跟进内在能力的相关数据，改变片段式诊疗模式，为老年群体提供全面的健康评估。成立多学科的交流合作团队，对医疗卫生服务队伍给予老年专业医学技术培训，实现老年医疗卫生人才队伍的可持续发展。

四、拓宽筹资渠道，推动人才培养

要有持续、稳定的资金保障和专业、充足的人力资源，确保医养结合模式的不断发展。因此，要从源头入手，推进我国健康老龄化的实现。第一，提高国家各级机构资金的投入水平，开拓筹资渠道，提升社会、民间资源供给的参与，支持健康老龄化的推进。明确划分国家各级机构的财政责任，健全完善资金投入机制，保障医养结合财政专项补贴的落实，支撑服务机构的持续运作。全面调动非营利组织、慈善机构等群体力量的参与度，引入民间资本，借市场金融、信贷等方式，增加医养结合发展的资金来源。第二，重点关注专业人才培养工作，打造优质的养老服务队伍，提供支持性行业发展的环境，完成医养结合持续供给的人力资源系统。引导各院校设立健康护理、医疗社工、老年医学等专业，结合市场的需求设置相关课程，并推进各大高校与医养机构合作签约，给养老行业输送高质量人才。进一步强化基层从业人员的专业技能，丰富护理知识体系，提高服务水平。此外，制定合理的薪酬调整和绩效考核机制，形成规范、严格的从业人员标准，拓宽职业发展方向，吸引更多具备健康管理经验、专业护理技术和医疗水平高的人才踏入健康养老行业，推动人才自由流动。

主要参考文献：

[1] 邓大松，李玉娇．医养结合养老模式：制度理性、供需困境与模式创新[J]．新疆师范大学学报（哲学社会科学版），2018，39（1）：107-114．

[2] 王洵．"健康老龄化"研究的回顾与展望[J]．人口研究，1996，20（3）：71-75．

[3] 何金定．"健康老龄化"在我国[J]．人口学刊，1996（6）：44-48．

[4] 查瑞传．人口学百年[M]．北京：北京出版社，1999．

[5] 路丹萍．建国以来我国老龄政策变迁研究[D]．西安：陕西师范大学，2016．

[6] 赵向红，王小凤，李俏．中国养老政策的演进与绩效[J]．青海社会科学，2017（6）：162-167．

[7] 薛桂芳．我国人口老龄化问题中的政策缺失及老龄政策体系建构[D]．南京：东南大学，2008．

[8] 刘毅强．实现健康老龄化——全国老年医疗保健与社会发展研讨会综述[J]．理论前沿，1995（24）：21-22．

[9] 陆杰华，阮韵晨，张莉．健康老龄化的中国方案探讨：内涵、主要障碍及其方略[J]．国家行政学院学报，2017（5）：40-47．

[10] 黎文普．人口老龄化与健康老龄化的相关政策思考及对策[J]．湖南科技学院学报，2009，30（3）：110-112．

[11] 刘新蓉．老龄化背景下上海老年人优待政策研究[D]．昆明：云南财经大学，2016．

[12] 张娜．《山西省"十三五"老龄事业发展规划》提出到 2020 年：60％以上社区建立居家养老服务中心[J]．中国社会工作，2017

(29):40-41.

[13] 杜鹏,李兵,李海荣."整合照料"与中国老龄政策的完善[J].国家行政学院学报,2014(3):86-91.

[14] 要薇.从理念到实践:生产性老龄化研究[D].保定:河北大学,2013.

CHAPTER 8

第八章

全球老龄化趋势与国际经验借鉴

第一节 全球老龄化趋势

一、全球人口老龄化

随着全球经济的快速发展、生活质量和医疗保健水平的提升，人类的平均期望寿命延长和老年人的生存率提高，直接导致全球老年人口数的急剧增加。另外，因为女性教育或就业率提高等原因，部分国家人口总生育率大幅下降，致使总人口增长速度变慢，最终造成老年人口构成比的增高，这些因素直接或间接导致老年人口在总人口中的占比和绝对数量都在急剧增加。预测到 2050 年，从发达国家到不发达国家，它们都将同样面临严峻的人口老龄化所带来的各种压力或引发的问题。人口老龄化早已成为一个世界性的问题。

虽然社会学家早就知道，21 世纪中期世界人口老龄化的程度将到达顶峰，但是部分国家直到出现“人口冬季”的前景才开始针对人口老龄化提出应对措施。这些原因导致了严重的人口数下降和过度老龄化，从而将导致 21 世纪中期儿童和老年人的人口数几乎相等。目前众多发达国家(如日本、美国等)的人口老龄化进程超出了预估，亚洲部分国家(日本、中国和印度)的人口老龄化发展极为迅速。

目前全球人口老龄化趋势主要体现在以下四个方面。

(一) 老年人口平均期望寿命延长

随着科学技术的发展和医疗保健等水平的提升，全球人口平均期望寿命在逐步延长。老年人口 60 岁时的平均期望寿命从 2000 年至

2005 年间的男性 17.6 年、女性 20.5 年增长到 2015 年至 2020 年间的男性 19.2 年、女性 22.1 年。1950—2100 年老年人口 60 岁时的平均期望寿命变化趋势如图 8-1 所示。

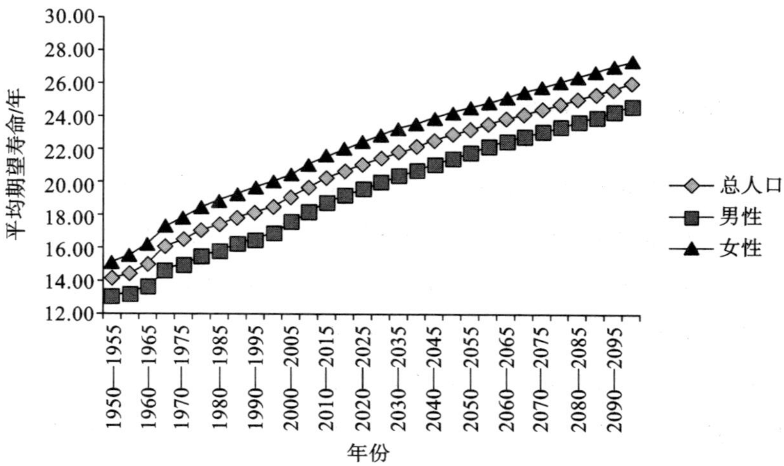

图 8-1　1950—2100 年老年人口 60 岁时的平均期望寿命变化趋势

(二) 老龄化加速增长

由于全球人口平均期望寿命的延长，各国的老年人口数也在逐步增加。联合国专题项目的研究估算，全球 60 岁及以上老年人口绝对数的增长趋势如图 8-2 所示，2015 年约 9.1 亿人的年龄在 60 岁及以上，预计到 2025 年将增加到 12 亿人，在 2050 年时该年龄层的人口数估计达 21 亿人，约为现在的两倍。随着时间的推移，2100 年的老年人口数将达到 31 亿人。

不仅全球老年人口的绝对数在增加，老年人口比例也在急剧增长。联合国人口统计数据显示，1950—2100 年，60 岁及以上和 80 岁及以上老年人口在总人口中占比变化趋势如图 8-3 所示。从图中可知，全

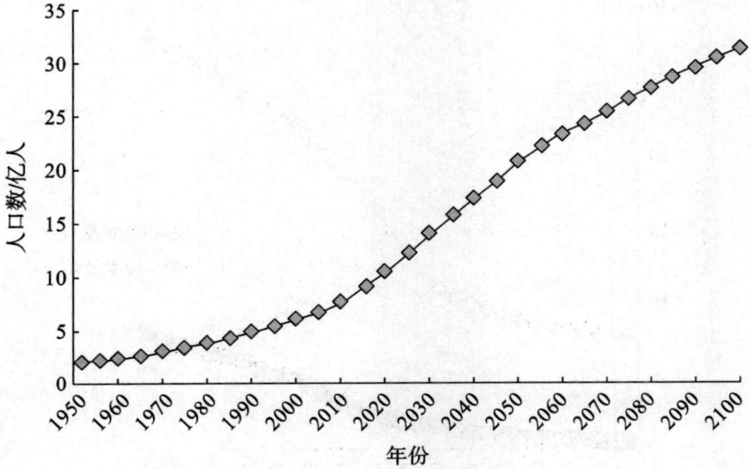

图 8-2　全球 60 岁及以上老年人口绝对数的增长趋势(1950—2100 年)

球 60 岁及以上老年人口占总人口的比例从 1950 年的 8%上升到 2015 年的 12%,推算在 2050 年可能会达到 21%。换言之,到 2050 年,每 5 人中就将会有一名 60 岁及以上的老年人,到 2150 年时情况更为严峻,即每 3 人中可能就会有一名 60 岁及以上的老年人。

老年人是增长最快的年龄群体。

(1) 按相对比计算,2015 年 60 岁及以上人口的年增长率几乎是人口总增长率的 3 倍。

(2) 按绝对值计算,60 岁及以上人口数从 1995 年到 2015 年几乎翻了一番,这一年龄群体的人口数已超过 5 岁以下儿童人口数。

总的来说,现在世界上大多数人都能够“活到老”,在未来几十年,老年人在总人口中的比例和绝对数将显著增长。

(三) 老年人口本身老化程度加深

联合国人口统计数据表明老年人口中高龄老年人所占的比例越来

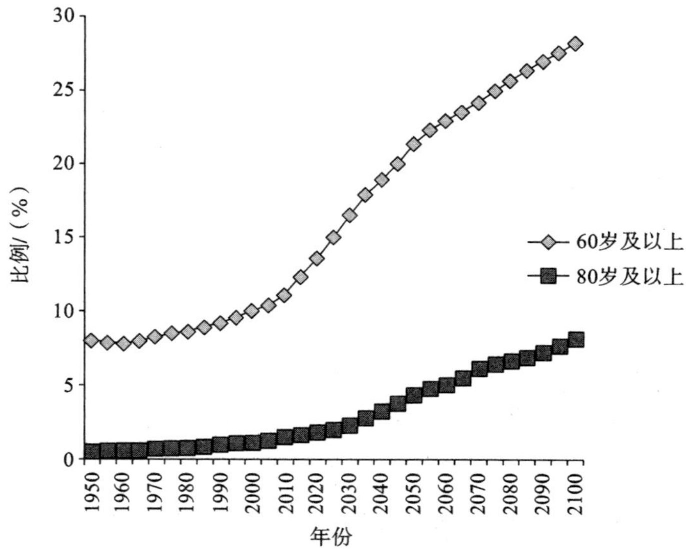

图 8-3　1950—2100 年 60 岁及以上和 80 岁及以上老年人口在总人口中占比变化趋势

越大。如图 8-4 所示，2015 年 80 岁及以上老年人口占 60 岁及以上老年人口的比例约为 14%，预计 2050 年时将可能达到 20%。到 2050 年时 80 岁及以上的老年人可能会有 4.25 亿人，约为 2015 年的 3 倍；同时，预计 100 岁及以上老年人口数也将从 2015 年的 43 万人增长到 2050 年的 316 万人，按目前的推测可能会有 6 倍的增幅。

（四）老年人口性别比例失衡

大量的文献表明目前女性的平均期望寿命远远长于男性，联合国关于世界人口的数据显示，2015 年 60 岁及以上老年人中，男女比约为 85∶100；在 80 岁及以上高龄老年人中，男女比的差距更大，约为 62∶100。这些性别比预计在今后几十年内略有提高，即与女性老年人相比，男性老年人的死亡率将有所下降，如图 8-5 所示。此外，全球约有

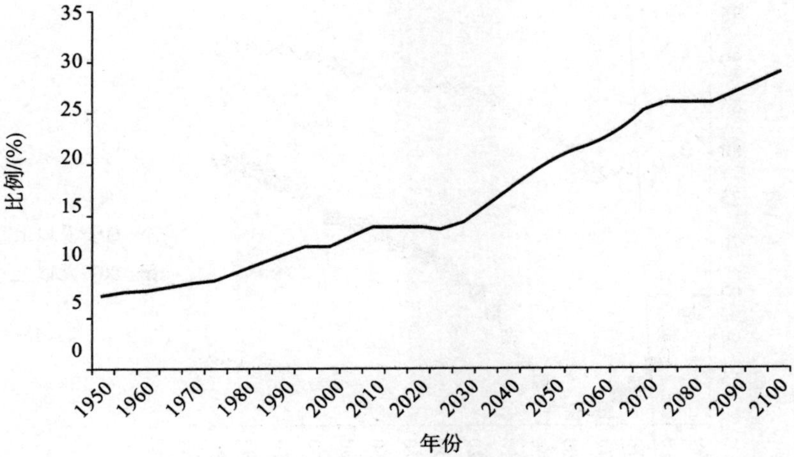

图 8-4　80 岁及以上老年人口在 60 岁及以上老年人口中所占比例变化趋势(1950—2100 年)

14%的老年人为独居老年人,其中有19%的女性老年人是独居状态,但男性老年人中仅8%,女性老年人独居的可能远远大于男性老年人。

二、不同地区人口老龄化比较

全球众多国家或地区开始或早已进入人口老龄化社会,但因为不同地区的经济发展程度、文化状况、公共卫生设施以及人口控制政策不一样,所以不同地区人口老龄化的进程有显著区别。

(一) 不同地区老年人平均期望寿命不同

经济的发展水平、医疗保障制度完善程度和人们早年生活差异,使得不同地区老年人的平均期望寿命有明显的差距。例如,2015—2020年日本老年人口60岁时的平均期望寿命最长,达26.4年,而塞拉利昂老年人口60岁时的平均期望寿命最短,只有13.4年,前者是后者的近两倍。

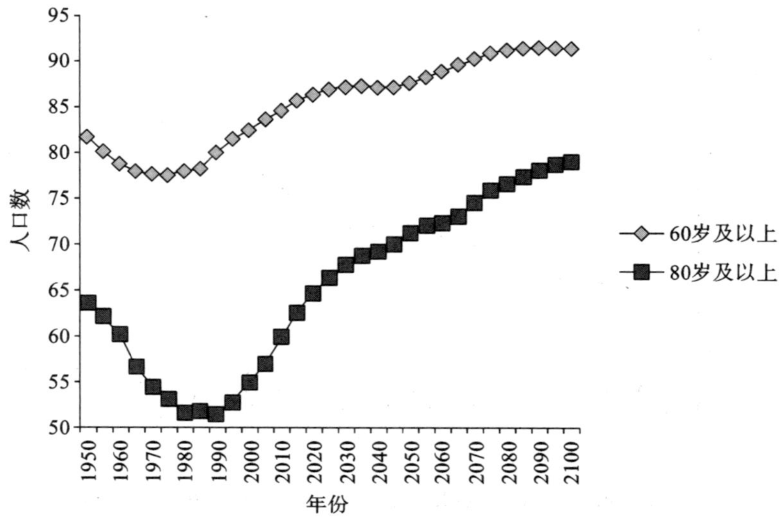

图 8-5　60 岁及以上和 80 岁及以上年龄组中每 100 名女性对应男性数(1950—2100 年)

由图 8-6 可知,在 60 岁老年人的平均期望寿命中,北美洲的最长;东亚的增长速度最快,从 1950—1955 年的 11.6 年增长到 2015—2020 年 21.2 年,60 岁老年人的平均期望寿命翻了一番;但非洲 60 岁老年人的平均期望寿命一直在全球的平均值之下。

随着经济和医疗的发展,60 岁及以上老年人的平均期望寿命逐步得到延长。例如在 1950 年,60 岁的日本人可以再活 15.8 年,到了 2015 年,已延长至 26.4 年。此外,在欧洲进行的研究也表明各个国家和地区的健康期望寿命存在差异。

(二) 不同地区人口老龄化程度不同

全球大部分地区都有人口老龄化的趋势,但不是每个地区都已经进入严重人口老龄化的状态。由图 8-7 可知,就 2015 年的数据来看,

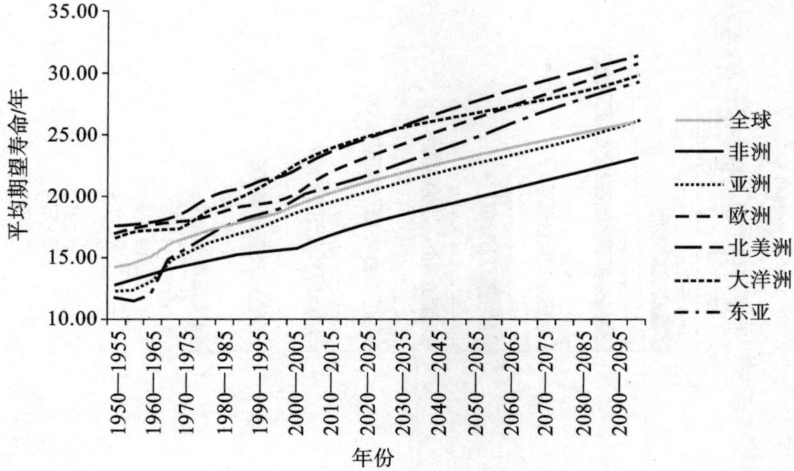

图 8-6　不同地区 60 岁老年人的平均期望寿命变化趋势(1950—2100 年)

日本是人口老龄化很严重的国家之一,60 岁及以上的老年人口约占总人口的 33%。此外,很多发达国家人口老龄化现象已存在较长时间,其中德国(老年人口占比约为 27%)、英国(老年人口占比约为 24%)都是人口老龄化较为严重的地区。作为一个发展中国家,我国的人口老龄化趋势也在加速,2015 年我国 60 岁及以上老年人口约占总人口的 15%。随着时间的推移,2050 年时众多国家或地区老年人口比例可能会与 2015 年的日本差不多,其中包括英国和美国等发达国家,也包括中国、韩国等发展中国家。

虽然图 8-8 中显示 2015 年非洲地区的人口结构还相对年轻,看似人口老龄化与非洲的关联程度不大,但是随着 60 岁男性和女性的平均期望寿命分别延长 14 年和 16 年,预计到 2050 年,非洲将会面临严重的人口老龄化所造成的压力。

除了老年人口构成比可以估计人口老龄化程度外,人口年龄中位

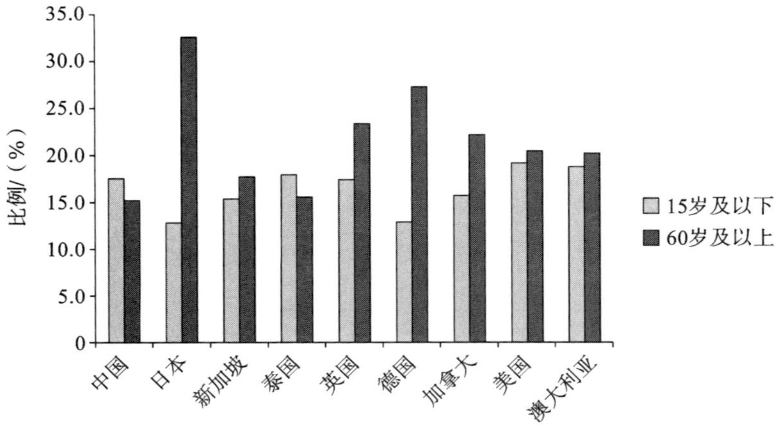

图 8-7　2015 年不同国家 15 岁及以下人口和 60 岁及以上人口构成比

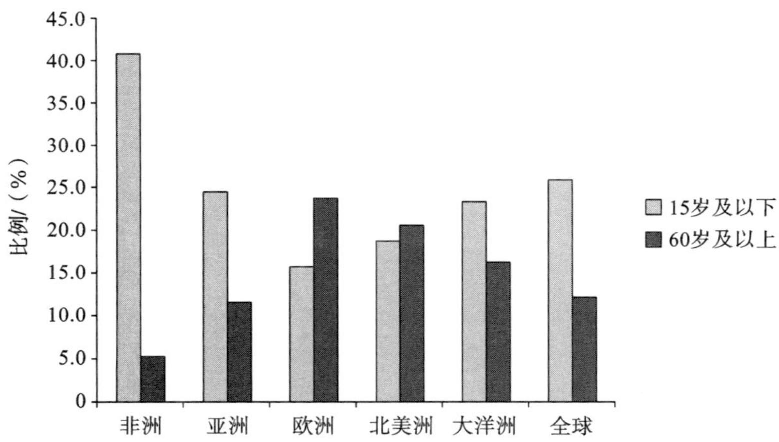

图 8-8　2015 年不同地区 15 岁及以下人口和 60 岁及以上人口构成比

数是一种更简洁准确的描述国家或地区的人口老龄化程度的方法。根据年龄中位数判断，日本人口的年龄中位数在 2015 年为 46.3 岁，是最老的国家；其次是欧洲国家，大多数欧洲国家的人口年龄中位数在 41

岁左右。由图 8-9 可知，全球最年轻的地区是撒哈拉以南的非洲，最年老的地区是西欧。

无论是人口构成比还是年龄中位数，都显示全球进入漫长的人口老龄化阶段已成现实。

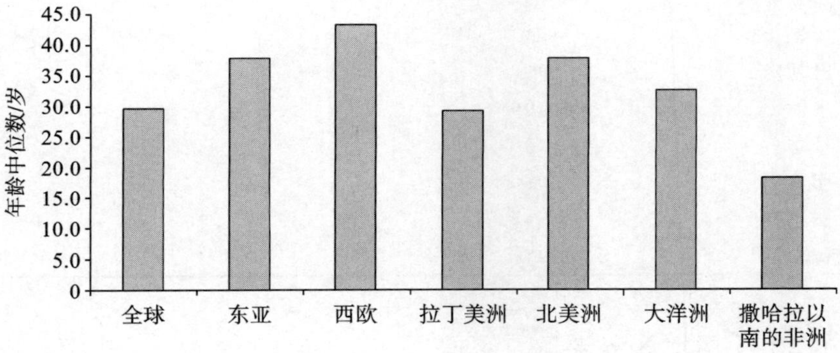

图 8-9　2015 年不同地区人口年龄中位数

(三) 不同地区人口老龄化的速度不同

由于经济、文化和政策的差异，不同国家或地区人口老龄化程度及发展速度存在显著差异，使得每个国家或地区进入人口老龄化的时间历程不一样长。但就目前情况来看，相较于过去，众多国家和地区人口老龄化的进程显著加快，且发展中国家（如中国、印度等）人口老龄化程度加深的速度明显快于发达国家（如美国、英国等）。以法国为例，法国有一个半世纪来应对 60 岁及以上老年人口所占比例从 10% 到 20% 的变化和其对社会造成的影响，而日本、中国（表 8-1）却只有 20 多年的时间来适应人口变化所带来的问题，对这些国家而言，它们需要更加积极地应对和适应人口老龄化的快速发展。

表 8-1　不同国家或地区 60 岁及以上老年人口所占比例从 10%到 20%所需或预计所需的时间

地区/国家	年份	
	老年人口所占比例为 10%	老年人口所占比例为 20%
全球	2000	2045
非洲	2057	2100+
德国	1950−	1971
巴西	1997	2033
中国	1999	2024
日本	1968	1995
印度	2020	2053
法国	1844	1994
新加坡	1997	2017

（四）不同地区养老压力不同

虽然欧洲是目前人口老龄化最严重的地区，但根据 2015 年全球老年人口分布来看，生活在欧洲的老年人仅占 19%，老年人主要（57%）分布在亚洲地区，见图 8-10。

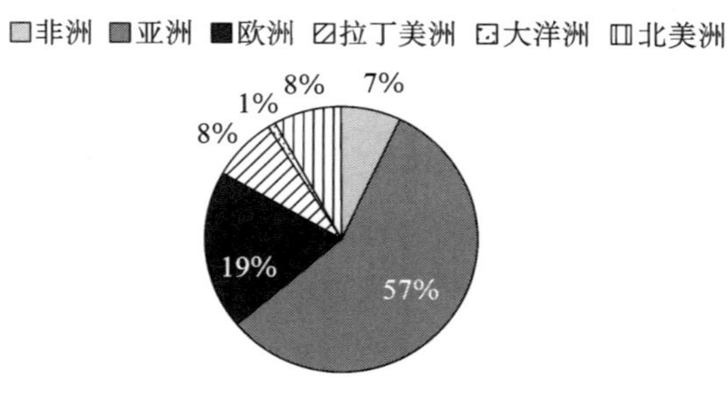

图 8-10　2015 年全球老年人口分布

此外，联合国发布的数据显示在发达国家，有 24% 的老年人为独居老年人，而发展中国家仅为 7%，所以不同国家具体应对人口老龄化的策略会不同。

如图 8-11 所示，全球老年人口抚养比在增高，欧洲和北美洲的老年人口抚养比相较于全球平均水平更高，但是随着时间的推移，拉丁美洲和亚洲老年人口抚养比会急剧增高，到 2050 年，这些地区也将会面临人口老龄化所带来的巨大压力。

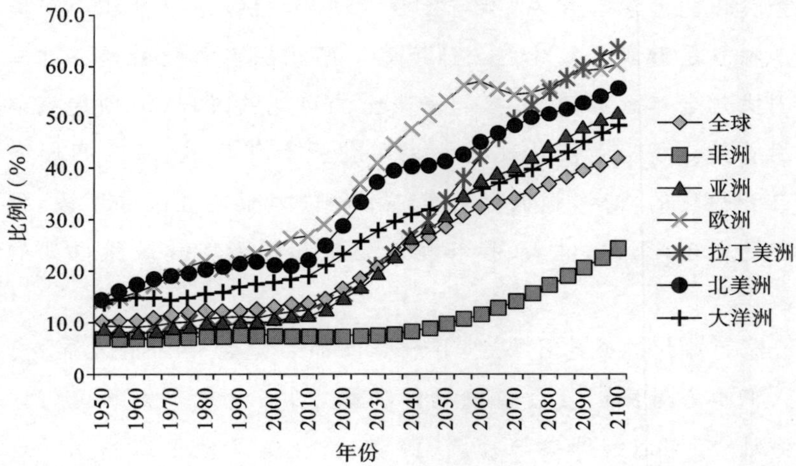

图 8-11　1950—2100 年不同地区老年人口抚养比变化趋势

第二节 积极健康老龄化的趋势

一、积极健康老龄化的重要性

全球已经处于人口老龄化的大环境，人口老龄化对经济、政治、文化等都造成了一定程度的影响，各个国家针对人口老龄化所引发的问题进行了探讨并提出众多解决方案，以减小人口老龄化给社会带来的影响，以期望实现人口的积极或健康老龄化。健康老龄化不仅要关注如何延长人类的平均期望寿命，更为重要的是要实现在保证生活质量不变的情况下延长平均期望寿命，即缩短预期总寿命与非残障寿命的差距。20 世纪 90 年代，WHO 提出健康老龄化的概念开始慢慢演变为积极老龄化的理念。因为，参与社会活动、积极参与生活和尽可能长时间保持独立是健康老龄化的公认因素。而积极老龄化就是在此基础上提出的优化老年人的健康、参与和安全的可能的过程，以便提高老年人的生活质量。积极老龄化比健康老龄化更有包容性，综合权衡各要素对人口老龄化的作用，强调保持身体活动作为维持健康的手段，但其范围要广泛得多，因此，健康、参与和安全是积极老龄化政策框架的三大支柱。

积极老龄化的概念不仅适用于群体而且适合个人的发展，充分考虑了人们身心健康以及社会发展等的需求，指出老年人不仅可以参与体力劳动，还可以继续参与社会、经济、文化等其他形式的活动。老年人仍然可以继续为家庭、社区和国家做出积极贡献，以期望延长老年人的健康期望寿命和提高老年人的生活质量。积极老龄化可以提高老年人及其家庭的生活质量，并通过延长独立生活时间来节省医疗保健费用。合理的利用甚至可以作为一种资源，它还可以使更多人保持更长的工作时间，或从事志愿工作，或为家庭或社区做出贡献，提高生产力。积极老龄化的成功取决于个人健康状况和医疗保健，以及企业、社区、政府的支持等众多因素。例如，危险的工作、危险的生活环境、卫生服务不足、缺乏社会参与机会、缺乏健康生活方式和疾病预防的信息都会对个人健康产生严重影响，将加重社会负担，进一步恶化老龄问题。

目前人们对健康的定义不再局限于身体健康，而是指身体、心理、社会三个方面协调的过程。因此,积极老龄化的框架理论说明,促进心理健康和社会联系的政策和计划的重要性不亚于改善身体健康状况。

二、很多国家已经开始关注人口老龄化

自国际老龄联合会于1973年成立以来,越来越多的国家开始关注和应对人口老龄化带来的问题,从最初的17个国家发展到现在的75个国家参与。各国也从通过改革养老政策和养老保障体制等保障老年人的经济来源,到开始逐步关注老年人的身体健康、心理健康。日本甚至通过文化渗透等新的形式来应对人口老龄化。无论是发达国家还是发展中国家都有针对人口老龄化问题进行讨论,如加拿大老龄化特别委员会就健康老龄化问题进行了讨论,讨论了积极老龄化的要素,强调了积极生活和对抗年龄歧视的重要性,以及讨论了老年人居住环境的选择方式。同样,澳大利亚政府也讨论了相关问题,例如,关于健康老龄化应对人口老龄化可能造成的问题。除了关注人口老龄化可能给社会带来的危机外,也有部分国家(如美国)发现了人口老龄化的转机,合理利用老年资源促进社会或地区的可持续发展。

三、实际的人口老龄化面临众多问题

尽管有研究表明健康老龄化有可能延长平均期望寿命,降低疾病发病率或延缓疾病发病时间,缩短老年人的残障寿命,但追求健康老龄化所带来的未来收益仍不确定。根据老年人日常生活能力的现况分析,虽然有强有力的证据显示老年人的平均期望寿命在延长,但却没有明确的数据表明老年人的生活质量在提高。换言之,更长的寿命伴随的是能力上的种种局限,其能力甚至比他们的父辈同龄时还差,这也意味着老年人可能需要更多的医疗保健和社会服务,否则这样的老年人

难以继续为社会做贡献。同时也有一些研究显示65岁及以上老年人严重失能的比例下降;另一些同类型研究则表示老年人中患有慢性病和合并症的人口比例上升,但失能老年人比例稳定不变;也有一些研究显示在60～70岁的老年人中,失能发生率有上升趋势。目前80岁及以上老年人比例迅速上升,其死亡率降低速度快于其他年龄组,由此带来了诸多社会问题以及长期照护服务需求的增加。

此外,老年人口需要的物质、社会人力和经济资源是巨大的,而日益增多的老年人口可能需要更多的资源供给,这些会给很多国家,尤其是发展中国家带来巨大的压力。众多老年人缺乏足够的收入来维持健康老龄化这一过程,而且养老产业发展和(或)社会养老设施建设不够完善,老年人可获得的卫生保健和社会服务有限,再加上家庭照料和支持来源减少,越来越多的60岁及以上老年人开始独立自主地生活,而且在较发达地区,独立生活的老年人更为普遍,其中部分老年人面临个人安全威胁(如虐待老年人或无法满足其需求)。虽然各国都在出台人口老龄化问题的相关政策,但其中一些政策反而导致贫穷老年人的社会资源更少,使健康老龄化的进程受阻。例如,有发达国家考虑通过增高卫生保健服务中的个人现金支出比例来降低养老费用和减少养老服务的过度使用。但是,德国的相关研究发现,这种政策的实施将会增加穷人的养老负担,而对富人影响不大。

除了政治和经济会影响健康老龄化外,文化在一定程度上也对健康老龄化有着极其重要的影响,其中最为突出的就是民众对人口老龄化的认识程度。传统观念常将老年人当作过去的一代,所以在制订未来规划时,老年人很容易被忽略。将老年人排除在发展过程之外不仅会损害其福祉、削弱其贡献,也会严重影响其后代的福祉和生产力。同时,维持健康老龄化与经济程度息息相关。例如,缺乏基本的老年医疗保障体系意味着患有高血压的老年人接受不到必要治疗，他们一旦发生脑卒中，不仅影响他们为家庭做贡献的能力，还会加重家庭成员的负担，甚至影响家庭经济收入。因此，忽视老年人的需求对于发展的不良影响远远超过了个体的范畴，但现在还有很多地区对老年人存在严重的忽视现象和年龄歧视。

全球已进入人口老龄化时代，但是如何实现健康老龄化是各国共同面临的难题，正如邬沧萍教授所说的“要全面、科学地理解健康老龄化”。人口老龄化是一个过程，我们要客观地、全面地认识它，将健康老龄化与所有人的福祉联系起来，在政治、经济上保障老年人的利益，不能忽视老年人的身心健康以及社会参与度。而真正的健康老龄化就是实现 70 岁即是新的 60 岁。要做到健康老龄化，就必须降低老年人患病率和伤残率、提高老年人的认知和身体能力、充实老年人生活的意义和目的，并能让老年人积极参与日常生活。国家要将健康老龄化这一概念融入社会、经济和文化等方面，就要合理发挥老年人为社会做贡献的作用，以促进社会的积极发展，确保老年人不被社会忽视；同时也要转变观点，不能只侧重分析和应对人口老龄化所引起的负面影响，要努力发掘人口老龄化给社会带来的积极效应，提倡用积极的视角看待人口老龄化的问题。

第三节 国际人口老龄化的现况

随着经济和科技的持续发展以及众多其他因素，国际社会人口老龄化愈演愈烈是必然的趋势。我国对如何缓解人口老龄化带来的压力的研究等才刚刚开始，还没有系统完善的应对策略。同时，我国不仅已步入人口老龄化社会，而且人口老龄化速度非常快，我国人口老龄化的形势相对发达国家可能更为严峻。同时，受文化等众多其他因素的影响，以往较为单一的养老模式可能已经不能适应我国快速发展的多元化社会，所以我国急需成熟的方案来应对人口老龄化。20世纪后半叶，欧美等发达国家早于我国过渡到人口老龄化社会，这些国家对健康老龄化展开了深入探讨，并明确提出了一些针对适应人口老龄化的前瞻性政策或方针举措，主要包括养老模式、医疗服务、老年人照护、劳动力短缺、养老金等方面。本书将根据马斯洛需求层次理论系统地分析各国应对人口老龄化的政策和措施，探讨各个策略的利弊，并结合我国目前的国情，提出具有中国特色的人口老龄化问题应对策略和措施。

一、老有所养——养老保障（养老金、居住）

无论是对于老年人还是年轻人，保证其日常生活的基本需求是必要条件，为了实现这一目标就要求老年人有适当的经济来源和适宜的居住环境。老年人因为年老体弱及其他原因，自己劳动所得相对减少，主要依靠养老金，其经济来源一般包括社会来源、家庭来源和自身来源。目前家庭来源主要是指子女或晚辈的资助，即中国的养儿防老。自身来源主要是指部分人的个人储蓄，当然还有人变卖固定财产（如房产）来支持自己的老年生活。但是家庭和自身来源较难调控。本节主要讨论各国与养老保障相关的政策。

（一）养老金

1. 社会保险型——国家层面的养老保障 国家层面的养老金主要指法定的社会养老保障，不同国家会有不同的命名或政策，但本质是相同的。社会养老保障最早源于德国，很多国家的养老保障制度都是在此基础上发展的，主要表现为国家会强制或大力提倡国民购买社会养老保险。一般形式为雇主和雇员按照一定比例共同分担缴纳（一般不高于20%），作为社会保险上交给国家。这部分资金将为社会弱势群体提供社会保障金，个人所获得的社会保障金将根据个人所缴付的社会保险计算，一般根据“按劳分配”原则进行社会保障金的分配。该保险的覆盖面广，参与人数多，如美国的社会养老保险参与人数占美国雇佣人员的96%，日本的国民养老金要求20～60岁国民必须购买，德国所有雇佣职工都有义务参加社会养老保障，以及新加坡覆盖全民的中央公积金制度。目前主要有两种模式对社会保障金进行管理，第一种是“现收现付制度”，即由目前在职的雇员缴纳社会保险来支付退休人员的养老金，因为人口老龄化程度的加剧，大部分国家主要采取这种制度，其中包括发达国家（如德国）。另一种是“直接支付原则”，目前使用较少，主要在新加坡实行。社会养老保障是相当多国家养老保险的奠基石，也是国民最基本的社会保障，是公共养老保障的最大支柱。为了保障社会养老保障的稳定运行，各国也出台了相关的法律，使国民共同承担人口老龄化的负担，保障老年人的收入来源。

2. 补充保险

(1) 社会层面养老保障：美国等国家的一些机构根据自身条件为职工提供了相应的养老保障计划。①国家福利型：由政府根据公务员的工作情况为他们提供养老金，如：日本共济养老金主要是一种“后代人抚养前代人”的社会保障；新加坡通过推行最低存款计划和家属保障保险计划，弥补中央公积金制度的缺陷，为没有中央公积金的老年人提供最低的经济支持。②国家-单位保障型：大型机构、企业根据自身情况，自愿为职工提供相关的养老金。如日本人的厚生养老金。与日本不同的是，德国的企业养老保险采取“直接支付原则”，将缴费作为资本投资，使雇员在企业中积累的资金成为其养老金的一部分，国家通过免税费鼓励该制度的推行，也是企业提供给雇员的一种福利。

(2) 个人层面养老保障：主要指老年人的个人储蓄，老年人针对个人情况对自己的储蓄进行管理，如商业保险、保险理财，以实现积累资金。这主要是国家通过给予税收优惠而发起的，个人层面保障系统也可以得到国家的部分补助，如美国、德国等会对个人养老保障系统有一定额度的补助，而瑞典、日本等则根据国家整体个人储蓄的实际情况，调整银行相关政策，提高国家的社会保障融资资本。美国等国家还会通过以房养老来解决养老金的问题，以出售房屋或出租房屋的形式为主，依靠房子产生经济效应。

目前，养老金主要通过以上几种形式来运行，大部分养老保险以国家政策为主，以企业等机构的协助为辅，另外还有个人主动参与社会养老保障建设的形式。

（二）养老模式

随着经济的发展、生活模式和文化的改变等，养老已经不再局限于家庭中，根据社会需求和发展，各国开始出现各种各样的养老模式，如居家养老、机构养老等养老模式。

目前，各国的养老模式主体形式还是居家养老模式并鼓励老年人进行居家养老，如美国有90％～95％的老年人选择居家养老模式，更不用说在文化影响下的日本和新加坡等国家。家庭养老模式和社区养老模式是常见的两种居家养老模式。家庭养老以家庭为主体，主要应用于不愿意离开熟悉环境且家庭成员有时间、精神、经济和意愿照顾的老年人。但是随着人口老龄化程度的加深，传统的家庭养老模式已经远远不能满足现在人口老龄化所带来的家庭压力，所以日本、新加坡等国家根据国情提出了完善配置家庭养老模式，即在传统家庭养老的基础上，为老年人提供无障碍设施的住宅。

在仅仅依靠常规家庭养老模式已经不能缓解现有的人口老龄化的压力的时代背景下，出现了以家庭为基础，联合社区，并依托机构而形成的社区养老模式，即将家庭和社会服务融合，形成类似于托老所、长期护理等模式，主要由专业人员（由护理人员、社工、康复治疗师等组成）为老年人提供健康教育和照料。该模式主要包括生活照护、文娱活动、康复、健康教育（养老和保健知识）等，适用于家庭因各种原因无法照顾老年人，但老年人不乐意离开原本的居住环境且有一定的生活自理能力时。这种模式可以让老年人继续在家中养老，家属有空时可以照护老年人，没有时间时居家养老专业人员会协助照顾老年人的生活，免除家庭养老给家庭带来的问题，使老年人得到生理和心理的双重照护，有助于老年人在家健康养老。社区养老模式是化解目前老年人照护压力的一种相当重要的养老模式，它不仅调动了家庭资源和社区资源，还可运用政府资源，将家庭养老与机构养老的优势融合，减轻机构养老的压力。相较于机构养老，其养老的照护成本更低；相较于家庭养老，其照护的服务质量更高，切实帮助老年人健康养老，对老年人的健康老龄化有重大的实践意义。有研究表明，老年护理学课程的改革将会是社区养老模式和卫生保健系统改革发展的一个重点方向。

除了社区等就近养老模式，还有大量的机构养老模式，即专门在建立的供老年人聚居的场所（如养老院、临终关怀机构、老年公寓、托老所等）中养老的模式。机构养老模式最突出的优点为可以对老年人进行集中管理，对住在机构中的老年人实施分级管理，如德国按照老年人的身体情况、生活自理能力及社交能力，将老年人分为自理、半自理和完全不能自理三级，而从半自理到完全不能自理又划分成六级，根据老年人具体情况进行分级，然后分配到不同类型的养老机构，使老年人能够根据其自身状态得到专业的生活或医疗照护。此外，为了使老年人在机构中生活更便利，养老机构的居住环境也根据老年人的需求设计，让老年人的居住环境更舒适，以提高老年人的生活质量。但真正入住机构养老的老年人相对较少，即使是美国这种经济文化都很发达的国家也仅有20%。日本等国家将高科技融合在养老模式中，解决了以往机构养老中面临的问题，除了拥有原来机构居住的优势外，还融合了人工智能等技术，使老年人能通过互联网等便利的措施与亲朋好友保持联系，得到情感上的支持。

除了以上养老模式，还有其他多种养老模式，如乡村田园养老模式、旅游养老模式、异地养老或跨国养老模式、候鸟式养老模式、新加坡独特的一体化养老模式等。

二、老有所医——身心健康

人口老龄化可能是导致医疗卫生支出增加的一个主要因素，在过去几十年，大量的横断面或纵向研究表明了人口老龄化与医疗卫生支出之间的联系，很多发达国家也切实体会过因医疗卫生支出增长而社会负担加重。与发达国家相似，因为人口老龄化程度的加剧，我国将面临医疗卫生支出急剧增长的问题。预计到2030年，我国65岁及以上人口的人均医疗费用比2010年上涨163.74%，年平均增长幅度预计为5.24%。为了减少老年人的医疗卫生支出，各国政府制定了相应的政策。

（一）预防疾病，保持身体健康

为了早期发现和管理慢性病，韩国根据生命周期阶段对其国民进行健康检查，并进行健康检查后的随访以及慢性病患者的健康管理，加强落实高血压和糖尿病等慢性病的健康检查计划，以确保韩国公民的健康和减慢医疗卫生支出的增长速度。澳大利亚以“为人们提供终身健康的机会”为健康老龄化战略的目的，力求通过早期发现疾病和早期预防来改善所有人的健康状况。

随着经济的蓬勃发展和人们生活的殷实，人们更关注心理健康促进方法。社会注重培养民众的健康保健和预防疾病意识，积极推广健康生活方式（不吸烟、适度饮酒、每日运动）及定期健康体检，积极进行健康管理，并促进健康相关因素或减少危险相关行为，使健康生活和医养结合意识深入民众的观念中，老年人为自己的健康状况负责，以降低老年人重大疾病患病风险，实现老年人积极健康老龄化。

（二）心理健康

健康不仅要求老年人没有生理疾病或病痛等，还要求老年人维持良好的精神状态。为了解决老年人的心理问题，各国建立相应的政策、计划，使老年人的身心健康都得到保障。日本制定《老人福利法》来保障老年人的身心健康，社会工作人员会定期访视老年人并为他们提供切实的服务，保障老年人的相关权益。

（三）医疗卫生保障

目前，很多国家推行全民医疗卫生保障制度（包括医疗保险和护理保险），完善医疗卫生保健系统，解决老年人看病的经济问题，让老年人就医权利和需求得到相应的保障，促进社会的健康老龄化。如新加坡通过构建覆盖全民的医疗卫生保健系统来解决老年人看病问题。相对医疗保险，护理保险的发展较迟。由于人口老龄化发展迅速，德国等国家政府推出了一项新的社会保险计划（即长期护理保险政策）以满足长期护理服务的需求，实现了家庭护理逐步向社会护理的转变。护理保险的目的是向慢性病患者及生活不能自理的老年人提供长期护理服务和经济帮助，尽量帮助老年人恢复或提高其生活自理能力，减少老年人住院不合理的医疗费用。因为长期护理服务对部分医疗服务产生了替代效应，长期护理服务在减少老年人不合理的住院治疗方面发挥了作用。随着老年人对长期护理服务利用率的不断提高，人口老龄化可能不再是发达国家医疗卫生支出增长的主要原因。

德国长期护理保险的实施方法：①法定强制参加，约有90%的国民参与长期护理保险。②采用现收现付的方式由雇主和雇员共同缴纳，缴纳金额仅与收入相关。③根据失能情况确定长期护理级别。④政府鼓励家庭照护，将机构护理视为最后一层保障。⑤老年人要自己承担其中一部分护理费用。⑥为了促进长期护理服务的发展，国家不征收机构的相关税收。

三、老有所用

虽然人口老龄化给经济、医疗、人力资源等都带来了沉重的负担，但很多国家在观念上有所转变，不再认为人口老龄化是社会负担，开始挖掘其带来的社会资源。为了解决人口老龄化所造成的劳动力匮乏问题，可以适度再利用老年资源，这样不仅可以缓解人口老龄化带来的劳动力短缺的压力，还可以促进经济的发展。美国政府明确人口老龄化会给社会带来好处，应合理发挥老年人对社会发展做贡献的作用，确保老年人不被遗忘，促进老年人健康老龄化。研究表明，适当的工作可以使老年人生活更为充实，减少老年人的身体疾病（如疼痛），也能让老年人获得一部分资金，这样不仅可以减轻社会劳动力短缺的压力，还可缓解家庭压力，提高老年人的精神状态，使老年人有积极乐观的态度面对老化过程，最后实现老年人的健康长寿。

（一）帮助社会、家人、自己

目前，无论是在发达国家还是发展中国家，甚至是非洲等地区的不发达国家，健康的老年人都是很重要的一部分劳动力。在发达国家，互助养老模式是指老年人在自愿的基础上与其他人合居，合居的人可以互相帮助，可以是相识的老年人结伴而居，也可以是社区内的老年人互帮互助养老。研究显示互助养老模式可以很好地缓解人口老龄化带来的压力，例如，安排相对低龄老年人照顾高龄老年人和（或）孩子。在日本，社区人员会邀请有知识或有一技之长的老年人作为志愿者开展一些活动，如给孩子们讲故事、做游戏。这些活动不仅让孩子们高兴，也使老年人感受到自己的价值。在不发达国家，老年人可以制作食物或抚育子孙后代。此外，通过提高老年人对自己的认识，帮助和提高老年人的独立生活能力，可以减轻照护者负担。

（二）活到老学到老——老年大学

德国的养老保险不仅提供经济、医疗保障，还为老年人提供重新教育等相关服务，使老年人能接受新的知识，发掘老年资源，促进老年人有一个健康的心态。日本受“修养要求”等文化的影响也鼓励老年人继续学习。

（三）敬老

很多国家开始推行敬老文化（儒家文化），觉得老年人是一种潜在的资源，例如，新加坡认为老职工退休是企业的损失，包括技术、价值等方面的损失，所以该国会树立社会对老职工的尊敬感，也会将老年人称为“乐龄人士”，使得国民十分重视老年人。

(四) 老有所为

各国为了充分利用老年劳动力资源和缓解人口老龄化带来的压力，制定了各种政策来鼓励老年人就业。主要包括以下形式。

1. 延迟退休年龄或实行弹性退休年龄制度 延迟退休年龄不仅可以缓解紧张的养老金压力，还可以利用老年劳动力资源。日本通过控制退休金和颁布相关政策来延迟老年人退休，鼓励65岁及以上的老年人再就业。而德国人提前退休会永久不能获取全额养老金，通过这样延迟老年人退休年龄，提高老年劳动力的使用率。英国的退休年龄实行男女并轨，延迟女性的工作年限，法国也类似。俄罗斯主要针对公务员开始施行每年延迟半年退休，将男性的退休年龄逐步延迟至65周岁，女性延迟至63周岁。美国的法定退休年龄为66周岁，但实际上美国的退休年龄不是固定的，国家通过调控养老金来控制退休年龄，一般年满62周岁就可以领取80%的养老金，每多工作一个月增加0.56%，通过这种方式激励老年人工作；这种退休机制可以使老年人选择退休年龄。瑞士也有相应的政策，其法定的退休年龄是65周岁，但每早退一个月就减少0.5%的养老金，每延迟一个月就会增加0.7%的养老金。

2. 鼓励退休后再就业 在政策上，使老年人就业得到保障，如日本颁布《老年人就业稳定法》等来增加老年人的就业机会，鼓励老年人再就业。新加坡政府积极为所有有工作意向的老年人提供就业保障和机会，增高老年人的就业率，提高老年人的技术水平和价值。例如，政府颁发老年人相关的雇佣法案，要求企业再雇佣62岁及以上的老年人，并给予遵守政策的企业相应的优惠政策，促使企业自觉主动遵守这一政策。新加坡企业鼓励年长雇员继续工作，很少有企业鼓励雇员提前退休。在文化上，通过推进对人口老龄化观念的意识改革，让老年人感受到生存价值、安心感。积极推行政策，以保障老年人日常生活、工作及学习，促进老年人再就业。在日本，受“耻感文化”的影响，日本人觉得应该“活到老，工作到老”，所以很多老年人即使退休也会做适量的工作；老年人的就业率也越来越高，65～69岁年龄段的老年人就业率从2010年的37.6%增高到2030年的46.2%。日本在推动老年人再就业方面，对不同年龄段老年人推荐不同的工作；许多有丰富经验的低龄老年人退休后仍希望工作，而且这一数量在增多；政府鼓励身体健康的老年人继续工作；对中老年人，政府鼓励他们在社区内发挥作用。在英国，有部分人选择退休后继续就业，但大多数工作主要为非全日制工作，工作时长较短。在美国，很多老年人在退休后不仅仍有较好的工作能力，而且还有加强工作的意愿。由于自力更生文化对国民观念的影响，新加坡国民希望在退休后能继续工作以保持独立的经济能力，大部分民众接受收入与个人能力、努力和社会竞争有关，能自觉参与社会活动，而不是觉得仅仅是政府的责任。

第四节 国际人口老龄化经验借鉴

一、国际人口老龄化普遍存在的问题

人口老龄化最严重的影响才刚刚开始出现，以前的政策不够完善或还存在争议，并且人们可能认为人口老龄化的决定性因素很难改变。同时，政策对人口老龄化所造成的结果可能存在不确定性，例如，养老

金短缺的问题可能会随时间的推移而发生变化。

（一）老有所养

1. 养老金 随着人口老龄化程度的加剧，各国社会保障面临着养老金不足等问题，如日本即使经济发展良好，面对庞大的养老保险支出，也常常捉襟见肘。随着人口老龄化的推进，其给养老金带来的压力也越来越大。同时，养老保障制度不是完全健全的，国家需要结合人口压力以及养老金的储备等各方面因素进行政策调整，以保障社保的稳定运行。日本通过增加税收来增加养老金的来源，但有些发达国家（如德国）的政府不仅调高了社会保障金缴纳比例（由19.5%上调至22%），还降低了养老金的领取比例，使得老年人退休后的养老金仅能维持其最低的生活标准。除此之外，部分养老保障制度如中央公积金制度仅在企业中容易推出，对于家庭、务农等所需的养老金很难运行，政府很难在其中起到统筹规划的作用。与中国比较相似的俄罗斯也在如何解决养老金的问题上困难重重。首先，俄罗斯的养老金仅由企业支付，这使得企业负担极重，所以企业会反对该政策的实施，另外，较高的赡养比也是很多政策实施起来困难重重的原因。其次，俄罗斯忽略了农村养老的问题，很多农村人口没有得到养老保障。再次，国家的养老支柱主要是社会保障制度，但俄罗斯养老金的发展倾向于私有资金的累积，导致国民的贫富差距巨大。最后，因为国家长期的财政赤字等情况，养老金没有充足的来源，只能依靠基金等较单一的支持，形势较为严峻。

2. 养老模式 家庭养老中存在人力资源不足的问题，在中国“4＋2＋1”的独特背景下将尤为明显，且大部分家庭居住的环境并不适宜于老年人生活，其生活环境存在众多隐患。居家养老在人口密集的城市或者各种措施相对较为完善的城市可能比较适用，其中护理保险或长期护理保险的发展情况尤为重要，然而，我国社区医院和护理的发展较为缓慢，如何对社区照护进行分类、提高社区照护的效率，是我国亟待解决的问题。无论是发达国家还是发展中国家，机构照护模式虽然可解决老年人的照护问题，也表现出它的优势，如完善的设施、周到的照料，但其忽略了人类情感的需求，在机构中养老不太利于老年人与亲友的交流或联系，老年人容易产生情感缺陷；同时，机构养老模式的成本较高，很多老年人没有足够的资金来源来支持持续的机构养老。

（二）老有所医

尽管韩国推出了长期护理保险政策，加强了慢性病的筛查工作，推行了健康促进计划等众多医疗政策，但没有证据表明这些政策是否有助于延缓医疗卫生支出的增长。同时，我国长期护理保险仅在部分地区试运行，构建较为完善的长期护理服务还需要漫长的发展历程。目前我国老年人保健的基础设施相对较薄弱。此外，老年人漫无目的地购买保健品也比较常见，所以全面普及老年人的健康知识和进行健康体检，对农村老年人来说尤为重要。国外出台了各种政策关注老年人的心理健康，我国关于如何解决老年人的健康问题的路途还比较漫长。

（三）老有所为

虽然众多国家在利用老年资源，但是还有一部分国家的老年人对延迟退休的政策较为抵触，甚至很多国家的公民罢工或游行示威进行抗议，有些国家老年人对工作的态度较为消极，其中包括法国、美国、瑞典。无论是美国等国家的弹性退休还是瑞典等国家的延迟退休，国民都表现出一定的抵触情绪。韩国等国家甚至加收老年人工作的税收，使老年人的就业得不到保障，使得老年人就业率逐年降低。

二、我国应对人口老龄化的战略

各国对如何应对人口老龄化都给出了相应的政策或进行了相关的改革。健康老龄化不仅要求老年人要有最基础的“老有所养”，即保证最基本的养老金需求，而且要求老年人可以“老有所医”和“老有所乐”，即做到让老年人身心健康地安享晚年，同时还要使老年人“老有所学”“老有所教”甚至“老有所用”。换言之，健康老龄化必须在保障经济和居家稳定的情况下，逐步降低老年人的患病率和伤残率，提高老年人的认知和身体能力，充实老年人的生活，充分利用老年劳动力资源，使人口老龄化不再是社会的负担。

不仅是社会，个人和家庭都经历着人口老龄化带来的影响。相较于其他国家，我国人口老龄化进程非常迅速，我国在人口老龄化进程中面临的各种问题也亟待解决。下文将结合各国在人口老龄化进程中实施的措施和政策，并结合解决方案中的不足以及我国人口老龄化的实际情况，探讨我国该如何实现健康老龄化。

（一）老有所养

1. 养老金　就目前情况而言，在人口老龄化进程逐步深化的过程中，我国社会保险可能无法支撑人口老龄化所需的养老金。在这种情况下，我国不仅可以对主要社会保障制度进行相应调整，以应对人口老龄化带来的养老金问题，还可以进行其他融资，增加养老金的来源。将各国的养老经验与我国养老保障制度的现状相结合，优化养老保障制度，妥善解决养老金中已经存在和（或）潜在的缺陷和漏洞，多途径筹备养老金并妥善管理，使我国的养老保障制度更贴合我国国情。在国家层面，可以借鉴发达国家的改革策略逐步延迟退休年龄或实行弹性退休制度，减少养老金的支出；也可以上调社会保障金的缴纳比例，和（或）下调养老金的发放比例。在社会层面，国家给予政策上的优惠，鼓励大型机构提供养老保障制度，使雇员能拿到更多的养老金；对于收入较低的人群，政府做好引导工作，可以通过减免税收或者给予满足最低生活标准的补助等形式保障该类人群。此外，国家还可以提倡个人对私有储蓄进行一定程度的投资或管理，通过提供一定的惠民政策，如根据市场情况调整银行利率等，使用于养老储蓄的投资有一定的保障，从而提高养老金的覆盖率。我国作为一个农业大国，如何为农民提供养老保障是一个重要的问题，我国还应构建农村人口相关的养老保障制度。国家要确保补充养老保障制度的稳定性，制定政策引导贯彻落实人口老龄化应对措施，发挥国家的调控作用，以提高养老保障的普及度和覆盖率，努力做到全民皆保，即每个老年人都能成为保障对象或受某种养老保障制度保障，保障老年人有稳定的经济来源，人人都能安度晚年，达到老有所养的大同社会状态。

为了维持养老保障制度的稳定，除了构建健全养老保障对应的法律体系，保证养老保障制度公平实施外，我国还应该建立合理有效的养老保障责任分担机制，让国家政府来引导，机构和个人也参与到养老保障制度的构建中。总的来说，我国应该优先考虑社会保障制度，微调或逐步改造社会养老保障制度，在大局上适应我国人口老龄化带来的沉重经济负担。同时，要推动其他养老保障制度的发展，构建多层次和全方位的养老保障体系，形成多支柱并存、齐头发展的趋势，并减少养老金负债或赤字，为老年人口构建可持续的养老保障体系。

2. 养老模式：构建多元化、专业化、规范化的老年人社会服务体系 其一，我国目前不仅面临老年人口增加的问题，还存在女性就业率增高和年轻劳动力外出等问题，造成很多老年人缺乏家庭成员的照护。

其二，目前我国的房屋设计并没有考虑老年人的居住需求，对于老年人，特别是有疾病的老年人，目前我国很多家庭的居住环境相对不安全，因此传统的家庭养老模式难以满足我国老年人的需求，同时居家养老模式的发展也相对较为滞后，再加上我国很多老年人收入较少且受文化深远的影响不愿意去机构养老，机构养老模式在我国的发展也困难重重。虽然目前老年人很难接受机构养老，但养老机构仍存在"一床难寻"的问题。所以，我国应加快构建和完善居家养老体系，推广"以居家养老模式为主，机构养老模式为辅"的养老模式，为老年人提供一个舒适的生活环境。

政府要协调好家庭和社会的作用，尽可能发挥家庭养老作用。我国有几千年的家庭养老历史，家庭对老年人有着不可替代的重要影响，而且我国的养老保障体系和养老机构发展尚不完善，养老责任完全由社会或政府承担可能不是一个恰当的举措。根据新加坡和其他国家的经验，养老不仅仅是政府的责任，也是家庭和社会的责任，三者缺一不可。对于生理、心理等方面健全的老年人，鼓励其在家中养老。但目前我国家庭养老模式还存在问题，其功能有待加强，根据老年人的需要，国家应该出台政策，鼓励对家庭养老模式的相关设备的配备和研发，使老年人享受到专为其设计的符合老年人居住标准的设施和服务。

同时，我国应该大力发展居家养老模式，与基层医疗相互结合，合理利用社区现存的资源，减轻国家财政的负担。我国居家养老模式不完善，我们应该参考其他国家发展社区养老的经验并结合我国的现有国情将其不断完善。社区养老相关的工作人员必须经过专业培训，社区养老服务覆盖的范围要逐步扩展，从为老年人提供基础的日常照护到医疗保健、心理辅导和住房维修等方面。我们还应该根据老年人的身心健康等实际情况，对老年人分级照护。该模式不仅可以提高服务效率，还有助于根据老年人的实际情况给予老年人切合的照护。此外，我国护士的退休年龄一般为50～55岁，刚退休的护士不仅有很强的劳动能力，而且有丰富的护理经验，社区养老机构可以聘用退休护士作为专业人员来照顾社区中的老年人。根据目前我国的实际情况，我国需要加快社区养老服务相关标准的政策出台，建立社区养老模式的管理和监督机构，政府也可以采取相关优惠政策来鼓励非公有机构运营社区养老服务。

虽然社区养老模式更适合我国国情，但是因为我国人口老龄化的发展快以及老年人年龄增长导致身体机能下降和(或)疾病困扰，老年人需要专业的医疗团队帮助，所以建立完善的机构养老模式也是必不可少的。如何进行养老机构的建设呢？首先，应该根据老年人的具体情况(年龄、收入、健康)对养老机构进行分类建设和管理，建设不同层次和类别的养老机构，为老年人提供不一样的居住环境、照护服务等。根据经济承受力划分，经济条件好的老年人可以选择高档的养老机构，收入一般的老年人可以选择经济实惠型的养老院，而低收入或没有收入的老年人就需要国家政策的扶持，例如，福利院为低收入老年人、孤独老年人和其他生活困难者提供免费的家庭或机构服务。根据老年人生活自理水平可将老年人分为若干型进行护理。例如，完全能自理的老年人可以参考三级护理要求，半自理的老年人可以参考二级护理要求，完全不能自理的老年人可以参考一级护理要求。当然，机构也可以根据自身的具体情况，将半自理的老年人和完全不能自理的老年人继续分类，方便机构内部的管理。当然，也可以根据老年人的性格等其他特征要求，进行机构内部的调整，从而为每个老年人根据其自身的实际情况制订适宜的机构养老方案。然而，中国目前养老机构的建设重点仍然是公众能够负担的养老机构。政府应该监督引导，要求养老机构有规范和标准的管理方案，这样能确保老年人入住后的养老服务质量，也明确了机构和其工作人员的责任和权利，减少因为制度不明确而造成的各种问题。此外，养老机构可以根据自身情况进行信息化管理，如日本开发的人工智能相关老年人周边产品，可以加强老年人的监护，为老年人提供与亲朋好友沟通的渠道，从而实现提升养老服务质量的目标，也在一定程度上缓解了照护者的压力。人工智能的运用可以让我国人口老龄化面临的人力资源缺乏的问题得到改善。养老机构还可以参考德国的运营模式，主要是将企业与养老机构结合，拓宽服务范围，形成从事养老护理的大型集团和连锁机构，服务内容主要包括老年保健、日间照护、文化娱乐等。我国应加强对养老机构的监管，而不是任由其发展，并根据社会实际情况进行调整，构建适合我国的养老机构。

参考美国等国家的养老模式，我国还可以构建住房养老模式，解决养老金不足的问题，也可以构建乡村养老模式或异地养老模式，开发利用人口密度较低、自然环境良好的中西部地区，带动当地或者周边产业的发展。

根据我国国情，我国应构建“以居家养老模式为主，机构养老模式为辅，多种养老模式共存”的养老模式，完善社会服务保障体系。

（二）老有所医

要实现健康老龄化，就要提高老年人对自身健康水平的认识和健康意识，使老年人有一个积极健康的心态面对老龄化的过程，并实现健康老龄化。鼓励老年人要有健康的生活习惯和良好的心理。老年人可以做力所能及的有氧运动，如太极拳、五禽戏、广场舞等，鼓励老年人进行社会交往。政府或大型的公益组织（如医学院）可以承担一些科普推广的工作，增强老年人的身体健康水平；也可以效仿日本颁布老年人保护法，保证老年人能定期被访视，了解老年人具体的健康状况和心理状况，该部分工作可以由社区的工作人员或者社会工作者承担，但要加快老年人服务支持系统的建设和建立完善的监督机制。

由于老年人的身体机能下降和较易患老年相关的疾病，老年人可能需要更充分的医疗资源，当老年人健康状况相对较差或者生活功能受损时，应尽量使他们保持健康，通过各种方式使老年人的晚年生活幸福。为患病的老年人提供更方便的医疗处置和护理服务，加强对老年人的健康教育，使生活不能自理或高龄化带给社会的负面影响向正面转化，最大限度地提高老年人的"健康、参与和安全"水平。这就要求我国应开始推行长期护理保险制度，加大政府在长期护理保险上的财政投入，积极促进长期护理保险制度在养老事业的健康发展。

（三）老有所用——教人回馈社会、学习新的事物，自我提升，获得尊重，为社会贡献自己的一份力量

为了确保老年人不被社会忽视，我国不能只片面地关注人口老龄化对社会的不良影响，还要努力挖掘人口老龄化给社会带来的其他影响，应该用积极的角度看待人口老龄化的问题。各国在实施积极老龄化政策时，应充分合理地利用老年资源对社会发展的作用，注重老年资源的再开发，将老年人纳入发展过程。

首先，我国可以发展志愿养老服务，因为人与人息息相关，所以相互依存或老一代和年轻一代的双向互助是积极老龄化的重要原则。根据德国志愿养老服务的发展经验，让低龄老年人照顾高龄老年人，尽量为老年人创造参与社会活动的机会或条件，鼓励老年人参与社会活动，使老年人参与到与其自身有关的决策中，这有助于制订更合适的应对人口老龄化的措施。目前，我国志愿养老服务还处于未开发或开发较

少的阶段，志愿养老服务的组织和形式都不完善。此外，许多志愿者害怕老年人发生意外，不愿意为老年人提供志愿服务。今后，我国政府可以提倡并引导老年人参与志愿养老服务，鼓励老年人互帮互助，逐步形成自愿养老服务模式。通过发展自愿养老服务，可以将居家养老服务人员从专业人员扩展到社区内非专业人员，减轻养老服务压力。

其次，我国不仅要加强养老保障制度的建立和养老模式的构建等，也要注意满足老年人的精神文化等其他需求，发展老年教育，充分挖掘老年人的潜力或培养老年人的能力，提升老年人潜在的社会价值。我国还可以发展与老年人精神文化需求相关的产业，如老年大学、老年旅游、老年图书馆、老年文娱中心等。我国目前较为大型的城市已开始设立老年大学，但是地级城市可能还需要进一步深入。另外，日本和新加坡在精神文化方面的建设值得我们借鉴学习。我国还应该继续保持尊老敬老等优秀传统美德，让民众不要觉得老年人是社会的负担，学习新加坡将老年人作为"乐龄老人"，逐步挖掘老年市场，并形成相关产业，鼓励或激励老年人参加社会和(或)公益活动。

老年人身体健康时，人口老龄化可被视为人力资源的增长，将有利于社会的发展。我国可以逐步延长老年人的职业生涯，以获得足够的劳动力，缓解人口老龄化给国家带来的经济和劳动力短缺的压力；出台政策鼓励老年人继续就业和再就业，重视对老年人的再就业指导和培训，并为老年人提供舒适的继续就业或再就业环境，使老年人能够重新就业，为社会做贡献。

我国虽然有保障老年人合法权益的《中华人民共和国老年人权益保障法》，但与其相配套的政策措施十分缺乏，导致我国法制系统相对比较薄弱。因此，我国需要参照美国等国家的立法来加强老年保障，制定与老年人的社会保障、救助、保健、劳动就业、养老产业、老年文化、老年教育、老年服务等相关的法规和实施细则，建立健全老年人社会保障法律法规，使老年人的相关权益得到法律保护，最终减少过早死亡或残疾老年人口数，提高老年人的家庭、社区、文化、经济和政治生活的参与度。这个过程不仅可降低老年人的医疗和护理服务费用，还能提高老年人的生活质量。

主要参考文献：

[1] David E B, David C, Günther F. Implications of population ageing for economic growth[J]. Oxf Rev Econ Policy, 2010, 26(4): 583-612.

[2] United Nations. World Population Prospects 2017 [EB/OL]. [2019-05-03]. https://population.un.org/wpp/Publications/.

[3] Christensen K, Doblhammer G, Rau R, et al. Ageing populations: the challenges ahead[J]. Lancet, 2009, 374(9696): 1196-1208.

[4] Jagger C, Gillies C, Moscone F, et al; EHLEIS team. Inequalities in healthy life years in the 25 countries of the European Union in 2005: a cross-national meta-regression analysis[J]. Lancet, 2008, 372(9656): 2124-2131.

[5] Aboderin I A G, Beard J R. Older people's health in sub-Saharan Africa[J]. Lancet, 2015, 385(9968): e9-e11.

[6] Beard J R, Officer A, de Carvalho I A, et al. The world report on ageing and health: a policy framework for healthy ageing[J]. Lancet, 2016, 387(10033): 2145-2154.

[7] 封丹. 第六次人口普查显示：中国人口老龄化趋势加快[J]. 科技智囊, 2011(6): 34-39.

[8] 龚维斌.中外社会保障体制比较[M].北京:国家行政学院出版社,2008.
[9] 于洪.外国养老保障制度[M].上海:上海财经大学出版社,2005.
[10] 朱秋霞.德国财政制度(修订本)[M].北京:中国财政经济出版社,2005.
[11] 王伟.日本社会保障制度[M].北京:世界知识出版社,2014.
[12] 李健,兰莹.新加坡社会保障制度[M].上海:上海人民出版社,2011.
[13] 杨斌,丁建定.美国养老保险制度的嬗变、特点及启示[J].中州学刊,2015(5):81-85.
[14] 张鑫.论美国养老保障制度改革的核心理念——兼论对我国的启示[J].技术经济与管理研究,2015(10):100-103.
[15] 尹文清,罗润东.老龄化背景下日本养老模式创新与借鉴[J].浙江学刊,2016(1):174-179.
[16] 李晓华.社区照顾模式与我国养老方式选择[J].理论学刊,2005(10):102-103.
[17] 王旭育.基于社区模式的美国养老地产发展研究与启示[J].城市发展研究,2016,23(5):119-124.
[18] Caffrey R A. The rural community care gerontologic nurse entrepreneur: role development strategies[J]. J Gerontol Nurs, 2005,31(10):11-16.
[19] 姚玲珍.德国社会保障制度[M].上海:上海人民出版社,2011.
[20] Mezey M, Boltz M, Esterson J. et al. Evolving models of geriatric nursing care[J]. Geriatr Nurs, 2005,26(1):11-15.

[21] Wang H W, Yu F, Kolanowski A. Caring for aging Chinese: lessons learned from the United States[J]. J Transcult Nurs, 2008,19(2):114-120.

[22] Schoenfeelder D P, Maas M L, Specht J K. HomeSafe: supportive assistance for elderly individuals through a nurse-managed plan [J]. J Gerontol Nurs, 2005,31(4):5-11.

[23] Rabig J, Thomas W, Kane R A, et al. Radical redesign of nursing homes: applying the green house concept in Tupelo, Mississippi [J]. Gerontologist, 2006,46(4):533-539.

[24] 尹红力,张玲,姜延达.日本复合型养老设施建设策划与设计研究[J].建筑学报,2017(10):31-36.

[25] Harrington C. Nurse staffing in nursing homes in the United States: Part Ⅰ [J]. J Gerontol Nurs, 2005,31(2):18-23.

[26] 梁凯雁,孙诣钦.健康城——新加坡式养老[J].城市住宅,2016,23(1):5-15.

[27] 谢波,周婕.我国城市养老设施发展的政策与规划指引[J].规划师,2013,29(10):5-11.

[28] Mustard C A, Kaufert P, Kozyrskyj A, et al. Sex differences in the use of health care services[J]. N Engl J Med, 1998, 338(23): 1678-1683.

[29] Spillman B C, Lubitz J. The effect of longevity on spending for acute and long-term care[J]. N Engl J Med, 2000, 342(19): 1409-1415.

[30] 封进,余央央,楼平易.医疗需求与中国医疗费用增长——基于城乡老年医疗支出差异的视角[J].中国社会科学,2015(3):

85-103.

[31] National Health Insurance Service (NHIS). Health Insurance Guide[EB/OL]. (2015-01-01)[2019-04-15]. http://www.nhis.or.kr/static/html/wbd/g/a/wbdga0606.html.

[32] 丁英顺. 日本推动健康老龄化的经验及启示[J]. 河南社会科学,2014,22(8):109-114.

[33] 李新伟. 中日人口老龄化比较研究[J]. 东北亚论坛,2002(3):87-90.

[34] Hyun K R, Kang S, Lee S. Does long-term care insurance affect the length of stay in hospitals for the elderly in Korea?: a difference-in-difference method[J]. BMC Health Serv Res, 2014, 14:630.

[35] Hyun K R, Kang S, Lee S. Population aging and healthcare expenditure in Korea[J]. Health Econ, 2016, 25(10):1239-1251.

[36] 孙东雅. 完善长期护理保险制度[J]. 中国金融,2017(21):56-58.

[37] 卢求. 德国长期照护体制与机构式护理养老设施的经验与启示[J]. 建筑学报,2017(10):43-49.

[38] Steinbuch R. "Reforming" social security[J]. J Natl Med Assoc, 2013,105(1):96.

[39] 朱素宾. OECD国家延迟退休的国际经验及对中国的启示[D]. 南京:南京大学,2018.

[40] 梁晨. 精神文化视角下的日本老龄化研究——围绕日本的健康老龄化现象[D]. 南京:南京大学,2013.

[41] 刘文,焦佩.国际视野中的延迟退休演进[J].中山大学学报(社会科学版),2016,56(1):182-196.

[42] 杨琳琳.福利国家延迟退休的模式与镜鉴[J].四川理工学院学报(社会科学版),2017,32(6):39-56.

[43] Martin L G. Population aging policies in East Asia and the United States[J]. Science,1991,251(4993):527-531.

[44] 徐四季.老龄化下德国养老保障制度改革研究[J].西北人口,2016,37(5):9-16.

[45] Rowe J W,Kahn R L. Successful aging[J]. Gerontologist,1997,37(4):433-440.

[46] Ji H,Ling J,McCarthy V L. Successful aging in the United States and China:a theoretical basis to guide nursing research,practice,and policy[J]. J Transcult Nurs,2015,26(2):129-136.

[47] Flesner M K. Care of the elderly as a global nursing issue[J]. Nurs Adm Q,2004,28(1):67-72.

[48] Wan H W,Yu F,Kolanowski A. Caring for aging Chinese:lessons learned from the United States[J]. J Transcult Nurs,2008,19(2):114-120.

[49] 邵梅,姜科,银全有.老年人对社区健康服务需求的护理对策[J].中国医药导报,2006,3(34):123-124.

[50] 王岱,刘旭,蔺雪芹.发达国家应对人口老龄化的对策及对我国的启示[J].世界地理研究,2013,22(1):138-147.

CHAPTER 9

第九章

中国长期照护体系的实践与发展策略

随着人口老龄化程度的加剧和平均期望寿命的延长，失能、失智老年人口数也迅速增长，医疗照护和生活照料负担日益加重。健康老龄化理念提出要以老年人为中心，发展集医疗、照护与环境为一体的综合性养老服务体系，提供所需的健康支持。根据国外的经验，通过建立老年医疗卫生综合服务制度，建立长期照护体系，有利于促进我国健康老龄化目标的实现。

本章将详细梳理中国长期照护体系建设历程和发展现状，总结与归纳其他国家或地区体系建设的成功经验，结合国内实际状况，明确长期照护服务的责任主体及其功能定位，制定优先发展策略，为我国长期照护体系的发展提供科学借鉴，为应对人口老龄化积极助力。

第一节 中国长期照护体系的内涵

一、长期照护的概念

长期照护(long term care,LTC)的概念来源于早期进入人口老龄化社会的发达国家,受各地制度、经济和文化水平的差异的影响,以及引进时的翻译问题,这一概念存在不同的称呼,如"长期照料""长期养护""长期护理""长期医疗护理"或"长期介护"等。近年来,越来越多的学者认可"长期照护"这一名称。

1963年,美国医疗救助福利部将需要长期照护的人群界定为因身心疾病、功能障碍而需要长时间的医疗、护理或支持性健康照护的患者,以及因严重急性伤病而需长期恢复治疗的患者。1997年,美国健康保险学会认为,长期照护就是在一个比较长的时期内,持续为患有慢性病的人提供的护理。它包括医疗、社会、居家、运送或其他支持性的服务。2005年,经济合作与发展组织对长期照护的定义是向日常生活不能自理的人群长期提供的一系列服务,包括日常照料、康复以及基本医疗服务等。

由此看来,目前国际上对长期照护的概念和内涵是趋于一致的,主要包括以下几点:①长期照护服务的对象是日常生活不能自理的身心功能障碍者,即失能者。②长期照护服务的内容不仅包括吃饭、洗澡等非专业的日常生活照料,还需要专业的医疗护理技术和社会工作的介入,是医疗、护理和社会照顾的结合。正因如此,与长期照料或长期护理相比，长期照护的内容更广，将 LTC 称为长期照护能更好地反映其内涵，用语上与欧美等国家的学术口径也更为一致。③长期照护服务的照护过程具有长期性和持续性，目前多以生活不能自理且照料时间为 6 个月以上作为标准。

WHO《关于老龄化与健康的全球报告》中长期照护的定义是，由他人采取的活动，其目的是确保存在严重且持续的内在能力丧失或有相应风险者维持一定水平的功能发挥，以使其获得基本权利、根本的自由和人格尊严。根据 WHO 的说法，长期照护是确保严重失能者仍然能够健康老龄化的一种方法，包含两个重要的原则：第一，即使老年人严重失能，他们仍然"有自己的人生"，有权且可以自由地得到他们渴望的幸福、尊重和实现他们人生的意义；第二，即使在出现明显的能力丧失的阶段，内在能力也是一个持续变化的过程，有时是可以恢复的。因此，长期照护的提供者不应将依赖照护视为一个固定的、全或无的状态，也不应只注重满足失能者的基本生存需求，而应该使功能发挥成为长期照护的终极目标，帮助加强失能者的各种能力，如到处活动的能力，建立和保持人际关系的能力，学习、成长和决策的能力等。

本章采用 WHO 对长期照护的定义，被照护者既要获得医疗、护理和社会相结合的服务，又要获得合适的知识、培训和支持，以健康老龄化作为战略指导，从改善个体的健康老龄化轨迹入手，即提高内在能力或改进功能发挥，积极应对人口老龄化。

二、长期照护体系的提出背景

据前所述，进入 21 世纪以来，我国人口老龄化造成的养老问题日益凸显。老年人的失能问题也是人口老龄化过程中暴露晚、解决难度大的问题，尤其需要引起关注。中国老龄科学研究中心发布的《中国老年宜居环境发展报告(2015)》显示，2014年末我国高龄老年人口已经达到2500万人，失能老年人口突破了4000万人。我国失能老年人的规模不断扩增，加上高龄导致的逐渐丧失的日常生活能力和逐渐增加的环境中的危险因素，致使长期照护服务需求随之增加。

无论老年人的年龄和内在能力水平如何，他们都有权享受有尊严且有意义的生活。对于内在能力严重丧失者，他们往往只有在他人的照顾、支持和帮助下才能获得这种生活。因此，对于已经严重失能或者面临严重失能风险的老年人，WHO建议其公共卫生响应的重点是提供长期照护。

以往长期照护通常被认为是家庭的责任，使得家庭成员面临着较大的精神和经济负担。随着现代家庭结构的核心化、女性在社会中角色的职业化，以及老年人相关疾病呈现的慢性化与长期化特点，家庭赡养的功能日趋减弱。同时由于失能老年人的需求不同于一般意义上的养老服务需求，家庭无法完全承担，由此催生了长期照护体系。长期照护体系为失能老年人日常生活获得全方位服务支持的渠道，能满足失能老年人的长期照护需求，其重要性不言而喻。WHO在《关于老龄化与健康的全球报告》中指出，把为失能老年人提供服务的长期照护体系从以治疗疾病为主的医疗卫生体系中分离出来。构建独立的长期照护体系已成为人口老龄化严重的发达国家的共识。

三、长期照护体系的概念

关于长期照护体系目前学术界没有形成规范统一的定义，不同国家和不同组织有不同的定义，我国也尚缺乏权威的表述，但我国众多学者在积极探索定义的过程中做出了努力。

张云英等从服务内容上定义，认为长期照护体系是为有需要的老年人，尤其是为失能失智老年人提供的经济供养、医疗服务、日常生活照料、精神慰藉“四位一体”的综合服务体系。林艳主要从构成要素出发，将长期照护体系概括为服务载体、资金来源、服务标准和规范、管理与监督机构。王德文认为长期照护体系指开拓社区养老功能，促进帮助老年人居家养老的各种养老产业、社区养老支持系统、老年人健康福利体系的建立和发展，其内容包括家政服务、送饭上门、家庭保健及护理、生活必需品的派送、起居辅具配置、房屋无障碍改造以及紧急呼叫等各种为老服务。

WHO认为长期照护体系包括提供照护和支持的家庭成员、朋友、志愿者，所有有偿和无偿的照护劳动力，照护协调者，以社区为基础的照护服务者，以及支持照护者，提供保证其照护质量的服务（如提供临时看护，提供信息、教育、认证、资金支持和培训）。照护服务提供者（即照护人）包括三类人：①非正式照护服务提供者（家人、朋友或邻居）；②正式照护服务提供者（卫生、社会或其他专业人士）；③志愿者。照护服务是医疗、护理和社会相结合的服务，其内容包括提供临时看护，提供信息、教育、认证、资金支持和培训等。照护的目的或要达到的目标是使失能者“继续得到其个人喜欢的，以及较高的生活质量，获得最大可能的独立程度、自主、参与、个人满足及人格尊严”。如前所述，长期照护不是被动的照护，而是要在照护中充分调动被照护者自身的积极因素，尽可能使之得到自主感、参与感、满足感和人格尊严，以及得到较高的生活质量。

第二节 中国长期照护体系的探索与实践

我国的长期照护体系建设尚处于探索阶段，我们目前应对人口老龄化的规划是养老服务体系，长期照护体系也包括在其中。国务院办公厅发布的《社会养老服务体系建设规划(2011—2015年)》中确定，我国的社会养老服务体系主要由居家养老、社区养老和机构养老三个有机部分组成。这三个部分也是长期照护常见的三种服务形式，各省市也据此规划了养老服务体系建设的布局，如北京市预计到2020年实现"90-6-4"模式，即90%的老年人实现居家养老、6%的老年人实现社区养老、4%的老年人实现机构养老。

但养老服务毕竟不是长期照护服务，两者有很大的区别。首先，服务对象不同，前者涵盖全部老年人，后者专指失能者，而且不限于老年人；其次，服务内容不同，前者要满足老年人的多方面需求，帮助其安度晚年，后者主要考虑其照护需求。目前我国在很多方面并没有将两者完全区分，三种服务形式的定位不够清晰，发展比例也有待考量。

尽管如此，在长期照护体系的构建中，部分省市积极响应国务院等有关部门的号召，在此项制度的试点实践中深入探索，为进一步完善我国长期照护体系积累了经验、奠定了基础。

一、中国长期照护体系的发展历程及成就

我国长期照护体系根据责任主体可分为四大类，分别为政府、家庭、市场和民间社会。

(一) 我国长期照护体系的政府角色和政策探索

21世纪初，在市场化、经济中心化、社会责任边缘化的状态中，养老服务明显处于边缘位置，政府只扮演最后防线的角色。国务院发布的《关于加快发展养老服务业的若干意见》和党的十八届三中全会通过的《中共中央关于全面深化改革若干重大问题的决定》为积极保障失能

老年人做出了重要指示。为解决严峻的养老问题，中央和地方紧锣密鼓出台相关政策，采取了各种措施，如以房养老、医养结合、鼓励开展老年人健康教育等。尽管我国政府提出的“以居家为基础、以社区为依托、以机构为支撑”的社会养老服务体系做到了分层分类，但出台的大多数文件都是一些原则性和总体性的要求，没有明确指出各自的责任，更没有针对失能老年人的特殊照护做出相应的制度安排，因此并没有体现政府的角色定位。

甚至有学者认为，在居家、社区、机构照护中，政府的责任均是明显不足的。如在居家照护中，政府并未承担显著责任；在社区照护中政府也仅承担购买服务、划拨用地、减免税租等责任；在机构照护中政府也只承担税收优惠、床位补贴等基本责任。总体而言，政府在失能、半失能老年人照护中几乎是缺位的，只是在社区照护和机构照护中实施了相关优惠政策，相对承担了部分责任。尽管该文在概括政府责任时略显偏颇，但其主旨是希望政府在养老服务体系的完善中有效发挥主导作用，能落实优惠政策、加大财政投入、扩大养老服务供给，发展长期照护制度。

然而，当前政府开办的福利机构人员编制有限，资金来源单一，又缺少竞争机制，机构不愿意接受失能尤其是严重失能人口的照护的问题仍然十分突出。单纯依靠政府提供福利性的长期照护服务是不可能的，国际经验也表明，政府包办是一条死胡同。同时，随着政府职能的转变，政府不可能走计划经济时代包办一切的老路。从我国目前的人口数和经济情况来看，政府也没有能力承担庞大的失能人口的长期照护费用。

综上所述，当前的长期照护服务缺乏国家层面的政策规范，各责任主体的职责和定位不清，在政府提供的资源有限的情况下，却有部分资源没有得到充分的利用。政府应准确定位其在社会养老服务中的角色，尤其是针对失智、失能老年人的照护，不能完全抛给家庭和社会。此外还要制定完善的监督管控制度，这样才能保证资源高效利用。在高龄化、失能化加剧的新形势下，长期照护服务的需求日渐增长，供需矛盾加剧，需要由中央政府制定宏观政策方针，地方政府应与中央政策相互协调并整合地方资源，共同推动地方长期照护服务体系的发展，加大支持力度，采取各种措施调动社会资源，构建多元化、多层次的养老服务体系。

（二）我国长期照护体系的家庭角色变化趋势

居家照护最早是英国政府为使老年人留在家庭且鼓励家庭照顾有需要人士的一种政策措施。它是一种最经济的公共消费和善用社会有限资源的方法，但它并非以牺牲家庭成员特别是配偶和子女的幸福为代价。

在中国养儿防老的传统观念下，家庭被认为是长期照护的重要承担者，承担筹集资金和提供照护的主要责任，只有在家庭照护能力不足时，才需要外界提供支持。中国传统的家庭长期照护模式是以大家庭和多子女为条件的，家庭成员之间还有轮流照护的可能。但是随着社会经济的发展、女性就业的普遍化以及家庭规模的小型化，能进行家庭长期照护的人力资源正迅速减少。对于未来的“4＋2＋1”“8＋4＋2＋1”甚至空巢家庭来说，其无法承担对失能老年人的长期照护。尽管“全面二孩”政策的实施被认为可以缓解社会将来的养老压力，但是严峻的人口老龄化的大趋势仍令人担忧。

虽然中国已经初步建立了养老和基本医疗保障体系，但就目前情况来看，这两种体系都不包括长期照护的费用。养老保障体系是满足健康老年人在丧失劳动能力和收入之后的基本生活和基本医疗费用，而基本医疗保障体系主要用于重大疾病的治疗，不包括日常生活照料、陪护等费用。对于失能老年人，这部分需求是长期的，花费巨大且全部自费，会消耗整个家庭的财力资源。中国并非高收入国家，普通的家庭收入难以承担失能老年人的照护，这也是当前的长期照护服务需求无法转变成有效需求的重要原因。

如此看来，尽管家庭长期照护作为依靠子女及亲属照顾的传统养老方式给予了老年人熟悉的生活环境和随时随地的亲情安慰，具有成本低、方便高效的优势，但是家庭长期照护功能弱化和家庭财力不足，单靠家庭照护并不能很好地满足失能老年人的照护需求。

（三）我国长期照护体系的市场角色和导向

长期照护体系的市场是指长期照护服务的直接提供者，包括老年护理院、老年公寓、日间照料中心等多种机构，其核心职能是按照市场规律提供各种形式的长期照护服务。

1. 老年护理院 为失能程度较高、所需照护较多的老年人提供全方位的医疗护理、康复、生活照料等服务。该类服务机构需要完备的设施、专业的医护人员，所需要的费用较高。

2. 老年公寓 主要接受有一定程度的失能，无法在社区独立生活，但不完全依赖他人进行人身照料的老年人，为他们提供住宿、膳食、一般的生活照料和有限的护理。

3. 日间照料中心 失能老年人可定期前往日间照料中心，由康复治疗师和专业护士提供物理、作业等康复训练，进行专业护理和健康教育，尽可能恢复他们残存的功能和自理能力。

4. 居家照护服务机构 专业从事居家照护服务的机构，如社区卫生服务中心为家中居住的失能老年人提供家庭病床和访视护理等服务，在家中进行导管护理、膀胱功能训练、伤口护理等，以维持老年人的健康水平，降低其再次入院的风险；综合居家照护机构为失能老年人提供打扫卫生、送餐、协助洗澡等各种家政帮助，以及家居无障碍环境改造等服务，使他们尽可能居住在社区，降低入住机构的风险。

5．喘息服务 将老年人送至相应的合约机构进行短期的照护，从而使主要照护者能有一定的时间进行体能和精神的恢复。

6．长期护理保险 为了更好地对长期照护时发生的潜在的巨额护理费用支出提供保障，解决家庭成员工作与照顾老年人的矛盾，确保需要长期照护者得到专业稳定的照护服务，2005 年我国首次引入长期护理保险概念，2006 年护理保险正式入法。随着我国人口老龄化的进展和长期照护需求的不断增加，我国长期护理保险可能即将迎来快速发展的新阶段。虽然，我国现行社会保险体系中并不包括长期护理保险，但是已经在部分地区进行试点，青岛、南通、长春、济南等地都已经展开探索。

市场机构照护专业性强、服务质量好，但是费用高、缺乏家庭氛围和归属感。机构照护所需成本相对较高，只能适度发展，否则会导致资源浪费。基于中国庞大的老年人口数和经济水平，我国的长期照护服务应以居家照护为主，以机构照护为辅。

（四）我国长期照护体系的民间社会支持

民间社会包括非政府组织如亲属、朋友和邻里，志愿组织及慈善机构等多种形式。伴随着社会的进步，民间社会支持在公共管理领域的作用日益凸显。尤其是我国当前处于社会转型期，面临各种各样的社会问题，民间社会解决这些问题时，在传播知识、提供服务、舆论监督、筹集资金、协调沟通等方面具有独特的优势，可以弥补政府与市场的不足，是长期照护体系的重要组成部分。如天津市鹤童老年公益基金会的长期照护全国联盟、大学生社会实践项目等志愿团队，号召了越来越多的志愿者加入其中，充分发挥民间社会的力量。

二、中国长期照护体系的实践和经验分析

近年来，在政府的正确引导和积极倡导下，在社会、企业、家庭等的不断探索和实践中，我国的养老服务产业进一步发展，现已初步建立社会养老服务体系，而长期照护体系也随着养老服务产业的建设逐步发展起来。现阶段已经出现提供长期照护服务的各类不同性质和层次的机构，社区长期照护服务也不断完善，长期护理社会保险试点工作顺利进行，长期护理商业保险逐步推广。

（一）养老机构不断壮大且提质增效

根据《"十三五"国家老龄事业发展和养老体系建设规划》（以下简称《规划》），我国目前主要从支持社会力量兴办养老机构、加快公办养老机构改革和全面提升养老机构服务质量三个方面着手进行养老机构建设。为满足老年人的养老服务需求，政府已全面放开养老服务市场，出台了多项政策和措施来鼓励、支持、引导社会力量和民间资本进入养老服务产业领域，加快推进养老服务业"放管服"改革。放宽民间资本和社会力量申请兴办养老机构的准入条件，并给予支持和指导。落实好对民办养老机构的投融资、税费、土地、人才等扶持政策。鼓励采取特许经营、政府购买服务、政府和社会资本合作等方式支持社会力量举办养老机构。允许养老机构依法依规设立多个服务网点，实现规模化、连锁化、品牌化运营；鼓励整合改造企业厂房、商业设施、存量商品房等

用于养老服务。

加快推进具备向社会提供养老服务条件的公办养老机构转制为企业或开展公建民营。实行老年人入住评估制度，优先保障特困供养人员集中供养需求和其他经济困难的孤寡、失能、高龄等老年人的服务需求。完善公建民营养老机构管理办法，鼓励社会力量通过独资、合资、合作、联营、参股、租赁等方式参与公办养老机构改革。政府投资建设和购置的养老设施、新建居住(小)区按规定配建并移交给民政部门的养老设施、党政机关和国有企事业单位培训疗养机构等改建的养老设施，均可实施公建民营。

加快建立全国统一的服务质量标准和评价体系，完善安全、服务、管理、设施等标准，加强养老机构服务质量监管。建立健全养老机构分类管理和养老服务评估制度，引入第三方评估，实行评估结果报告和社会公示。加强养老服务行业自律和信用体系建设。支持发展养老机构责任保险，提高养老机构抵御风险的能力。

《2016 年社会服务发展统计公报》(以下简称《公报》)的数据显示，截至 2016 年底，全国各类养老服务机构和设施 14.0 万个，比上年增长 20.7%，其中注册登记的养老服务机构 2.9 万个，社区养老服务机构和设施 3.5 万个，社区互助型养老设施 7.6 万个；各类养老床位合计 730.2 万张，比上年增长 8.6%(每千名老年人拥有养老床位 31.6 张，比上年增长 4.3%)，其中社区留宿和日间照料床位 322.9 万张。在推进供养型、养护型、医护型养老机构的建设中，提供长期照护服务的机构也得到了进一步发展。

(二) 居家社区养老服务积极发展

根据《规划》，一方面继续大力发展居家社区养老服务，另一方面进一步加强社区养老服务设施建设。

逐步建立支持家庭养老的政策体系，支持成年子女与老年父母共同生活，履行赡养义务和承担照料责任。支持城乡社区定期上门巡访独居、空巢老年人家庭，帮助老年人解决实际困难。支持城乡社区发挥供需对接、服务引导等作用，加强居家养老服务信息汇集，引导社区日间照料中心等养老服务机构依托社区综合服务设施和社区公共服务综合信息平台，创新服务模式，提升质量效率，为老年人提供精准化、个性化、专业化服务。鼓励老年人参加社区邻里互助养老。鼓励有条件的地方推动扶持残疾、失能、高龄等老年人家庭开展适应老年人生活特点和安全需要的家庭住宅装修、家具设施、辅助设备等建设、配备、改造工作，对其中的经济困难老年人家庭给予适当补助。大力推行政府购买服务，推动专业化居家社区养老机构发展。

统筹规划发展城乡社区养老服务设施，新建城区和新建居住(小)区按要求配套建设养老服务设施，老城区和已建成居住(小)区无养老服务设施或现有设施未达到规划要求的，通过购置、置换、租赁等方式建设。加强社区养老服务设施与社区综合服务设施的整合利用。支持在社区养老服务设施配备康复护理设施设备和器材。鼓励有条件的地方通过委托管理等方式，将社区养老服务设施无偿或低偿交由专业化的居家社区养老服务项目团队运营等。

《公报》的数据显示，截至 2016 年底，全国共有各类社区服务机构和设施 38.6 万个，其中社区服务指导中心 809 个(其中农村 27 个)，社区服务中心 2.3 万个(其中农村 0.8 万个)，社区服务站 13.8 万个(其中农村 7.2 万个)，社区养老服务机构和设施 3.5 万个，比上年增长 34.6%，互助型养老服务设施 7.6 万个，比上年增长 22.6%，其他社区服务设施 11.3 万个。社区服务中心(站)覆盖率 24.4%，其中城市社区服务中心(站)覆盖率79.3%,农村社区服务中心(站)覆盖率14.3%。城镇便民、利民服务网点8.7万个。社区志愿服务组织11.6万个。社区建设全面发展,此外,在老年照护方面,2016年享受护理补贴的老年人口为40.5万人,比上年增长52.8%;享受养老服务补贴的老年人口为282.9万人,比上年增长9.7%。

(三)长期护理社会保险的试点和长期护理商业保险的推广

2016年,《中华人民共和国国民经济和社会发展第十三个五年规划纲要》提出"探索建立长期护理保险制度,开展长期护理保险试点"。同年6月,人力资源社会保障部办公厅出台《关于开展长期护理保险制度试点的指导意见》,将河北省承德市、吉林省长春市、黑龙江省齐齐哈尔市、上海市、江苏省南通市和苏州市、浙江省宁波市、安徽省安庆市、江西省上饶市、山东省青岛市、湖北省荆门市、广东省广州市、重庆市、四川省成都市、新疆生产建设兵团石河子市共15个城市纳入首批试点范围。2017年2月,国务院印发的《规划》中指出,开展长期护理保险试点的地区要统筹施策,做好长期护理保险与重度残疾人护理补贴、经济困难失能老年人护理补贴等福利性护理补贴项目的整合衔接,提高资源配置效率效益。

据此,2017年2月成都市人民政府正式发布《成都市长期照护保险制度试点方案》,提出凡是城镇职工基本医疗保险参保人员,无须额外支出费用,便可自动享受长期照护保险制度福利。此项试点工作自7月起正式落地实施,将通过划转城镇职工基本医疗保险统筹基金和个人账户、财政补助等方式筹资,单位和个人不再另行缴费。成都市作为长期护理保险制度的全国首批试点城市,将有近4万失能人员从中获得实惠。此项试点旨在不增加参保人员的负担,为失能者及其家庭照顾者提供制度性保障，减轻其家庭照料的经济和精神双重负担。

我国长期护理商业保险较长期护理社会保险出现得早，2015年国泰人寿推出第一个长期护理保险产品——“康宁”长期护理健康保险。根据中国保监会2006年颁布的《健康保险管理办法》，护理保险与疾病保险、医疗保险、失能收入损失保险被列入健康保险，宣告护理保险正式入法。目前我国保险市场上多家保险机构，如国泰人寿、人保健康、中国人寿、太平人寿、中意人寿等公司均已推出护理保险。这些国内的长期护理商业保险有些以主险形式上市，有些则是附加在长期寿险之上。其保险责任多以被保险人达到一定年龄或因健康原因失能为条件，一次性或分年度返还护理保险金，补充被保险人高额医疗和护理费用，主要为现金给付的模式，也有一些保险公司开始尝试实物给付模式。

2017年1月9日，国务院发布《“十三五”深化医药卫生体制改革规划》，提出发挥商业健康保险资金长期投资优势，引导商业保险机构以出资新建等方式兴办医疗、养老、健康体检等健康服务机构，并且积极引导商业保险机构开发长期护理保险。鉴于我国人口老龄化的进展和长期照护需求的增长，长期护理保险在政府的引导支持下，加上前期推广的经验积累，将会迎来快速发展的新时期。

（四）典型省市长期照护服务的实践和经验分析

1. 江苏省 江苏省于1986年进入人口老龄化社会，比全国早14年，是全国人口老龄化程度较高的省份。面对江苏省老年人口基数大、增速快、寿龄高、空巢和失能比例高的状况，江苏省委、省政府将加快发展养老服务业、完善养老服务体系作为保障和改善民生、推动经济结构转型升级的重要举措。

2015年12月，江苏省第十二届人民代表大会常务委员会第十九次会议通过《江苏省养老服务条例》，这是江苏省首部由省人大通过的社会养老服务地方性法规，以法治方式全面推进全省养老服务业健康发展。之后江苏省又相继出台《省政府关于完善困难残疾人生活补贴和重度残疾人护理补贴制度的意见》《省政府关于进一步完善特困人员救助供养制度的实施意见》《江苏省"十三五"养老服务业发展规划》《关于进一步加强重点空巢独居老人关爱工作的通知》，强化政府基本公共服务职能。

根据《江苏省2016年老年人口信息和老龄事业发展状况报告》，2016年江苏省新建112个街道老年人日间照料中心、2050个社区老年人助餐点；已建成城乡社区居家养老服务中心2万多家，提供助餐助浴、生活照料、康复护理、短期托养、精神关爱等服务；建成95个"虚拟养老院"，辐射全省90%以上养老服务对象，为居家老年人提供专业化、个性化及应急服务。南京市、苏州市被确定为全国首批居家和社区养老服务试点市。在实行尊老金制度的基础上，建立了养老服务、护理补贴制度，2016年全省对50万符合条件的老年人发放养老服务、护理补贴共计3.71亿元。

2016年末，全省各级财政共安排专项补助资金22.7亿元，用于城乡养老服务体系建设。全省共有各类养老床位62万张，较上年同期增长4万张，增幅达6.9%；每千名老年人拥有养老床位超过36张。全省共有各类养老机构2305家，其中公办养老机构达到245家，民办养老机构达到1011家，农村五保供养服务机构达到1049家。社会力量进入养老服务领域的积极性不断提高，全省社会力量举办或经营各类养老床位达到34.7万张，占养老床位总数的56%。增加养老床位总量的同时，注重优化床位结构，重点支持服务失能、部分失能老年人的护理机构建设，护理型床位达到15.8万张，占养老机构床位总数的35.1%；经卫生计生部门批准设立的护理院达到98家。

在长期照护体系中政府扮演着重要的角色，不仅要制定包括长期照护体系中各构成要素职能，主要的筹资和支付方式，长期照护服务的准入资格、评估程序和标准的确定等的政策法规，还应当负责监督和管理，通过充当“仲裁人”的角色对市场进行监管，保证市场的效率和公平，保证长期照护服务的质量。此外，政府应转变提供服务的方式，从以前自己兴办各种福利性的照护机构，转变成向长期照护服务市场中的机构购买服务，或者向获得长期照护服务的个人和家庭提供补贴，提供长期照护体系中的人才培养、信息系统服务等，这样才能更好地满足老年人日益增长的养老服务需求，真正起到积极的推动和促进作用。

2. 上海市 作为全国人口老龄化程度较高的区域，上海市很早开始探索长期护理保险。早在2017年1月，上海市在徐汇、普陀、金山三个区先行试点长期护理保险制度，在总结试点经验的基础上，修订了《上海市长期护理保险试点办法》(以下简称为《办法》)，并于2018年1月1日在全市开展长期护理保险试点工作。修订的《办法》中，长期照护的服务形式被明确划分为三类。

第一类是社区居家照护，由护理人员为居家的参保老年人提供上门照护服务，或在社区日间照料中心等场所集中提供照护服务；第二类是养老机构照护，由养老机构为入住的参保老年人提供照护服务，以上两类护理服务内容有40余项，如头面部清洁梳理、沐浴、协助进食/水、排泄和失禁的护理、生活自理能力训练、鼻饲、造口护理等，涵盖了基本生活照料和常用临床护理；第三类是住院医疗护理，仍按照现行的基本医疗保险制度规定结算相关费用，即职工医疗保险参保人员按职工医疗保险规定执行，居民医疗保险参保人员按居民医疗保险规定执行。

申请者需满足以下两个条件，才能享受长期护理保险：①60 周岁及以上，已按照规定办理申领基本养老金手续；②经老年照护统一需求评估，失能程度达到评估等级二至六级且在评估有效期内参保。

根据《办法》，社区居家照护服务规定的每周上门服务时间如下：评估等级为二级或三级的，服务时间每周不超过 3 小时；评估等级为四级的，服务时间每周不超过 5 小时；评估等级为五级或六级的，服务时间每周不超过 7 小时。参保人员在评估有效期内发生的社区居家照护的服务费用，由长期护理保险基金支付 90%、个人自付 10%。此外，长期接受居家照护服务的重度失能老年人还享有优惠政策，对于评估等级为五级或六级、接受居家照护服务的参保人员，连续接受居家照护服务 1 个月以上 6 个月(含)以下的，由其自主选择，在规定的每周 7 小时服务时间的基础上，每月增加 1 小时的服务时间或获得 40 元现金补助；连续接受居家照护服务 6 个月以上的，由其自主选择，在规定的每周 7 小时服务时间的基础上，每月增加 2 小时的服务时间或获得 80 元现金补助。

评估等级为二至六级的参保人员，可以享受养老机构照护服务。市医疗保险中心按照规定，与定点护理服务机构通过服务协议，约定养老机构照护服务的长期护理保险支付标准。对参保人员在评估有效期内发生的符合规定的养老机构照护的服务费用，长期护理保险基金的支付水平为 85%。

住院医疗护理的服务内容，参照职工医疗保险的诊疗项目、医疗服务设施和用药范围执行。住院医疗护理的收费标准，按照本市现行医疗机构医疗服务项目和价格汇编等的相关规定执行。参保人员在住院医疗护理期间发生的符合规定的费用，按照其本人所参加的本市职工医疗保险或居民医疗保险的相关规定执行。

尽管长期护理保险筹资问题一直被认为是阻碍其发展的重要因素，但是就目前试点的筹资来源来看，除了前期开展试点的青岛市主要通过调整基本医疗保险统筹基金进行筹资外，其他试点地区都实行多途径筹集资金。一是从医疗保险统筹基金结余中划转，包括按比例、按一定额度和按人均标准划转。比如，长春市从城镇基本医疗保险统筹基金历年可用结余中一次性划拨10%，作为护理保险启动资金。成都市从城镇职工基本医疗保险基金累计结余中一次性划转5000万元作为启动资金。苏州市从城镇职工基本医疗保险统筹基金结余中按每人每年70元划转，城乡居民基本医疗保险统筹基金结余中按每人每年35元划转。二是从医疗保险统筹基金中划转。比如安庆市按每人每年20元的标准划转。三是个人医疗保险账户划转（或个人缴纳）。比如，长春市以当月职工医疗保险缴费工资基数为标准，划转0.2%。四是财政补助。一般按人头给予一定补助，或者对于困难群体给予缴费补助。比如，南通市实行每人每年40元的财政补助。同时，未成年人（含在校学生）以及城镇最低生活保障家庭、特困职工家庭、完全或大部分丧失劳动能力的重残人员（1～2级）由政府全额补助。五是用人单位缴纳。考虑到用人单位缴纳社会保险负担较重，目前仅上海市和上饶市实行这种筹资模式。上海市按单位职工医疗保险缴费基数之和的1%的比例缴纳护理保险。六是其他形式，包括福彩公益金等。石河子市按照每年度50万元的标准，从福彩公益金中划转到护理保险基金。一些城市（如南通市）提出接受企业、单位、慈善机构等社会团体和个人的捐助。少数中西部试点地区财政紧张，且医疗保险基金面临较大压力，尚未安排财政补助，大部分靠医疗保险年度新筹资金支持。尽管如此，通过合理的统筹规划，长期护理保险还是有望进一步扩大覆盖面积，让更多人获益。

第三节 中国长期照护体系的发展策略与展望

我国在社会保障体系尚不完善的情况下快速进入了人口老龄化社会，现有的长期照护体系在政策制定、服务形式、筹资与支付方式等方面都存在问题，亟须构建新的服务体系以适应社会的发展。

一、我国长期照护体系存在的问题

（一）长期照护体系待完善，功能不健全

我国目前的居家养老模式虽然在一定程度上缓解了居家老年人的养老问题，但是对需要日常照料与医疗护理的失能老年人来说效用较低，不能对失能老年人提供针对性的服务，而且家庭赡养的功能也日趋减弱。在社区长期照护方面，服务体系建设进展缓慢，不论是硬件还是软件都存在支持系统匮乏、管理体制不健全的问题，导致其发挥的功效不显著。另外，在机构长期照护方面，公办机构床位紧缺，需要长期照护的失能老年人常被机构排除在外。因此，亟待建立健全长期照护相关政策法规，从法律制度层面为失能老年人的长期照护提供强有力的保障。

（二）长期照护服务供需矛盾突出

养老机构照护的需求日趋增加，但是照护机构为失能老年人提供的床位远远达不到实际的需求，供需矛盾较大。而民办机构长期照护服务费用高昂，普通家庭的失能老年人单靠养老金无法负担这方面的开销。相对城镇而言，农村更是长期照护不足的重灾区。城镇老年人

尚且有较为规范、完善的养老保险制度作为保障，而农村老年人仅依靠土地保障或少部分依靠养老保险获得微薄收入。农村老年人的社会保障不足，其养老问题主要依靠家庭。农村人口的快速增长促使养老服务需求不断增加，这一现状对农村长期照护提出挑战。农村长期照护人口多且不断增加，农村养老机构无法满足需求，而且农村养老机构数量有限、质量参差不齐，养老服务业尚未形成，服务能力有限；此外，由于贫困问题，农村部分劳动力输入城镇，进一步弱化了农村长期照护能力，在这一形势下农村的长期照护问题日益突出。

(三) 长期照护筹资能力有限

我国长期照护服务费用没有稳定的资金来源，资金难以得到保障。全国的长期护理保险制度仍未建立，试点地区的资金主要依靠基本医疗保险统筹基金，筹资能力十分有限。目前医疗保险不分担老年人长期照护服务产生的费用，导致部分参加医疗保险的老年人将医院当成接受长期照护服务的场所，这带来了一系列负面影响。

(四) 缺乏专属的长期照护资源和人才

无论是养老机构还是社区，其为失能、失智老年人提供的照护资源、资金、人员都十分匮乏。大部分养老机构不愿意接纳失能、失智老年人，而愿意为失能、失智老年人提供长期照护的机构也并没有在政策、补贴方面享受到优惠，无法有效激励养老机构为失能、失智老年人提供长期照护服务。我国尚未形成长期照护体系的人才培养、输送体系，现在从事日常生活照料的人员主要是各类长期护理机构中的照护人员以及居家养老服务中的服务人员，人员数量不足且构成复杂，缺乏必要的专业培训。照护资源分割明显，家庭、社区、养老机构的资源分散，各自单独发展，没有让长期照护体系的发展形成合力。

二、我国长期照护体系的发展策略

（一）健全长期照护相关政策法规

罗小华认为从制度建设的层面上来看，应当把长期照护体系与养老保障、医疗保障放在同等的高度，建立全面的政策法规来规范长期照护体系的发展，用法律制度为失能老年人长期照护提供强有力的保障。李明等认为只有将长期照护体系纳入社会政策的范围中，长期照护体系才能更好地朝着社会化、专业化、制度化的方向发展。

首先，制定中国长期照护体系的管理制度和发展规划。如规范所需资源，包括生活照护的人力资源和医疗康复的卫生资源。资源供给方主要为中央、地方，具体的资源提供者包括家庭、朋友、邻居、志愿者等。长期照护的对象是因身体失能而生活不能自理，需要长期医疗、康复和护理的老年患者，他们需要正常的经济保障、健康维护和精神慰藉，以及医疗、康复、护理和临终关怀等服务。政府应建立服务、管理和监督机构，负责统筹规划和指导长期照护服务，根据失能老年人的需求制定长期照护的分级管理制度，即不同层级的照料对象应到相应的老年长期照护机构接受服务。

其次，要建立老年长期照护评定机构。政府对提供长期照护服务的机构要进行准入资格管理，根据老年人的失能等级安排相应层级的长期照护机构，有针对性地为失能老年人制订长期照护计划。在体制设计上长期照护服务应当采用准入制度与分级管理制度，目前国际通行的做法是建立科学的评估体系，对老年人的失能程度、患病情况、家庭资源等进行评估，根据老年人失能失智情况的严重程度进行分级，根据失能级别提供相应的服务项目，这样可以更好地将公平性和资源合理利用的原则体现在长期照护服务供给的整个过程中，也可以提高照护服务的效率和质量，降低照护费用。政府担任桥梁角色，制订长期照护计划来协调长期照护服务对象、服务机构和保险机构之间的关系。而长期照护监督体系则应由被保险人、保险机构与服务机构共同完成，在照护服务提供过程中对各个环节进行监督。

（二）建立老年人长期照护保险制度

无论是从发达国家的实践经验还是从我国目前的试点经验来看，单靠政府负担长期照护费用的财政压力太大，长期照护保险对长期照护体系的发展起着至关重要的作用，是其坚实发展的经济基础。一方面，国家要为老年人长期照护体系提供专项的资金保障，通过国家、个人与用人单位的共同分担减轻长期照护费用压力，同时遵循保基本、互济原则，可以避免政府因支付高额的长期照护费用而出现财政危机，也可以减轻失能老年人家庭照护者的经济负担与心理负担，提高老年人晚年的生活质量；另一方面，鼓励商业保险机构根据市场需求灵活发展多样化的保险产品，共同满足民众的长期照护需求。

瑞典作为高福利国家，根据其法律，子女和亲属没有赡养和照料老年人的义务，赡养和照料老年人完全由国家承担。瑞典的长期照护体系为老年人提供了全面的医疗服务，但是由于这一体系以国家为主导，个人所需承担的税负较重，导致出现医疗支出过高、医疗资源分配不均等、医疗服务效率差等问题。美国的老年人健康照护制度是自由市场制的典型代表。市场化模式更强调个人自由和个人选择。作为一种商业保险，美国长期照护保险的供求基本由市场来调节，美国公民可以自愿选择是否投保，也可以自由选择如何投保。虽然美国的长期照护保险制度具有自由、灵活、多样化的优势，但是市场化的商业运作更容易产生逆向选择和道德风险，且商业模式不注重整体公平性，不同收入水平的被保险人享受到的照护保障差别巨大。一方面，可能出现照护服务费用不断攀升的现象；另一方面，越来越多的被保险人因为承受能力有限而被迫退出长期照护的行列。因此，只有将社会保险与商业保险相结合，共同发展，通过多方支持，合理构建框架体系，方能实现可持续发展。

（三）寻求多元而稳定的筹资渠道

筹资渠道不仅要多元化，而且应保证基金来源的稳定，并将贫困人群的长期照护作为公共责任。仅依靠从医疗保险统筹基金结余中划转是无法满足需求的；从医疗保险统筹基金中划转虽然能解燃眉之急，但是根本的解决办法还是要建立独立的长期照护统筹基金。除政府的财政补助和用人单位缴纳之外，早期还可按一定的标准从个人医疗保险账户中划转或采取个人缴纳的方式。此外，福彩公益金等方式也可纳入进来。

（四）专业长期照护人力资源的统筹

按世界卫生组织的说法，长期照护人力资源包括非正式照护者、正式照护者和志愿者三类。

正式照护者，即各类专业照护人员，这是长期照护服务的主体。在欧美发达国家，正规的长期照护服务一般是以注册护士为核心，由护士、护士助理（相当于护工）、营养师、康复师、社工师等组成的团队来实施的。服务团队的正式照护人员一般分为两类：一类专业性较强，如医生、护士、营养师、康复师、社工等；另一类专业性不那么强，被称为一线工作者，主要是护士助理（护工）、家政服务员等。前者是团队的核心，后者是一般服务的主体。机构照护的照护者由工作环境和条件所决定,人员的分工更专业、更细致,以提高工作效率。居家照护分工相对简单(如荷兰模式,护士也兼做生活照护,包括一些家政服务等),每位服务人员以某一专业为主,必须兼顾其他专业,因为一次登门服务往往需要一并提供非本人专业而本人又可以提供的服务,这样才能有较高的效率。

亚洲国家中日本的长期照护体系比较完善。日本的长期照护服务专业人员被分为两大类,分别为保健医疗类和社会福利类。除此之外,日本相比欧美国家增加了一类长期照护专门管理人员,叫介护支援专管员,也有专家翻译为照护经理,是长期照护服务的组织管理者。其主要职责:帮助失能者办理申请认可手续;参与失能者长期照护等级评估认定;为失能者制订长期照护服务计划;为长期照护服务对象联系、协调服务机构,或直接安排及监督长期照护服务计划的实施。照护经理的资格考试虽然是省一级考试,但只有具备国家资格管理资质的护士、康复师、社工师、医师等专业人员,并有5年以上的照护工作经验,才有资格参加考试,且资格有效期只有5年,5年后须再次考试合格后才能继续执业。许多专家认为日本介护保险制度能够顺利运转,照护经理功不可没。

我国的长期照护体系建设尚处于起步阶段,长期照护服务的人力资源严重短缺。在现行体制下,长期照护服务的两大内容——生活照料和医疗护理,分别由不同的部门管理、不同的机构提供。生活照料包含在养老服务中,由民政部门管理,财政部承担“三无”“五保”等困难群体的照料支出,其他群体由个人或家庭承担;医疗护理由卫生机构承担,其费用由医疗保险或个人承担。由于缺少统一的可持续的支付体系的支撑,服务体系必将分散割裂,发展缓慢。据民政部门的统计,2015年全国经过培训的持有上岗证的养老护理员只有十几万人。日本人口不足我国的十分之一，但仅取得照护福利士职称者就有90万人，还有社会福利士13万人，照护经理10多万人，上门照护员38万人。对比可知，我国长期照护专业人员严重短缺。实际上，我国更需要尽快建立长期照护的支付体系，有了支付体系的支撑，才能从根本上解决人力资源短缺的问题，才能逐步培育长期照护服务体系。

我国的长期照护尚未形成一个独立的、社会公认的行业，所以也不可能形成一个合理的、有序的职业发展体系。学历教育中尚无针对长期照护的专业，职业培训中唯一一个国家职业资格“养老护理员”是列在家庭服务业中的，且其资格类型由“准入类”调整为“水平评价类”。这种状况制约了长期照护职业体系的发展，加剧了长期照护人力资源的短缺，使一线长期照护人员招不进、留不住的问题日趋严重。

非正式照护者主要是指照护失能者的家庭成员（配偶、子女等）、自聘的家政服务员等。我国传统的孝道文化及养儿防老的观念决定了我国在相当长的一段时期内，以家庭成员为主的非正式照护者的比重要高于其他人口老龄化国家。因此在长期照护制度的设计上要充分支持和鼓励发挥家庭照护的作用，如给予一定的照护补贴等。

利用政府资源，动员社会力量加强对非正式照护者的照护培训，提高其照护效率和质量。利用政策引导和制度保障，鼓励志愿者积极参与长期照护服务，是各个国家和地区弥补长期照护人力资源不足的普遍做法。如日本的失智者之友、我国台湾的义工制度、美国的时间银行等。我国的计划生育政策在控制人口增长的同时，也加剧了我国的人口老龄化和少子化程度，“4＋2＋1”的家庭结构将使长期照护人力资源不足的问题更为严峻。我国一些人口老龄化严重的城市已经开始相关制度的探索。但是，如果不把其纳入整个长期照护体系的统筹规划，将很难发挥其应有的效益。这也是我国长期照护保障制度试点应该考虑的问题之一。

居家照护服务是长期照护服务中重要的组成部分，并且服务水平受照护人才的专业程度影响极大。就目前而言，一方面，应出台优惠政策吸引专业的照护人员与管理人员进入长期照护体系，确立日常照料人员的准入资格，通过提高照护队伍人才素质促进照护服务质量的提升；另一方面，应当对照护人员进行多元化培训与定期考核，提高照护人员的工资待遇，留住人才。同时，积极鼓励志愿者参与长期照护服务，加强培训专业与非专业人力资源，形成专业的从业队伍。

（五）规范长期照护服务内容

根据上海市颁布的《办法》，护理服务项目被分为基本生活照料和常用临床护理两类，其中，基本生活照料 6 大项、27 小项，常用临床护理 14 大项、15 小项，这应该是目前国内对长期照护服务内容表述最具体、全面的一个地方规定。成都市的服务项目分为生活照料、护理照护、风险防范、功能维护 4 大类，共 31 项。广州市拟出台的办法（正在征求意见）中，基本生活照料项目有 7 大类，共 31 项，医疗护理服务项目有 19 项，比上海的还要多。

各地试点虽然对服务内容做了较细致的说明，但仍免不了遗漏，如：与生活环境相关的项目尚未纳入，如家政服务、环境改造、器具租赁等；康复训练、康复护理等服务内容的比重太低且太笼统，只有生活自理能力训练；与国外的长期护理保险内容相比，医疗护理的项目占比过大，精神慰藉以及对失智人员的照护服务偏少。失能老年人对生活照料的需求远远大于对医疗护理的需求，对老年人主要的服务目标不是通过医疗护理治愈急性病，而是控制慢性病的发展和延缓各种生理机能的衰退，使老年人能自立自尊地生活。因此，长期照护的重点不是医疗护理而是生活照料。长期照护服务的内容应包含生活照料、护理康复、精神慰藉(心理疏导)三个方面。当然,我国的这项制度才刚刚起步,需要一个循序渐进的过程。在服务内容的规范上,国家可拟定基本的服务项目,各地根据自身实际增加相关的条目。

(六)制定合理规范的服务形式与支付方式

长期照护的服务形式与支付方式密切相关,从某种意义上讲,支付方式是由服务形式决定的。如青岛市医疗护理保险中,照护机构按医疗专护、护理院医疗护理、居家医疗护理、社区巡护四种形式提供服务,社保机构也按这四种方式支付费用。国际上长期照护一般按照服务场所分为机构服务和居家服务两种形式。如德国分住宅(即居家)服务和住院(即机构)服务两种;日本分为居家服务和设施服务两种,其中设施服务又根据不同功能等因素分为福利设施、保健设施、疗养设施3类。我国台湾地区的长期照护服务形式除居家服务和机构服务外,又增加了与这两种形式相连接的社区服务和家庭照顾者支持服务。

当然,支付方式毕竟不同于服务形式,有实物(或劳务)及现金支付之分。不少长期护理商业保险是不提供实物支付的,只付现金,也有部分长期护理社会保险有现金支付形式。如德国为减少社会照护成本、节省基金支出,对由亲属照护的失能者给予现金补贴,支付标准只有同等级失能者申请机构照护服务的一半。韩国对于居住在偏远地区、难以享受照护机构提供服务的失能者也给予现金支付。

结合我国实际情况,有学者提出了探索养老、护老、终老一体化的联动照护服务模式。该模式是以居家养老为基础、以家庭医生服务和养老院为依托、以临终关怀服务为补充,由政府主导并辅以社会组织的参与,联合社区居委会、社区卫生服务站、志愿者以及家属等各方力量,为社区失能老年人提供集养老、护老、终老为一体的长期医疗康复、日常护理、心理疏导等综合、持续的照护服务。多元化的支付方式也可以通过试点实践进一步规范。

（七）长期照护服务机构的管理

长期照护服务机构是指提供长期照护服务的机构。长期照护服务机构按其性质、功能、场所、服务对象等，可以划分为若干类，荷兰养老产业分为 8 种模式，实际就是 8 类机构，日本的分类则更多更细。我国长期照护服务机构根据服务的场所和内容，可以分为以下四类。

1. 居家照护服务机构　专业从事居家照护服务的机构，类似荷兰的护理中心、德国的护理站、日本的居家介护事务所等。居家照护服务的对象都是社区周边的、在家里居住的失能老年人。居家照护服务机构的筹备条件简单，地理优势显著，但运营成本较高，可鼓励民营机构开展连锁经营。

2. 社区照护服务机构　在社区设立的具有托老和日间照料等功能的小型照护机构，也包括床位数不超过 30 张，同时提供日间照料、长短期托养、居家服务等功能的小微型照护机构。我国的社区养老就是指由这些机构提供的养老服务，特别是日间照料服务。这类机构此前在我国统称日间照料中心，一般没有住宿的功能。由于服务定位不准确、缺乏可持续运营机制等，大多数已建立的机构未能真正对失能老年人实行日间照料。为解决这一问题，上海市已在推行建立长者照护之家，北京市在推行社区养老服务驿站，实际上都类似日本的综合性微型照护服务机构，而不再强制推行单一日托功能的日间照料中心。有专家推介了美国的一种医养结合的社区护理项目，简称"PACE"，实际就是一种由医生、护士、康复师、营养师、护理员、社工等组成的多专业综合团队，以日间照料中心为依托，为社区的会员老年人提供医疗、保健、护理、照料等"全人全责"的"打包式"服务。这是一种值得我们借鉴的社区照护服务形式，或者也可以称为一种社区照护服务机构。如果有支付制度的支撑，我国的社区卫生服务机构能够同时承担长期照护的职能，或者整合现行的社区居家服务机构，为失能者提供"全人全责"的服务，也是一个不错的选择。

3. 长托(住宿)照护服务机构 国外一般叫老人院、护理院，国内一般叫养老院、敬老院、护养院、老年公寓等，即能够提供常年住宿照护的专业照护机构。国际上的机构服务、我国的机构养老通常就是指入住这些机构接受照护服务。另外，我国由卫生行政部门登记及管理的护理院，以及安宁疗护(即临终关怀)机构，主要接收需长期照护的失能老年人和终末期的老年人，也属于这类照护机构。《中国老龄事业发展"十二五"规划》中将机构养老作为养老服务体系的支撑，规定"十二五"期间每千名老年人拥有养老床位数达到30张。尽管"十二五"期间我国养老床位数已达到672.7万张，完成了规定目标，但是这一指标严重脱离了实际；各级投入巨资完成了床位指标，却出现48%的空置率，造成了巨大的浪费。为此，《规划》已将机构服务为支撑的提法恢复为机构服务为补充，并不再设置增加床位的指标。因此，符合实际需求的合理化发展是十分必要的。

4. 综合性照护服务机构 小微型的提供综合照护服务的机构一般可以划入社区照护机构的范畴，这里特指具有一定规模(比如床位数达30张以上)的提供住宿、日托、居家等综合性照护服务的机构。随着人口老龄化程度的加剧和实体经济的下滑，国内的一些资本大鳄开始涉足养老、照护和健康管理，并逐步由自建养老地产、养老社区转为大量收购养老、照护或医疗、康复机构，目前已形成一些具有一定规模的养老、照护或健康管理集团,但运营业绩尚不明显。

三、我国长期照护体系的展望

(一)“互联网+”养老工程的建设

国务院印发的《规划》中强调,实施“互联网+”养老工程。支持社区、养老服务机构、社会组织和企业利用物联网、移动互联网和云计算、大数据等信息技术,开发应用智能终端和居家社区养老服务智慧平台、信息系统、APP应用、微信公众号等,重点拓展远程提醒和控制、自动报警和处置、动态监测和记录等功能,规范数据接口,建设虚拟养老院。

“互联网+”养老工程包括依托互联网建立养老服务信息化平台,以社区日间照料中心、托老所、卫生服务中心、居家服务中心等机构为据点,积极接入呼叫中心服务模式,将机构养老服务、社区养老服务向居家养老服务延伸,整合居家养老、社区养老和机构养老的优势资源,建立居家社区养老服务网络。2017年10月,四川省出台《四川省“十三五”老龄事业发展和养老体系建设规划》,提出要推进信息化建设,发展“互联网+”养老工程。

传统的以呼叫中心为核心的数字化服务模式是由养老机构结合自身能力建立起一支服务队伍,被动地根据失能老年人呼入需求调度服务人员提供相应的服务,对于满足失能老年人的主体性需求差距甚远。今后可以构建信息化、智慧型的长期照护供给体系,通过引入物联网概念,实现对失能老年人全方位的管理,例如基于互联网的大数据分析,主动了解失能老年人想要什么,需要什么,关心什么;明确服务对象的核心需求是什么,他们偏好什么。对实时采集汇总的数据进行数据挖掘和决策分析,并最终通过完整的信息化方案实现简单而智慧的服务。

实际上，就是围绕失能老年群体的服务目标和个性化的服务需求，基于互联网的开放、灵活、共享式架构，随时随地针对性地了解、掌握失能老年人的情况，第一时间为失能老年人提供健康护理、医疗救助或生活照料等服务，打造简单、及时、高效、优质的核心服务理念。失能老年人可以对服务质量做出评价和反馈，帮助长期照护供给体系逐渐充实和完善。

（二）保障农村失能老年人的养老服务

《规划》建议，通过邻里互助、亲友相助、志愿服务等模式和举办农村幸福院、养老大院等方式，大力发展农村互助养老服务。发挥农村基层党组织、村委会、老年协会等作用，积极培育为老服务社会组织，依托农村社区综合服务中心（站）、综合性文化服务中心、村卫生室、农家书屋、全民健身等设施，为留守、孤寡、独居、贫困、残疾等老年人提供丰富多彩的关爱服务。

2017 年 12 月，烟台市委宣传部、市扶贫开发领导小组办公室、市老龄办等 6 部门联合印发《关于设立扶贫孝德基金加强农村贫困老人养老保障工作的指导意见》，决定设立面向全市农村贫困老年人的扶贫孝德基金，旨在贯彻落实党的十九大精神和中央、省、市脱贫攻坚决策部署，大力弘扬中华民族孝老敬老传统美德，激励子女尽孝养老，有效解决农村贫困老年人养老保障问题。《黑龙江省人民政府关于制定和实施老年人照顾服务项目的实施意见》中规定，60 周岁及以上老年人可随子女在省内迁移户口，以缓解农村失能老年人的养老压力。各级政府都意识到在农村地区实行长期照护的困难性，在长期照护体系尚处于起步阶段的时期，兼顾提高农村失能老年人的养老服务尤为艰难。

（三）积极发展老年医疗与康复护理服务

根据《规划》，到 2020 年，35％以上的二级以上综合医院设立老年病科。落实老年人医疗服务优待政策，为老年人特别是高龄、重病、残疾、失能老年人就医提供便利服务。鼓励各级医疗卫生机构和医务工作志愿者为老年人开展义诊。加强康复医师、康复治疗师、康复辅助器具配置人才培养，广泛开展偏瘫肢体综合训练、认知知觉功能康复训练等老年康复护理服务。

世界卫生组织一贯强调，失能者的内在能力有一个动态发展的过程，即使在出现明显的能力丧失的阶段，内在能力有时也是可以恢复的。因此，不能完全否定失能者的自身能力，不应只注重满足失能者的基本生存需求，而应该使功能发挥成为长期照护的终极目标。长期照护人员应给予失能者相应的知识、培训和支持，政府、社会、市场层面上，一方面积极鼓励失能者提高内在能力，肯定其功能发挥；另一方面，也需要为失能者的康复服务提供相应的条件支持。这不仅有助于缓解长期照护压力，而且也维护了失能者的尊严。

2018 年 11 月，深圳市民政局和深圳市发展和改革委员会联合印发的《关于全面放开养老服务市场提升养老服务质量的若干措施》中提出，到 2020 年，全市新增机构养老床位 3000 张以上，机构养老床位、社区托养床位按 8.5∶1.5 设置，重点发展面向失能（失智）老年人的照料护理服务，提高老年人医疗、康复护理、临终关怀等机构的比例。到 2035 年，全市养老床位总数达到 11.3 万张以上，护理型床位占机构养老床位总数的 75%，即约 7.2 万张。为提高照护质量，深圳市民政局与日本微风介护管理系统株式会社签署战略合作。深圳市将学习日本微风介护标准化的养老服务管理模式，完善深圳市养老服务质量标准和评价体系。针对深圳市养老需求，日本微风介护管理系统株式会社表示将把老年人的“尊严维持”和“自理援助”确定为基本理念，并从完善的医疗护理、可口的餐饮、舒适的住处、游戏及学习 5 个方面入手建立适合深圳的养老院。

总体而言，应对失能失智老年人口数大幅增长是战略性问题，涉及全体公民的方方面面，而发展我国长期照护体系是应对人口老龄化的重要举措与导向。

当前，我国老年人长期照护制度和服务体系尚处于探索起步阶段。我国一贯强调家庭养老责任。要从根本上解决养老困境，关键是明确养老的责任归属，发挥政府在制度完善、法律法规健全、监督管理、财政支持等方面的主导作用，并且引导和发挥社会力量，为老年人长期照护体系的发展提供所需要的人力、物力和财力。在失能老年人长期照护方面尤其要突出政府的责任，使高龄失能老年人也能过上有质量的生活。这必然是一个循序渐进的过程，要经历先行试点、逐步推广和全面覆盖的过程。

主要参考文献：

[1] 李明，李士雪. 福利多元主义视角下老年长期照护服务体系的构建[J]. 东岳论丛，2013，34(10)：117-120.

[2] 石晓萌. 老年人居家照护服务的供需现状及对策研究——以大连市为研究样本[D]. 大连：大连理工大学，2017.

[3] 杨光辉. 中国城市失能老人社区居家照护服务工作优化研究[D]. 重庆：重庆大学，2014.

[4] 夏伟伟. 我国失能老人长期照护体系的构建——基于福利多元主义视角的研究[D]. 杭州：浙江工商大学，2013.

[5] 张云英，王薇. 发达国家和地区空巢老年人长期照护的经验与启示[J]. 社会保障研究，2012(6)：16-22.

[6] 林艳. 为什么要在中国构建长期照护服务体系？[J]. 人口与发

展,2009,15(4):52-64.
[7] 王德文.我国老年人口健康照护的困境与出路[J].厦门大学学报(哲学社会科学版),2012(4):90-98.
[8] 涂爱仙.供需失衡视角下失能老人长期照护的政府责任研究[J].江西财经大学学报,2016(2):70-76.
[9] 裴晓梅.长期照护社会保险的世界趋势与中国推展[J].上海城市管理,2010,19(1):26-31.
[10] 方鹏骞.中国医疗卫生事业发展报告2016——中国医疗保险制度改革与发展专题[M].北京:人民出版社,2017.
[11] 冯鹏程.长护险试点:钱从哪来?[EB/OL].(2017-08-23)[2019-04-04].http://shh.sinoins.com/2017-08/23/content_240405.htm.
[12] 罗小华.我国城市失能老人长期照护问题研究[D].成都:西南财经大学,2014.
[13] 李明,李士雪.中国失能老年人口长期照护服务体系的发展策略[J].山东社会科学,2014(5):95-99.
[14] 郭竞成.居家养老模式的国际比较与借鉴[J].社会保障研究,2010(1):29-39.
[15] 徐雯怡.论我国长期护理保险体制的构建[D].上海:华东政法大学,2010.
[16] 丁玉琴,张建华,王斌,等.高龄失能群体社区照护现状及服务体系探析[J].中国实用护理杂志,2013,29(24):60-62.

CHAPTER 10

第十章

中国医养结合养老服务发展现状

第一节 医养结合的内涵

医养结合是对传统养老服务概念的延伸和创新，区别于传统的单纯为老年群体提供日常照料的养老服务，它将医疗与养老两种资源整合，最大化地利用社会资源来为全体老年人提供全方位的综合性的新型养老服务。医养结合包括传统的“养”的范畴，如对老年人的日常生活照料、老年人的精神服务、老年人的文化服务等，同时对老年人在“养”的基础上增加了“医”，主要包括健康管理、疾病诊治和康复护理等服务，将专业的医疗护理资源供给养老领域，实现养老系统与医疗系统的相互融合和互相协作，满足老年人多元的养、护、医的需求。医养结合是在人口老龄化程度加剧的当下，对养老服务重新思考并进行适时调整的需要。医养结合社会养老服务模式是将医养结合的服务理念具体应用到实践中，通过养老与医疗两种服务资源的有机整合、相关功能的无缝衔接，满足老年群体的多元需求，在基本的日常生活照料基础上，为老年人提供健康管理、医疗诊治和康复护理等一系列的持续专业的养老服务。区别于传统养老模式，它主要有以下几个方面的特点。

首先，在参与主体上，医养结合的主体更加多元。医养结合涉及“医”与“养”各方面的内容，将专业的医疗资源引进养老系统，进而提供日常生活照料、健康管理、疾病诊治、康复护理等一系列专业、持续、系统的服务，这不是单一的责任主体所能承担的，所以提供医养结合服务的载体包括社区养老服务中心、养老机构、福利院，也包括基层医疗机构以及公立医院。其次，在服务对象上，其范围更加广泛，由身体健康、生活能够自理或者基本能够自理的老年群体，扩大至整个老年群体，特别是包括长期患病、失能或半失能等需要持续医疗护理服务的老年群体。最后，在服务内容上，其内容更加全面。在社会养老服务提供的一般性养老服务和简单的医疗保健的基础上，医养结合将服务范围进行扩展，更注重老年群体的疾病预防保健、康复护理和临终关怀等。

第二节 医养结合的优势

医养结合养老模式在我国应对养老困境的形势下有着明显的优势，具体主要包括优化养老资源配置、国家层面政策支持、缓解医疗资源紧张问题等方面。

1．优化资源配置，提升医院和养老机构资源利用率 根据原国家卫生和计划生育委员会统计信息中心发布的统计数据，2016 年 1—11 月，我国二级医院的床位使用率为 85.7%，同比降低 0.3 个百分点；三级医院床位使用率为 99.1%，同比降低 0.4 个百分点。不难看出，我国二级医院床位使用率比较低。目前，二级医院拥有的基础医疗设施和医护人员技术水平足以应对老年人常见病、慢性病，且通过与老年医院、养老机构等开展转诊与合作，在医疗机构内部开设老年病科、增设病床，让需要医疗服务的老年人可以在医院实现养老，不仅有助于提升医院在公众心中的信任度，而且有助于提高医院的床位使用率，实现“以医促养，以养补医”的良性发展模式，使养老资源得到进一步优化。

2．国家高度注重顶层设计，为全面发展指明了方向 2013 年以来，为更好地解决人口老龄化问题，国家层面高度重视，密集下发医养结合相关的文件。这些文件责任明确、目标清晰、针对性强，为发展具有我国特色的医养结合养老模式规划了蓝图，为全国各地扎实推进医养结合工作提出了具体要求。国务院印发的《关于加快发展养老服务业的若干意见》指出，各地要推动医养融合发展。《全国医疗卫生服务体系规划纲要(2015—2020年)》指出，要进一步统筹医养资源，形成规模适宜、功能互补、安全便捷的健康养老服务体系。《中医药健康服务发展规划(2015—2020年)》指出，要推动中医医院与老年护理院、康复疗养机构等开展合作。十部委联合发布的《关于鼓励民间资本参与养老服务业发展的实施意见》指出，扶持和发展护理型养老机构建设。

3. 缓解医疗资源紧张问题，减轻国家医疗保险负担 随着人口老龄化进程的日益加速，在医养分离的情况下，部分老年人长时间"压床""霸床""赖床"，即使病情得到缓解也依然选择在医院进行康复管理。但深挖根源，他们依赖的是优质持续的医疗照护资源。上述现象不仅在一定程度上造成了医疗资源利用率的下降，增加了医疗卫生服务体系的压力，也给国家医疗保险基金带来了沉重的负担。而医养结合养老模式可以通过在养老机构设置医院或医务室、在医疗机构设置老年病科、开展家庭医生签约服务等多种形式，切实统筹医养资源，让老年群体可以享受到多样化、性价比高、持续的医养服务。在这种情况下，许多老年人会主动选择离开医院，从而在一定程度上缓解"压床""霸床""赖床"的问题，从整体上缓解医疗资源紧张问题，有效减少老年群体的医疗支出，进而有效减轻国家医疗保险基金的负担。

4. 有效降低养老的经济成本 在传统养老模式中，老年人生病时大多只能选择去专业医疗机构挂号看病。虽然医疗保险可以报销部分医疗费用，但许多条目还是无法报销，其他的医疗费用只能由老年人或者其家庭自行支付，对于经济条件较差的老年人来说负担较重。同时，对于在医院照顾老年人的问题，有条件的家庭会花钱请护工照顾，经济条件差的只能由儿女来照顾，无论哪种情况，都会在一定程度上增加家庭的负担。医养结合养老模式将医疗和养老进行有效的整合,养老场所或机构通过引入医疗资源,增加相对专业的日常保健、医疗、护理等服务,可以让老年人在熟悉的地方得到持续优质的照料服务,有效减少老年人自行寻医花费的高额费用,让他们享受到"病有所医、病有所护、费有所报"的权益,进一步减轻老年人及其家庭的经济负担。

总而言之,医养结合通过医疗机构与养老机构的深入合作,采取养老机构内设医务室或医院、建立家庭病床、完善社区健康养老服务网络、鼓励医疗机构增设老年病科和病床等方式,为老年人提供日常照料、精神慰藉、健康管理、疾病诊治及预防等集养老与医护为一体的服务。医养结合可以有效地改变医院与养老机构之间资源割裂的现状,使养老机构服务水平提升、床位利用率提高、营业收入增加;医疗机构公益形象和影响力进一步提升,医疗资源使用率进一步提高;老年人能够享受医养服务,从而有效减轻他们及其家庭成员的精神负担,降低他们的经济压力,实现三赢的局面。

第三节 我国医养结合社会养老服务模式的现行实践类型

当前我国各地区开展的医养结合实践可归纳为三种基本类型:功能内嵌型、合作联动型和网络辐射型。

一、功能内嵌型

功能内嵌型即一个机构通过协调资源在原有功能基础上增加新的功能,使内部的功能优化,提供医养结合养老服务。在具体实践中有在养老机构增设医疗服务和在医疗机构增设养老服务两种方式。

（一）养老机构增设医疗服务

在养老机构内部优化资源，配置增设专门的医疗卫生点，提供医养结合服务。在“医”的角度，内嵌医疗卫生点具备针对老年群体的门诊科室，医疗康复设备资源齐全，拥有专业的医疗护理团队，针对存在健康问题的老年人提供病时诊治、病后康复护理等服务，针对健康的老年人提供疾病预防、养生指导等服务。在“养”的角度，除了提供老年人日常的生活照料外，内嵌的专业护理团队会给入住的老年人设立个人健康档案，针对其身体状况提供饮食搭配等。如今，老年人对医疗护理与日常照料兼顾的服务需求旺盛，公办或民办的养老机构内嵌医疗机构会满足此需求，这样的机构能够给入住的老年人提供疾病预防、治疗以及个性化康复的服务，制订有针对性的个性化服务方案，在今后发展中会占有优势。但是民办的提供医养结合服务的养老机构收费水平高，面向的是经济条件较好的老年人，人群覆盖面窄，该类机构的资源不能得到有效利用，而公办的这类养老机构则会出现“一床难求”的现象，床位预约甚至排到了一年后。由于养老服务市场竞争压力大，中低端的养老机构增设医疗服务由于资金、资源等不充分而导致运营负担过重，在市场竞争压力下可能会出现破产倒闭的风险，这些问题都需要考虑。

（二）医疗机构增设养老服务

在医院的内部或者周边近距离地区设立养老机构。根据入院的老年人的身体健康状况来选择“医”还是“养”，身体状况好转后转入养老机构，接受康复护理服务，若病情出现反复，再无缝衔接转诊，实现医疗资源的有效整合和最大化利用。将病后或者处于康复期的老年人转至养老机构来接受专业的护理照料服务，这不但能够缓解医院的“赖床”

现象，保障合理使用有限的医疗资源，而且还可以满足老年人的长期专业的医养结合服务需求。此外，医疗机构内设养老机构，接收不同身体状况的老年人，提供日常照料与康复护理，可以减少在诊老年人的来回奔波，减轻家庭成员的养老压力。但是结合目前我国国情来看，公立三级医院日常看病人数众多，有限的医疗资源应对不了庞大的老年医疗需求。而基层小型医院由于医疗设备的不足以及医疗护理人员的欠缺，开设养老机构未免显得捉襟见肘。因此，如何协调有限的医疗资源，培养专业的医护人员是该实践方式需要解决的重要问题。

二、合作联动型

合作联动型是指由原有分开独立的养老机构和医疗机构签订协议合作，养老机构依然提供关于"养"的专业化服务，医疗机构依然提供关于"医"的专业化服务，各司其职，有序共享资源，两者之间建立绿色通道，既满足老年人的医养结合服务的需求，又达成互利共赢的局面。在具体的实践中，养老机构不再需要建立医疗机构，节约了资金成本，提升了服务质量；医疗机构不再需要分配有限的医疗资源，减轻了"赖床"压力，提高了工作效率。养老机构与医疗机构互相借助对方的资源增强自身的功能，整合现有的医疗资源与养老资源，形成优势资源互补，这样既降低了相应的建设成本，又能满足老年人对于日常照料与医疗护理的双重需求。此外，两机构之间的协议内容也可以根据各自的资源实力灵活多变，例如，医疗机构可以定期为养老机构内的老年人进行健康体检，建立健康档案，有针对性地设计疾病预防与治疗方案，也可以通过医生定期来诊的方式，为养老院的老年人提供相应的医疗服务。对于基层机构或者中小型医院来说，其自身的医疗设施并不完善，相应的医护人员数量不足，难以抽出自身资源服务于养老机构；而对于公立大型医院而言，医务工作者的工作压力大，工作任务重，对合作的养老院提供高质量服务心有余而力不足，且动力不足，这些问题都有待解决。

三、网络辐射型

网络辐射型主要是指以社区养老服务为辐射原点，与周边医疗机构签订协议，针对社区范围内的老年人提供需要的医养结合服务。受传统观念的影响，我国老年人对于养老方式依然自觉选择居家养老，这种类型正好顺应该主流，符合中国国情。这种类型需要包括家庭、社区等在内的多方主体的参与，社区养老服务中心与周围医疗机构合作，为社区内的老年人提供相应的卫生医疗服务，包括建立个人健康档案、免费体检、家庭上门护理等，按照“社区治小病，大病去医院”的思路，分级别医疗诊治，为社区老年人提供高效、连续、方便的日常照料与医疗护理服务。协调整合一定区域内的医疗资源与居家养护资源，有序共享，使家庭、社区、养老机构与医疗机构紧密协调合作。这种类型可以满足老年人在熟悉的居家养护环境中享受到医养结合养老服务的需求，符合主流的老年人养老方式。但由于涉及家庭、社区、养老机构与医疗机构等多元主体，此型在联系合作中会出现协调难度大且提供服务交叉重叠，造成资源浪费的问题。这类实践最终落实在最基层的养老服务中心，需要对本社区内的老年群体当前的身体状况与养老需求进行调查，工作任务重。此外，承接此类工作的一般是基层的医疗机构，其能够提供的医疗设备有限，且规模较小，专业护理人员不足，因而很难满足老年人多元化的养老需求。

第四节 我国现行医养结合实践类型存在的问题

一、主管部门交叉重叠，责任无法明确

从实践情况来看，当前推行医养结合面临的最大困难是所涉及的业务主管部门交叉重叠，责任无法明确。在我国现行的行政管理体制下，医养结合的推进涉及诸多部门和环节，各部门间存在职责交叉，不同部门在政策细化落实方面缺少统一规划。从医养结合的业务范围来看，养老保障业务涉及的主管部门是民政部及人力资源和社会保障部（人社部），而医疗保障业务涉及的主管部门除了民政部、人社部外，还有各级卫生健康委员会（卫健委）；从机构管理来看，各级养老机构由民政部管辖，而医疗机构又由卫健委管辖，涉及的医疗保险费用报销事宜又由人社部主管。交叉重叠的部门管理直接导致医养结合处于“多龙治水”的局面，部门之间职责界定模糊，极易出现利益纷争、责任推诿，阻碍医养结合养老服务模式的健康发展。

二、养老服务支持保障不完善，医护专业人员培养滞后

由于医养结合养老服务模式处于刚刚起步的阶段，其稳定快速发展需要支持政策的保驾护航。但是目前对于养老服务的支持政策依然很有限，很多医养结合机构并没有纳入医保的定点单位，医保政策的报销范围只局限于医疗机构产生的费用，这相当于在变相促使老年人入住医疗机构，即使医养结合服务包括老年康复训练、临终关怀、疾病护

理等人性化服务，但是相关费用不能报销，这在很大程度上制约了其发展。机构的服务质量是该机构能够健康可持续发展的核心因素，医护人员的素质决定了养老服务的质量。目前我国医养结合医疗服务队伍不论是人员数量还是人员素质都无法满足现在的发展需求。不管是增设医疗服务的养老机构，还是增设养老服务的医疗机构，都存在专业护理人员短缺的问题。这主要是因为还没有建立与护理人员匹配的薪酬激励、职称评定等支持政策，导致养老医护人员流动性大，缺口很难填补。

三、医养结合机构的长效筹资机制尚未建立

对于养老服务业来说，长期持续的资金支持是医养结合大力发展的重要基础，这不仅能确保医养结合养老服务机构正常运营，而且对激发养老服务市场的发展提供了强大动力。养老机构与医疗机构在独立发展期间，各自已经形成一套相对稳定的资金筹集模式，但是将两者相结合形成的医养结合养老服务模式出现资金衔接空隙，民办医养结合养老机构的资金筹集问题首当其冲。首先，国家对民办医养结合养老机构的建设运营补贴较少，而医养结合养老服务业本就自带需投入资金多、收入利润低等特点。其次，民办医养结合养老机构的老年人入住率偏低，直接导致机构的主营收入较低，难以继续优化自身资源。最后，民办医养结合养老机构受非营利机构性质等因素的制约，产业回报周期较长，普遍处于微利运营状态，难以获取长期的社会资金援助，运营效率低下。

四、医养结合机构的定位模糊

作为一种养老模式的创新探索，准确定位是医养结合健康、快速发

展的重要保障。医养结合机构的自我准确定位，不仅有利于充分利用自身的资源，提升养老服务的供给水平，而且有益于进一步整合养老与医疗资源，促进医养结合稳定发展。目前，我国医养结合机构在定位上表现出的突出问题为具备公立、民营大型、专业化较高等特点的养老或医疗机构基于自身已有基础，能够顺利增设“医＋养”业务，并且市场前景良好，而民营、小型、基层的养老或医疗机构往往受自身基础条件限制，很难再拓展“医＋养”业务。但如果任由这一趋势发展，必然会加大不同级别医疗、养老机构之间的分化，使有限的“医＋养”资源过于集中，不利于实现医疗、养老公共服务均等化。同时，不少开展医养结合服务的机构定位没有很好地契合本地区的人口结构、实际养老需求，往往定位高端市场、瞄准高端人群，难以满足普通收入家庭的养老服务需求，影响入住率。

五、养老服务对象界定不清，有效供给量不足

准确定位目标服务群体，有效提高养老服务的供给量，可以促进社会进一步整合养老与医疗资源，推进医养结合服务的稳定持续供给，完善养老服务市场体系。医养结合政策具体实施以来，由于缺乏完善的细化规则和操作机制，医疗机构、养老机构对接受医养结合服务的目标服务群体的需求认识不足，不能很好地适应当地的人口消费水平、经济发展状况。一方面，医养结合机构因其提供的是“医＋养”综合性服务，收取费用会高于传统的养老机构，且目前很多医养结合机构还没能纳入医保定点报销单位，老年群体需要自费入住，大部分老年人消费不起而无法满足其有效需求；另一方面，目前部分养老机构对于服务对象有明确的划分，主要接受生活能够自理的老年人，对于失能、半失能的老年人却避而远之。这样有违医养结合惠及有需求老年群体的初衷，并

且缺乏标准的细化规则，脱离市场，提供的服务内容层次跟不上需求步伐。

六、养老服务购买能力有限，有效需求不足

当前的医养结合服务较普通养老机构提供的养老服务收费标准高，老年群体受限于支付不起而享受不到充足的医疗护理服务，更希望选择收费偏低的普通的养老机构，从而导致医养结合机构提供的服务有效需求减少。出现这种情况有以下两种原因：一是我国在医疗保障上依然存在缺陷，整体规划不足，内设医疗服务的养老机构还有待纳入医保定点，医保报销比例仍需调整（个人自付比例仍较高），这就造成老年人对服务的需求旺盛但是真实购买力不足的矛盾局面。二是目前国内大多数老年人的收入较低，用于养老的主要经济来源是子女的供养、退休金以及养老金，并且老年人患病持续时间较长，部分失能、病重后康复期的老年人无法支付医养结合机构较高的医疗护理费用，支付能力有限，造成老年群体的有效需求不足。

七、服务内容单一僵化，个性化需求与市场不匹配

随着年龄的增长，老年群体的身体机能逐步退化，患病风险增加，不同健康状况的老年人对养老服务的需求存在个性化和多样化的特点。虽然在推进医养结合服务过程中，养老床位供给总量在不断加大，但缺乏对服务对象多元化需求的分类，养老服务市场细化程度不高，所以，从整体上看，供给内容趋于单一，服务项目人性化特点不足，难以满足老年群体的健康养老的发展趋势。一方面，在养老服务市场中，关于健康老龄化的理念融入不充分，服务缺乏个性化设计，服务产品科技含量低，缺乏有效的调研评估，对地区的养老服务需求的着重点不明确，

对医疗与养老资源的配置效率不高,难以形成全面系统的供给格局。另一方面,国内养老医疗服务市场的相关运营机制不健全,在养老功能上拓展医疗服务的积极性不高,对待老年疾病依然以医院诊治为主,医养互补型产品开发不足,难以与老年群体的多元化需求相匹配。

第五节 针对我国现行医养结合实践问题的对策建议

一、职能部门之间建立协作机制

协调管理机制问题,加强政府的相关养老服务制度支持,是促进医养结合有效实施的动力和基础。政府在决策层面应该做好医养结合顶层设计,在政策支持、空间布局等方面推进养老服务政策体系的优化,要明确医养结合的各主管部门在养老服务供给中的权责,防止管理内容交叉重叠而出现政出多门、执行不一的混乱局面,从而避免医养结合养老资源的浪费。要打破各部门体制壁垒,理顺医养结合养老服务模式的管理机制,加强各部门的协调互动,整合地区的医疗资源和养老资源,为医养结合养老服务的发展排除障碍。

二、拓宽筹资渠道,打通资金通道

持续稳定的资金支持是医养结合养老服务模式健康可持续发展的重要保证。政府应该增加财政补贴,拓宽筹资渠道,吸引整合各种社会力量的参与,形成多元化的资金筹集渠道。一方面,政府财政预算中应逐步增加对医养结合养老服务的资金投入力度，可以采用政府购买服务、专项资金补贴等方式，给予资金扶持医养结合机构；另一方面，应拓宽市场化筹资渠道，引导社会资本进入养老服务业。政府可以针对性加大社会力量兴办医养结合机构的优惠扶持力度，并不断完善关于社会资本投入医养结合养老服务业的政策体系。采用政府与社会资本相结合的方式可吸引更多的社会资本参与到养老服务业中。

三、机构自身定位准确，医疗资源优势互补

医疗服务供给主体要能够结合自身拥有的资源实力，针对性地服务相应的老年群体，自身定位准确，使资源发挥最大的效用。首先，对于经营运行不佳的医疗机构或者基层医疗机构，鼓励其发挥专业医疗优势，针对老年群体提供医养结合服务。其次，资源实力雄厚的大型三级医院，在不影响现有的医疗业务提供的基础上，可以拓宽业务服务范围，增设相应养老机构。再次，支持养老机构与医疗机构开展灵活多样的协议合作，对于规模较大但需求缺口较大的养老机构，可以鼓励其通过合作经营等方式与医疗机构开展合作，使其参与医疗机构的运营管理，提供医养结合服务，满足养老服务需求。最后，充分发挥社区养老机构的平台作用，加强与周边的老年康复医院、老年护理院等机构的合作，扩大服务范围辐射面，针对该社区内居家养护的老年群体开展康复训练、上门护理、上门诊治等医疗服务，将医疗护理服务切实介入到社区、家庭，推进医养结合养老服务的基层全覆盖。

四、养老服务关注个性化需求

老年群体由于年龄、生活习惯、经济条件、健康状况的不同，对于医疗护理的需求也不尽相同，呈现多层次、多样化的特点。所以，医疗机

构与养老机构要能够根据老年群体的自身需求提供服务，以老年群体的健康评估为依据，形成多层次的供给局面。功能内嵌型医养结合类型对机构的资源统筹要求高，需要具备专业的医疗设施、专业的医疗团队，服务对象可以为失能或半失能的老年群体，给予他们专业的医疗护理，满足他们的生活需求；合作联动型医养结合类型作为最主要的机构养老服务模式，要根据自身实际，找准市场定位，需要针对具体情况提供康复护理、医疗诊治、疾病预防等不同层次的专业化养老服务；网络辐射型医养结合类型主要依赖居家养老服务网络，主要针对生活自理能力强的低龄老年人，需要加强社区服务中心的慢性病管理、健康监测等功能，满足居家老年人的各种需求。

五、推动护理人才培养与队伍建设

我国医养结合社会养老服务模式处于刚刚起步阶段，专业医护人员的数量和质量远远达不到保证养老服务业稳定发展的标准。政府应加快专业医护人才的培育，加大人才的培养力度。一方面，加大专业的医护人才的培养力度，将养老相关高层次专业人才纳入国家和地方人才支持计划，进一步提高养老服务体系人才队伍的荣誉感和认同感，切实提升养老服务业对高端人才的吸引力。加大对继续教育的培训力度，切实提高从业人员的综合素质、理论水平和实践能力，培育一批业务精、能力强的服务队伍。另一方面，从长期发展的角度来看，应该完善医护人员的人事保障政策，建立以人才价值为导向的分配激励制度。合理的经济待遇有利于维持养老服务业人才队伍的稳定。

六、推动医疗保障改革，探索长期护理保险发展之路

保证全体老年群体享受医养结合服务的公平性和可及性，可以从

完善医疗保障制度和探索长期护理保险发展之路入手，加快医疗保障制度改革的步伐，加大对医养结合的支持。在全方位考核基础上将医养结合养老服务机构纳入医疗保险定点范围，同时针对我国现行医疗保障制度存在的运行效率低、基金资源浪费等情况，加快我国医疗保障制度的改革整合步伐。尽快实现城乡居民基本医疗保险的整合，根据各地区的经济发展的实际情况，合理调整报销的幅度，切实提高医疗保障制度的保障水平。借鉴国外相关的长期护理保险制度的经验，在总结我国试点经验基础上，政府可以出台商业护理保险相关优惠政策，调动更多市场力量参与到长期护理保险制度中来，充分发挥市场的基础性资源配置作用，建立灵活的筹资方式。除此之外，有计划、全面地出台相关配套的法律法规，将长期护理保险纳入法律体系，使其具体运行有法可依，促进我国社会保险领域内容的进一步完善，保障我国老年群体的长期护理保险制度稳定可持续发展。

第六节 国外医养结合养老模式及对我国的启示

一、国外医养结合养老模式

（一）美国

美国最主要的养老模式是老年人全包服务项目（PACE）和老年人居家养老（HCBS）。PACE模式是美国政府为老年人提供全面医疗照护，尤其是为体弱多病的老年人提供长期照护的一个创新项目，在美国长期照料体系中适用，适合失能程度较为严重、患有重大疾病的老年人；而 HCBS 模式是一种可以让老年人在家中享受到便捷生活和医疗照护服务的老年人长期照护制度，并且其在失能及半失能老年人的身体功能恢复上也有显著效果，适合较年轻的、失能程度较轻的老年人。美国的医养结合养老模式的主要特点是将长期照护作为一项产业，同时注重医护人员的作用。美国居家养老资金主要来源于医疗保险，其他部分来源于个人储蓄、社会捐助和机构救助。资源中心在各州设立照护管理组织，负责管理照护补助资金的使用及长期照护服务，包括家庭照护、社区合居设施和机构照护等，提供不同的服务供参与者选择。在服务提供方面，美国采用个案管理的方法，委托机构对需要全方位照护的老年人进行评估，根据现有的资源进行协调和整合，提供有针对性的服务。设有疗养院，老年患者病情稳定后，若需要继续进行康复疗养，则可入住疗养院进行康复疗养。在养老方面，推行集中性养老，建设有完备配套设施的大规模建筑，并且组织老年人开展活动。

（二）日本

日本是世界上人口老龄化非常严重的国家之一，其法律制度比较完备，1963 年通过的《社会福利法》提出设立老年人长期照护机构。1982 年颁布的《老人保健法》，提出将老年人的养老重心逐步向“居家养老、护理照料”转移。1989 年颁布了号称“黄金计划”的《高龄老人保健福利推进 10 年战略计划》后，各种老年公寓、老年活动室、老年医院相继建立。2000 年，《护理保险法》正式实施，开始推行长期护理保险制度。日本主张居家式的家庭养老服务，主要养老模式包括养老院、老年福利中心和老年公寓等，每一种模式都针对不同的人群，分别为需要进行日常生活照顾的失能老年人提供服务，为福利中心辖区内的老年人提供健康教育、体检和家庭指导等服务，以及为生活能够自理的老年人提供照护服务。日本医养结合养老服务模式的突出特点是根据老年人的不同身体状况、需求和经济负担状况划分护理等级。日本实行长期护理保险制度,其为强制性医疗保险,大部分费用由医疗保险基金支付。老年照护费用的90%来源于保险费用和公费,老年人只承担剩余的10%。在养老方面,通常为社区养老,养老机构设有专门的老年病房,配有专业医生和全职护士,老年人在经医生诊断同意后可在病房内接受专门的、长期的治疗和照料,并且有专门的医护人员("介护士")提供照料和护理等服务。

(三)澳大利亚

澳大利亚的老年健康保障体系经历了两次调整:第一次是将在医院长期"压床"的患者分流到护理院;第二次是在1980年,政府在全国实行"家庭和社区照料"计划,开始强调家庭与社区照护的重要性,使养老模式由机构养老转向社区养老,社区照料也成为澳大利亚老年人目前首选的养老方式,其主要养老模式是居住式和居家式照护服务。居住式照护服务对象是经过评估无法在家中进行生活的老年人,他们需要居住在养老院、老年公寓或康复中心等生活。居家式照护服务包括提供居家养老和社区养老服务,以及对相关服务的延伸照护和护理。1997年,《老年保健法案》的通过,不仅为老年人的保健提供了法律保障,同时还明确了政府职责。其最主要的特点是形成了良好的社会竞争机制,使服务提供者通过竞争提高服务质量,降低政府支出。澳大利亚拥有较为健全的养老保险制度,由全面养老金制度、职业年金制度和个人储蓄性商业保险制度3种保险制度维系养老保险体系的正常运行,医疗经费主要来源于政府拨款。在提供服务方面,澳大利亚的老年护理院采取分等级的护理方式,设立了老年照护评估组,对老年人的医疗需求和心理需求进行评估，找到最适合老年人的照护方式。养老机构内还配有专业营养师，老年人入住养老院后，有专门的物理治疗师根据老年人的状况制订康复计划。在养老方面，澳大利亚重视家庭养老，采用家庭医生负责制。家庭医生每周到机构看望老年人一次，对老年人的身体进行评估。自配人员进行家庭护理者可以得到一定的现金补贴，并且国家为其提供休假等福利。

二、国外医养结合养老模式对我国的启示

（一）对不同需求群体采取不同的护理方式

美国PACE模式主要针对社区失能、半失能和55岁及以上需要医疗照护的低收入人群，老年人集体房屋服务计划（CHSP）模式主要服务于低收入、衰弱、残疾老年人。日本养老机构按护理需求功能定位大致分为日间照料中心、老年公寓、养老院及老年福利中心。目前我国养老机构主要提供价格较高的护理服务，使得一部分低收入老年人望而兴叹。此外，我国对不同老年人进行需求划分的养老机构还未普及，未能真正满足老年人的需求。因此我国可借鉴国外的经验，进一步在对不同需求群体采取不同护理方式这一道路上进行探索。

（二）加强政府的主导力量，利用市场竞争机制建立多渠道筹资机制

澳大利亚政府充分利用市场化的竞争机制，如将养老机构委托给符合准入标准并且竞标成功的私人机构，并给予该机构资金支持，这样既可以筛选出服务质量较高的护理机构，又可以降低政府支出。而我国尚未建立严格完善的医养结合竞争管理体系，政府对引入第三方服务机构、利用市场化竞争机制的引导还不够，因此，我国政府在医养结

合养老服务模式的建设发展中，可充分发挥政府的主导地位，动员全社会力量加入养老服务业。政府需要制定相关政策或采取一定的措施，鼓励社会资本参与到政府建设或自己独立建设的医养结合养老机构中；鼓励社会福利、社会救助组织开展与医养结合相关的服务。最终形成政府主导，企业或个人、救助组织以及老年人自身共同参与的筹资体系。多渠道的筹资机制可确保我国医养结合的发展有足够的资金支持。

（三）多措并举增加长期照护人员供给，加强专业化培训

在日本，养老机构的护理人员均是受过专业培训后，再通过统考获得"介护士"资格的人员，具有一定的认定资格。他们不但可为有需要的老年人提供生活照料服务，而且能够提供专业医疗护理服务。而我国专业护理人员严重缺乏，专业能力有限、服务质量水平不高，这是困扰我国医养结合养老服务的一大难题。因此，我国应借鉴日本对专业护理人员的考核机制，提升养老服务人员的专业知识水平及专业技能，加强对专业护理人员培训的同时，建立相应的护理人员、机构的资格准入制度，通过培训、评估促使专业护理人员主动学习老年护理知识，通过资格准入制度督促服务提供机构提升服务质量。在人才供给上，建议在高校护理专业课程中增加老年护理的相关知识和专业训练，通过完善职业教育体系，拓宽老年护理人员的来源。最后，提高医养结合型服务机构医务人员的工资待遇，改善职业前景，留住养老护理人才。

（四）推行长期护理保险制度

国外医养结合养老服务模式都采取了长期护理保险制度，并且均取得了积极的社会效应。如日本长期护理保险制度的实施不仅尊重了

被保险者的选择，而且给其带来了护理保障。被保险者可根据自身的意愿选择符合自身需求的养老机构，并与养老机构签订明确的包含服务项目的具有法律效应的协议，以此保障自身的权益。我国积极推行长期护理保险制度，并且在试点上已经取得积极成效，但在推行过程中仍然有一系列问题亟待解决，国外长期护理保险制度的推进过程及经验可为我国医养结合的发展提供借鉴。此外，还可以通过整合现有保险制度或救助制度，注入部分资金，探索医养结合救助性基金模式，划出一部分医疗保险基金，为建立长期护理保险制度提供资金支持。

（五）建立健全医养结合服务的监督体系

为确保医养结合服务质量，英国建立了比较完善的医养结合服务监督体系，各地方政府都设立了负责评估、监督和管理医养结合服务的专门机构。它们通过定期检查、突击抽查等方式，对服务提供机构的服务质量和标准、价格、人员及设施配置等开展全面监督检查，并向社会公开检查结果，且对医养结合服务机构提出改进意见。同时，它们会根据老年人提出的需求及相关投诉，对医养结合服务机构提出完善服务的建议。目前，我国尚未形成医养结合服务监督体系，医疗机构的监督管理还是由卫健委负责，养老机构的监督管理由民政部负责。从长远发展来看，我国可以借鉴英国的方式，成立负责评估、管理和监督国内医养结合服务机构的专门组织机构，并根据国内实际情况制定评估、监督和检查机制等相关政策。这类机构具体负责服务机构的注册、监督和管理，定期公布服务机构相关信息，接受和处理各类投诉问题等工作。通过定期或不定期对医养结合服务机构进行监督、检查，确保老年人获得相应的服务。

主要参考文献：

[1] 郝晓宁，薄涛，塔娜，等．我国医养结合的展望和思考[J]．卫生经济研究，2016(11)：3-6.

[2] 倪语初，王长青，陈娜．老龄化背景下我国医养结合机构养老模式研究[J]．医学与社会，2016，29(5)：1-4.

[3] 邹茜．南昌市医养结合养老模式研究[D]．南昌：南昌大学，2018.

[4] 周晓丽，焦艳会，王冲．西安市养老机构医养结合服务体系存在的问题及对策[J]．中国老年学杂志，2019，39(5)：1210-1213.

[5] 王月，葛龙，刘维，等．“医养结合”养老模式发展现状及问题分析[J]．中国医学伦理学，2019，32(1)：102-106.

[6] 王香香．人口老龄化背景下我国医养结合养老模式的发展问题[J]．现代经济信息，2017(23)：65.

[7] 杨景亮．老年人医养结合服务模式探究[D]．沈阳：东北大学，2012.

[8] 吕鹏飞，陈晓玲，周宏东，等．上海市医养结合养老模式卫生监督困境及对策[J]．医学与社会，2016，29(2)：71-73.

[9] 王雯．推行“医养结合”养老服务模式的必要性、难点和对策[J]．中国老年学杂志，2016，36(10)：2538-2540.

[10] 廖芮，张开宁，王华平，等．我国健康老龄化背景下的医养结合：基本理念、服务模式与实践难题[J]．中国全科医学，2017，20(3)：270-277.

[11] 马丽丽，陈娜，汤少梁．医养结合养老机构养老服务发展政策研究[J]．医学与社会，2016，29(4)：40-43.

[12] 黄如意，胡善菊．山东省医养结合模式发展的SWOT分析[J]．中国卫生事业管理，2016，33(2)：145-147.

[13] 刘晓楚,杨良琴,罗玉茹,等.基于Andersen行为模型的社区老年人医养结合养老需求分析[J].中国全科医学,2019,22(2):180-187.

[14] 刘稳,徐昕,李士雪.基于SWOT分析的"医养结合"养老服务模式研究[J].中国卫生事业管理,2015,32(11):815-817.

[15] 王召青,邢亚男,曲婧,等.基于钻石模型理论的医养结合型养老服务供给侧改革研究[J].中国全科医学,2018,21(34):4201-4205.

[16] 秦月兰.医养结合视角下养老护理员培训体系现状及展望[J].中华现代护理杂志,2018,24(19):2241-2244.

[17] 石龙.居家型医养结合养老模式的困境及对策研究[J].医学与社会,2019,32(2):14-17.

[18] 佘瑞芳,谢宇,杨顺心,等.医养结合服务发展的国际经验研究[J].中国医院管理,2016,36(6):79-80.

[19] 任素娟.辽宁省医养结合养老机构发展状况调查分析[J].医学与哲学,2018,39(12A):30-32.

[20] 徐君,武东霞.国外"医养结合"养老模式的特点及其经验启示[J].护理管理杂志,2017,17(3):171-172.

[21] 周驰,翁嘉,章宝丹.日本医养结合养老模式及其对我国的启示[J].医学与哲学,2018,39(12A):33-36.

[22] 包世荣.国外医养结合养老模式及其对中国的启示[J].哈尔滨工业大学学报(社会科学版),2018,20(2):58-63.

[23] 王碧艳,徐明江,吴琪俊.广西医养结合养老机构发展现状及对策[J].中国全科医学,2018,21(30):3741-3745.

CHAPTER 11

第十一章

人口素质提升与积极应对人口老龄化的挑战与应对措施

当前,我国已经进入人口老龄化快速发展阶段。国家统计局 2019 年发布的最新人口数据显示,2018 年末,我国 60 岁及以上人口约为 2.49亿人,占总人口的 17.9%,65 岁及以上的老年人口约为 1.67 亿人,占总人口的 11.9%。失能、半失能老年人不断增多,生活不能自理和空巢老年人越来越多,促使养老服务需求急剧增加。人口老龄化社会的到来为养老服务事业与产业的发展带来了新的机遇和挑战。同时,整体人口素质如何提升、生活质量和死亡质量如何提高、生命价值应该怎样体现等哲学与医学、政治经济与社会发展、历史与文化、人类文明推进与人工智能的结合度等问题,已成为亟须解决的重要科学命题。

第一节 人类文明不断推进与人口素质提升和寿命增长之间的协同关系

旧石器时代，人类开始尝试认识自己、掌握自己和改造自己。简单工具的使用，使人类得以在残酷的自然法则中生存下来。世界各种文明都有存在并延续的理由，在衡量文明的优劣上没有是与非的标准。不同文明之间常会发生碰撞、冲突，但也会产生磨合乃至融合。在绵长的人类史中，丛林法则始终贯彻其中，不同文明发生冲突时，不论民族斗争的结果如何，就历史长河而言，落后文明面临向先进文明靠拢乃至趋同的倾向从未改变。引人注目的是，在信息时代，媒介的发展及科技的进步，为文明与文明之间的加速趋同和相互倾向提供了可能性。

人类从逐渐摆脱野兽带来的伤害，到具有改造世界、改造环境的智慧和力量，经历了一个漫长的过程。疾病的发生使得这个过程中人类的平均寿命极低。19 世纪后半叶从欧洲开始的第一次卫生革命是人类针对严重危害人类健康的传染性流行病和寄生虫病展开的。

一、中华文明推进与人均寿命变化之间的关系

(一) 上古时期：人口综合素质不高，人均寿命维持在极低水平

根据考古学家对早期人类遗骨的分析，从约 170 万年前的元谋人时期到公元前 21 世纪的夏朝，人类的平均寿命在 15 岁左右(图11-1)。远古时代，由于综合认知能力和群体协作能力普遍不高，生存和繁衍对家族及族群而言，是个巨大的难题。

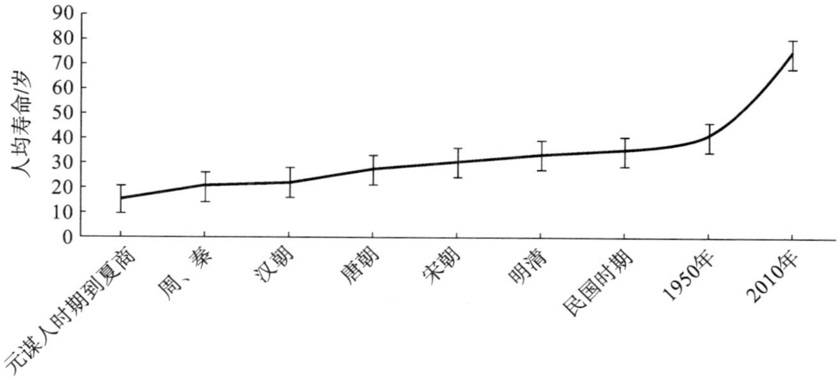

图 11-1　中华文明推进与人均寿命变化曲线图

（二）奴隶制时期：中医出现萌芽，中医学家涌现，人均寿命在医术探索中缓慢上升但仍维持在较低水平

医学在中古时期出现萌芽，文字的出现给文化赋予了传承功能，“医”字最早的繁体字是“毉”，巫术与中医学有着密切的联系。在当时，巫师是负责帮助部落首领和上天沟通的人，具有极大的权力，除了占卜生老病死、旦夕祸福，还可求医问药。

进入奴隶社会的西周时期，中医学从巫术中剥离出来。商朝甲骨文里已出现“疾首”“疾身”“疾足”“风疾”“疟疾”“蛊”等内科疾病的记载，且商朝时期已发明汤液药酒治疗疾病。周朝对中医学进行了分科，出现了疾医、疡医、食医、兽医等分工不同的医师。其中，疾医成为能查询到的最早的内科医师。

战国和西汉时期，医师在中医理论的指导下，利用中药为人们治病。名医扁鹊提出“信巫不信医，六不治也”的主张，他提倡破除迷信、预防疾病，随俗为医，促进了当时的公共卫生发展。医学的发展抵御了疾病、延长了人类寿命，同时对人口素质的综合提升起到了间接的推动作用。

（三）封建时期：中医理论基本形成，受其他因素影响，人均寿命维持在较低水平

两晋、隋唐、五代时期的王叔和、皇甫谧、巢元方、孙思邈、陶弘景等人的著作，内容涉及诊断、针灸、预防、卫生等。这些学说、著作和主张全方位地促进了当时的医学发展。它们对促进健康、延长人类寿命起到了至关重要的作用。

中医理论的出现对维持人类身体健康起到了重要作用，但由于食物短缺、战乱、落后的殉葬方式等原因，我国人民寿命从先秦到明清时期的两千多年间基本处于缓慢增长态势，始终维持在较低水平（30岁左右）。

民国时期，西医逐步传播到国内，医疗卫生行政机构、医学研究机构和学术团体初步创建，近代医学教育体制、中医西学体制逐渐形成。不可忽视的是，此时人民的生活质量和综合素质已有了质的提升，但由于战争、自然灾害等原因，我国人民的平均寿命维持在35岁左右。

（四）新中国成立：中西医取长补短，我国人均寿命实现飞跃

新中国成立后，随着战争的结束，卫生工作走上正轨，人民生活水平不断提高，我国人均寿命从1949年的35岁延长到2010年的74.8岁。大众健康状况不断改善，人均寿命不断延长，《中华人民共和国2018年国民经济和社会发展统计公报》显示，截至2018年末，中国大陆总人口为139538万人，60岁及以上总人口达到了24949万人，占总人口的17.9%。由此说明一系列新的社会问题已出现，即人口老龄化。上述问题的形成原因，一是国家实行计划生育政策，使生育率大幅下降；二是改革开放之后，社会经济高速发展，科技水平和人群生活质

量不断提高，死亡率不断降低，这意味着人均寿命明显延长，老年人口剧增；三是生育率下降导致新生儿日益减少，劳动年龄人口数量减少，伴随的是老年人口占比不断上升，最终形成人口老龄化。

二、世界文明推进与人均寿命变化之间的关系

（一）上古时期：人类处于茹毛饮血阶段

人类经过漫长的迁徙和演变，在全球各地定居下来。工具的使用使人类得以在残酷的自然法则中生存下来，但疾病的发生使得当时的人均寿命极低（图 11-2）。

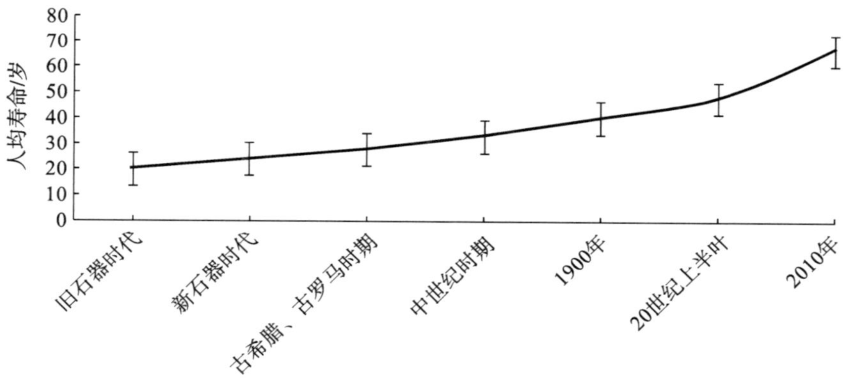

图 11-2　世界文明推进与人均寿命变化曲线图

（二）奴隶制时期：西医体系形成，战争和传染病导致人均寿命处于较低水平

世界医学史涌现出一大批杰出医学家，他们提出诸多医学相关学说、著作和主张，促进了医学的全面发展。古希腊时期西方医学之父希波克拉底的著作《希波克拉底文集》，还有四体液说等学说；古罗马时期塞尔萨斯、盖伦等人的著作《论医学》和《论解剖学》，内容包括医学史、

病理学、治疗学、内科疾病、外科疾病、解剖学等。虽然早在古希腊、古罗马时期就形成了较为完整的医学体系，促进了当时人类的健康发展，但是由于战争和生产力低下等原因，人类的平均寿命一直得不到较大的提升。

奴隶在当时社会被视为“会说话的工具”，他们的地位低下，处境悲惨。奴隶主强迫奴隶劳动而导致其效率低下，收益微薄。整个奴隶社会生产力低下，且各国之间为了获得奴隶而引发战争，战争又带来了疾病。古希腊时期，在西方史上很早的大规模战争之一——伯罗奔尼撒战争之前，虽会出现一些传染病，但从未暴发过天花之类的重大传染病。而战争促使重大流行性传染病传到古希腊各地。这些重大传染病造成了人口大面积死亡，导致当时古希腊城邦死亡人口接近1/4。古罗马时期发生的黑死病瘟疫，史书称之为“安东尼时期黑死病”。瘟疫在15年左右的时间内导致罗马帝国本土1/3的人口死亡。公元211—266年间，罗马遭到第二次传染病的大袭击。公元6世纪，第一次鼠疫流行大暴发，死亡人口数达到1亿人左右，造成欧洲人均寿命急剧缩短。

（三）封建时期：战争、疾病带来的危害达到了巅峰

恩格斯指出：“中世纪是从粗野的原始状态发展而来的。”在经过劳动人民的不断努力之后，11世纪社会生产力有了一定程度的提高，人民手中剩余农产品增多，而且手工业也逐渐从农业中分离出来。社会分工发展逐渐明确，物资交换逐渐频繁，专职的从业者逐渐聚居在一起，形成工商业城市。城市形成之后，人口开始稳定发展，但是封建领主视城市为自己的私有财产，肆意敲诈勒索，并为获得利益而发动战争。

中世纪时期，欧洲人口数量出现负增长情况。受宗教、战争等因素

的影响，有的人一生只洗三次澡（出生、结婚、入殓的时候），这一生活习惯成为疾病发生的隐患。当时人们的卫生观念极差，粪便、垃圾随便堆积，增加了疾病发生的可能性。战争发生后，人口被动迁移将传染源传播到各地，第二次鼠疫大流行造成2500万人死亡，这个数字相当于当时欧洲总人口的1/3。

（四）工业革命：生产力、科技进步带来人均寿命的飞速提升

人类实现总人口数达到10亿人用了20万年的时间，而从10亿人增至70亿人只用了200年。工业革命之前，人类文明已发展了5000年，但科学技术高速发展是近100年才开始的，机器取代50%以上的人力，大规模工业化生产取代了80%以上的个体手工业生产。从此时开始，人类才真正将人口素质、生活质量纳入医学和健康综合需求范畴。英国科学家弗莱明发现了青霉素抗菌的特效，1944年美国开始大量生产并广泛应用，从此，威胁人类生命的绝大部分疾病得到抵御和遏制。抗生素、生物制品和其他药品的大量应用，终结了大部分传染病在全球范围内的大面积传播，对减少非生理性死亡发挥着至关重要的作用。因为科技进步的关系，世界人口平均寿命延长了20年，如图11-2所示，20世纪上半叶之后，世界人口平均寿命呈直线上升趋势。

第二节 我国人口老龄化的机遇与挑战

人口问题是国之根本。尽管中国未来的总人口数可能会下降，但65岁及以上的人口将爆炸性增长。据预测，2015—2040年间，中国65岁及以上人口将增长近150%，从1.35亿人增至近3.38亿人，长时间

内将以每年3.7%的速度增长，而这一增长速度必然会影响国家的经济、社会乃至政治发展。预计到2040年，中国将进入超级人口老龄化社会，65岁及以上人口将占总人口的20%以上。大量老年人口的供养已成为棘手问题，政府只能提供基本的保障性服务。家庭机制无疑也将被用来供养老年人中身体虚弱的群体，但家庭是否能完成这项任务却是一个严峻的问题。

一、健康服务体系引领不足带来的挑战

我国老年健康服务体系尚在不断健全中，其框架如图11-3所示，可见我国在构建老年健康服务体系框架的过程中，还有很大的提升空间。

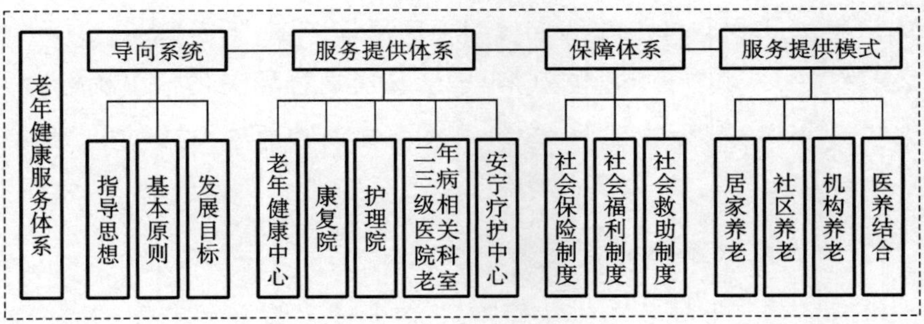

图11-3　老年健康服务体系框架图

（一）顶层导向系统偏差带来的挑战

庞大的老年人口给国家和社会带来资深人力资源和较高智慧劳动力的同时，也严重考验着政府在顶层设计方面的执政能力、对新形势新变化和内外部环境发生改变时的掌控能力。

积极应对人口老龄化，需要政府积极引导，实行政府扶持、社会兴办、市场推动策略，政府、社会、市场、家庭和个人应理清各自的责任边

界。尤其在养老制度不完善、政府推动不力、养老机构不规范、养老人力资源配置不均衡等情况下，政府的顶层设计导向系统需借鉴发达国家的经验和教训，立足基本国情，以“公平优先、兼顾效率”为原则，以健全中国老年健康服务体系为总体目标，逐渐完善老年健康服务体系框架。

（二）服务提供系统不健全带来的挑战

人口高龄化、老年人口占比逐渐增高，促使服务提供体系中的老年健康中心、康复院、护理院和安宁疗护中心等机构，在加大公益投入和完善各项基本保障的同时，要不断提升综合服务意识。比如增加对“失独老年人”“空巢老年人”“留守老年人”的日常照顾、安慰等。2015 年第四次中国城乡老年人生活状况抽样调查结果显示，自报需要照护服务的老年人比例为 15.3%，与 2010 年第三次抽样调查的 13.7%相比，提高了1.6 个百分点，与 2006 年第二次抽样调查的 9.8%相比，提高了 5.5 个百分点，与 2000 年第一次抽样调查的 6.6%相比，提高了 8.7 个百分点。

（三）保障体系不完善带来的挑战

我国目前有三种基本的保障体系，分别是社会保险制度、社会福利制度和社会救助制度。但是现代新的医学、健康观念的提出，使得医疗卫生服务从治疗扩展到了预防，老年保障也不应该仅仅局限于慢性病防治、地方病的预防等，还需要将健康教育、医疗咨询等列入老年保障体系中。

当前，保障体系不完善带来的挑战主要体现在以下三个方面（“三化”）。一是老年人疾病状况慢病化。约 1.5 亿慢性病老年人需要强大的健康保健医疗机构和社区卫生服务机构来提供健康促进、健康保健服务。中国死因监测数据提示，慢性病占老年人所有死因的91.2%，要想改变这种状况，任重而道远。二是健康状况残障化。截至2018年底，全国残障人士共计8500万人左右，因各类原因造成的残障老年人口已达到约4000万人。三是家庭结构空巢化。截至2018年底，城乡家庭空巢率为50%，大中型城市已达到70%。目前我国尚处于以低龄为主的人口老龄化阶段，再过五年或十年，我国将会进入以高龄为主的人口老龄化社会，那时我们对保障体系的需求将会更高。

（四）服务提供模式不规范带来的挑战

我国目前有四种基本的养老模式，分别是居家养老、机构养老、社区养老和医养结合。居家养老是传统的养老模式，机构养老是社会化的养老模式，社区养老是一种兼顾家庭和社会的养老模式，医养结合是医疗资源与养老资源相结合的养老模式。当前的主要问题包括养老机构经费不足、老年群体对养老服务的参与积极性不高、服务机构收费较高、提供的服务较为单一、相关政府组织交错管理、政策制度缺乏等。

二、以需求导向为目标的健康服务体系不均衡带来的挑战

老年健康服务体系是基于老年健康服务的需要、需求，老年健康服务体系供给，老年健康服务体系的组织管理，老年健康服务体系的支撑共同构建形成的（图11-4、图11-5）。

随着生活水平的提高，人们的健康意识逐渐增强，对健康服务的需求也在持续增长。此外，我国人口老龄化速度加快，对健康养老相关服务的市场需求也在逐步扩大。据中共中央、国务院发布的《"健康中国2030"规划纲要》，健康服务业规模要在2030年达到16万亿元。而据有关市场机构调查，2017年我国健康服务业规模为4.9万亿元，两者

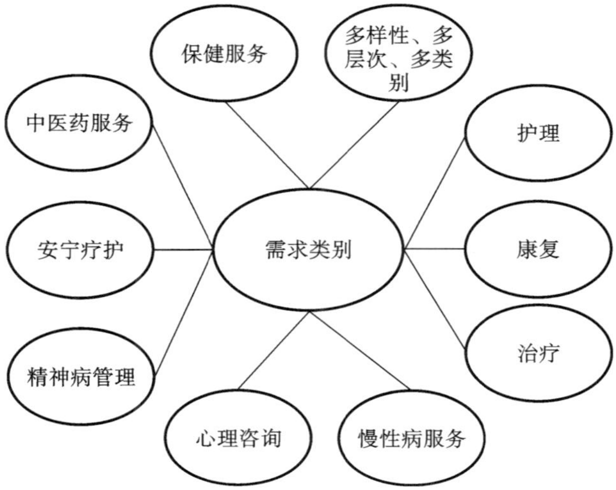

图 11-4 以需求导向为目标的健康服务体系的需求类别图

差距很大。可以预见，随着居民收入增加、消费结构升级、人口老龄化及城镇化加速、医疗保险体系进一步健全，健康服务业将进入高速增长阶段。从发展现状来看，当前我国健康服务业存在产业链条不完善、资源分布不均衡、高层次专业人才和技术人才短缺等一系列问题。因此，在接下来的健康服务业发展中，我国各地区都要紧抓自己的机遇，也要合理应对挑战。

（一）东中西部不均衡

健康服务体系东中西部不均衡的主要原因为人口老龄化地域分布差异明显。总体上看，东部沿海经济发达地区人口老龄化程度高于西部。1995 年，东部地区 65 岁及以上人口比例已经达到 7.57%，中部和西部地区分别为 6.32%和 6.06%。2011 年我国人口老龄化系数超过 10%的省区市有 8 个，在 7%～10%之间的省区市有 16 个，低于 7%的有西藏、内蒙古、广东、海南、青海、宁夏和新疆，其中人口老龄化

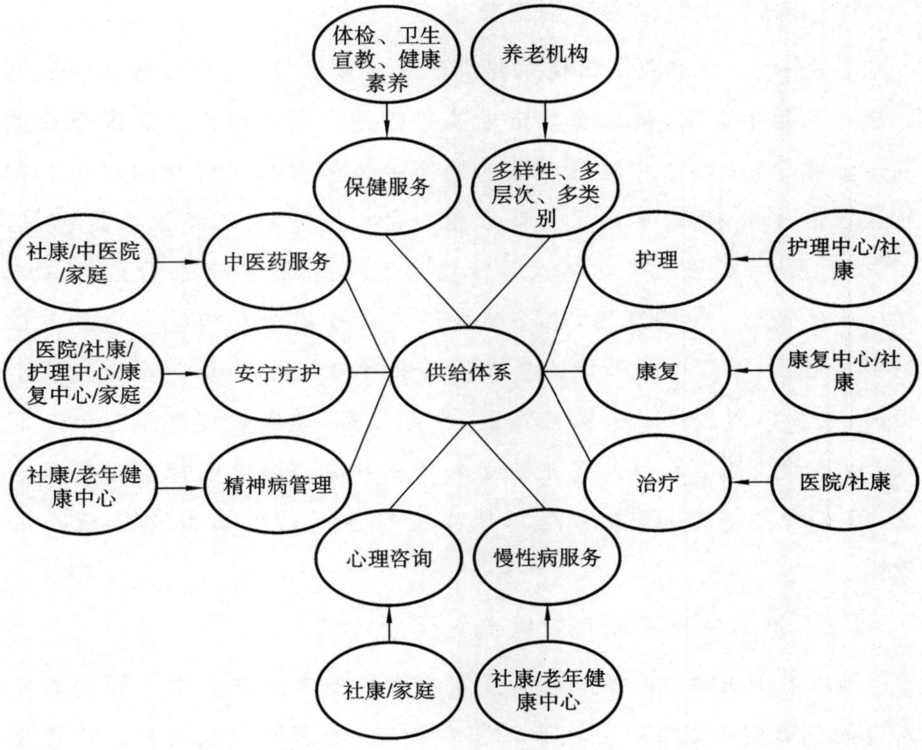

图 11-5　老年健康服务体系供给体系图

系数最高的是重庆(12.42%),最低的是西藏(4.82%)。人口老龄化的差异扩大导致需求差异的扩大,市场导向带来机遇导向,这是引领产业发展的重要因素。

另外,基础设施和人力资源是影响健康服务业区域竞争力的关键因素。2005—2015 年间东部地区健康服务业竞争力始终遥遥领先;中部地区健康服务业竞争力处于中游;西部地区健康服务业竞争力排名靠后,但增速较快,与东部地区差距逐步缩小。

（二）高层次需求得不到有效供应

在我国，医疗产业不仅是大健康产业的重要分支，而且是社会民生发展中的重中之重，也是资本市场的香饽饽。医院作为大健康产业中的核心板块，在我国大健康产业的发展中将起到举足轻重的作用。有统计数据显示，我国平均每月诊疗量5亿～6亿人次，年诊疗量60亿～70亿人次，如果按平均单次诊疗费用500元计算，年诊疗收入3万亿～4万亿元。长期来看，由于庞大的人口规模以及持续加速的人口老龄化进程，医疗服务领域的需求还远未饱和。同时，医疗产业发展不均衡，目前仍以医疗卫生服务为主，疗养服务、健康管理等服务尚未形成产业聚集效应，各相关产业缺乏联动和共享。公共医疗卫生资源丰富，但在疗养服务、健康管理和技术支持服务等领域尚未形成产业规模。

（三）基本保障不能有效供给

基本养老方面，家庭养老是我国的传统养老形式。由于我国老年人口的日益增长以及计划生育政策的影响，我国家庭规模和结构发生很大的变化，开始出现“4＋2＋1”家庭，导致子女养老负担加重。人口老龄化导致老年人口抚养比逐渐增高。1982年我国的老年人口抚养比为8.0％，到2017年，我国的老年人口抚养比增高到15.9％，这说明劳动年龄人口平均负担的老年人口数在不断增加，即劳动年龄人口的抚养负担越来越重。随着我国老年人口比例的不断上升和平均期望寿命的延长，养老金的支出将会急剧增长，导致我国养老保障资金面临收入减少和支出增加的双重压力。

医疗保障方面，与其他人口老龄化国家类似，在我国，老年人全年的人均医疗费用是总人口平均医疗费用的2.5倍，18％的老年人占用

80％的医疗费用。与此同时，老年人长期照护需求巨大但供给相对不足，家庭护理人力资源缺乏，养老机构人均床位费昂贵，严重影响老年人的生活质量。2014年，我国养老机构床位数增至551.4万张，每千名老年人拥有养老床位26张。但是，仅有288.7万老年人入住，床位空置率达48％。失能和高龄老年人的健康状况更不乐观，医疗费用和医疗照护压力更高。失能老年人的日常照料费用比同年龄能自理的老年人要高出2倍以上。高龄老年人是老年疾病威胁的脆弱人群，是照护需求最高的人群，平均每年需要护理189.2天。北京大学乔晓春团队通过大样本调查发现，北京有近20％的养老机构入住率不到20％，有50％的养老机构入住率不到50％，需要排队的养老机构占10％，即90％的养老机构有大量空床。因此，当下的实际情况是老年人需要大量的基本医疗、基本健康等保障服务，但二级或二级以下医疗机构、养老机构却存在“吃不饱”的问题，造成人力、物力等资源浪费的现象普遍。

三、以人口发展趋势预测人口老龄化带来的挑战

(一) 世界风云变化为积极应对人口老龄化带来的挑战

人口发展的总体趋势缓中有升(图11-6)，在医术尚未发展起来的远古时期，人类无法抵御疾病的侵袭和自然的筛选，这一时期人口特点集中表现为“低出生率、高死亡率、低增长率”的态势；当人类在生产生活中逐步学会使用工具提高生产水平时，医术也得到了进一步的发展。此时医术在一定程度上减少了人口的死亡，这一时期人口特点集中表现为“高出生率、高死亡率、低增长率”；伴随人口的增长，疾病威胁也越来越严重，尤其是传染病。

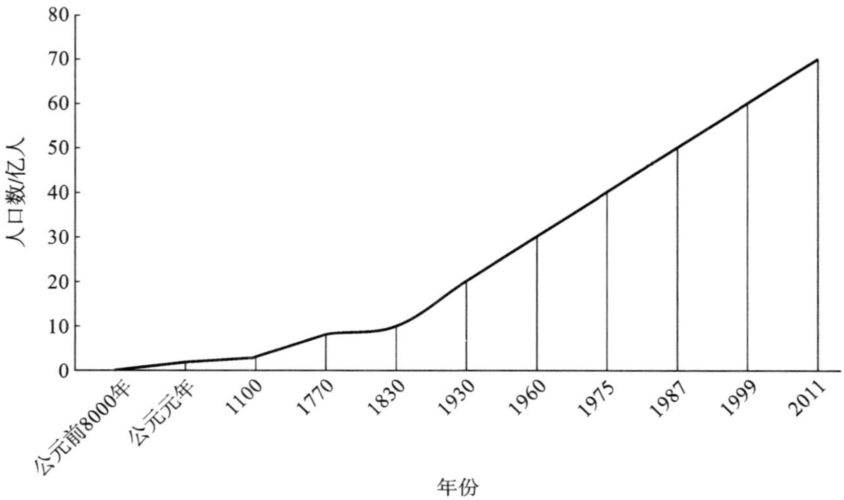

图 11-6 世界人口变化折线图

蒸汽机的发明拉开了人类工业化的序幕，工业的出现和不断发展使得社会财富不断积累，同时也促进了农业发展，人口进一步增多。与此同时，工业革命也加快了生产速度，原料和市场的需求使得工业强国走上了一条殖民扩张之路，由此引起的战争抑制了人口的增长。第一次世界大战历时 4 年多，把 30 多个国家、15 多亿人口卷入了战争，大约有 6500 万人参战，1000 多万人丧生，2000 多万人受伤。第二次世界大战历时 6 年，把当时全世界近 20 亿人卷入了这场大战。战争导致军队死亡 2700 多万人，平民的死亡人口数根据最高的数字显示共达 7000 多万人。这一时期影响人口发展的主要原因是战争，战争直接导致人口的大量死亡，间接导致国家工业结构改组、增加税收、强制劳动、限制消费等，整个国民经济和社会生活更加广泛、深入地转向为战争服务。

20 世纪 50 年代，战火摧残后的世界格局发展较稳定，这也保证了世界人口能有相对和平的发展空间。这一时期的人口特点表现为"高出生率、低死亡率、高增长率"，这也直接导致人口老龄化这一新的人口问题出现。根据1956年联合国《人口老龄化及其社会经济后果》确定的划分标准，当一个国家或地区65岁及以上老年人口占总人口比例超过7%时，则意味着这个国家或地区进入人口老龄化时期。1982年维也纳老龄问题世界大会确定60岁及以上老年人口占总人口比例超过10%时，也意味着这个国家或地区进入人口老龄化时期。

21世纪的人类社会将是一个不可逆转的人口老龄化社会，对大多数国家或地区都将是重大的挑战。寿命延长和死亡率降低是人类社会文明进步的标志，也是全球人口变化的大趋势。遵照人口自身发展的规律性，人口老龄化也就自然而然成为全球化现象。截至2018年，全世界60岁及以上的老年人口超过9.6亿人；据联合国统计，到2050年，世界人口将达到90亿～100亿人，其中60岁及以上的老年人口将达20亿人，将第一次超过全世界少年儿童(0～14岁)的人口数，65岁及以上人口将达15亿人。

发展中国家突出的人口问题：①人口出生率高、自然增长快，从而加大了经济、就业、资源和环境等方面的压力，导致经济发展速度减慢，生活水平下降，加剧了贫困；②0～14岁的少年儿童人口比例大，造成人口增长惯性。

发达国家主要的人口问题：①人口增长缓慢，劳动力不足，青壮年负担过重；②人口老龄化现象严重，国防兵力不足，社会福利开支增加，老年人生活困难。

(二)国内形势变化为积极应对人口老龄化带来的挑战

我国是人口第一大国，而且人口仍在持续增长。一方面，总人口数持续增长，另一方面，人口平均期望寿命不断延长，人口老龄化不可避免。我国于1999年进入人口老龄化社会，2017年底，我国65岁及以上老年人口达到约15831万人，占比为11.4%。与西方国家的人口老龄化情况不同，我国的人口老龄化超前于现代化。

1994年，我国在北京召开了健康老龄化研讨会，这标志着我国开始了对健康老龄化的研究。随后的2001年，我国印发《中国老龄事业发展"十五"计划纲要(2001—2005年)》，对新世纪初的老龄工作提出了奋斗目标和科学规划，明确提出了要把老龄事业纳入国民经济和社会发展总体规划。其强调从保障老年人经济来源、医疗卫生、日常照料、文化娱乐、老年权益五个方面出发对实现老龄工作目标的措施进行全面设计。

2011年，国务院印发《中国老龄事业发展"十二五"规划》，对"十二五"时期面临的人口老龄化形势和问题做出预测，制定未来五年的任务。该规划也提出要完善机构养老服务发展布局，推进供养型、养护型、医护型养老机构建设，表明我国开始重视老年服务的医养结合模式。2016年10月，中共中央、国务院印发《"健康中国2030"规划纲要》，其作为指导健康中国建设的行动纲领，明确提出了推进老年医疗卫生服务体系建设等多项举措，旨在促进健康老龄化。2017年，国家卫生计生委、发展改革委、教育部、工业和信息化部等10余个部门印发《"十三五"健康老龄化规划》。它将健康老龄化定义为从生命全过程的角度，从生命早期开始，对所有影响健康的因素进行综合、系统的干预，营造有利于老年健康的社会支持和生活环境，以延长健康期望寿命，维护老年人的健康功能，提高老年人的健康水平。

(三) 全球人口老龄化带来的挑战

当前全球人口老龄化带来的挑战有以下几个方面：①老年人口地

区分布不均衡。世界上超过一半的老年人居住在亚洲，约1/5的老年人居住在欧洲。②老年人口本身的老化程度在加深。2015年80岁及以上老年人口达约1.26亿人，预计到2050年将达到约4.47亿人。③老年人口性别比例失衡。由于女性的期望寿命长于男性，60岁及以上的男女比例为82∶100，独居老年女性比例明显高于男性。④人口老龄化程度及发展速度地区差异明显。由联合国发布的世界各国和地区人口老龄化程度的数据表明，发达国家人口老龄化程度均在10%以上，明显高于发展中国家。然而近年来，发展中国家人口老龄化的速度明显快于发达国家。

"未富先老""未备先老"是我国人口老龄化的一大特点，由于我国经济实力还不强，这无疑增加了解决人口老龄化问题的难度；此外，我国人口老龄化提前到达了高峰。20世纪后期，为控制人口的急剧增长，我国推行计划生育政策，使得人口出生率下降，客观上加快了我国人口老龄化的进程。2013年，十八届三中全会决定实施"单独二孩"政策；2015年10月，十八届五中全会决定实施"全面二孩"政策。这对减缓人口老龄化进程能起到相应的作用，但政策效应如何，还有待进一步观察。

我国老年人口增长速度快。从1980年到1999年不到20年的时间里，我国人口年龄结构就基本完成了从成年型向老年型的转变，而英国完成这一过程大约用了45年，瑞典用了约85年。按人口发展速度预测，我国65岁及以上老年人口在2020年、2030年、2040年和2050年将分别达到约1.74亿人、2.46亿人、3.38亿人和3.59亿人，而80岁及以上高龄老年人口在2020年、2030年、2040年和2050年将分别达到约0.28亿人、0.41亿人、0.69亿人和1.11亿人(图11-7)。

我国人口老龄化进程中高龄化趋势明显。近年来我国80岁及以

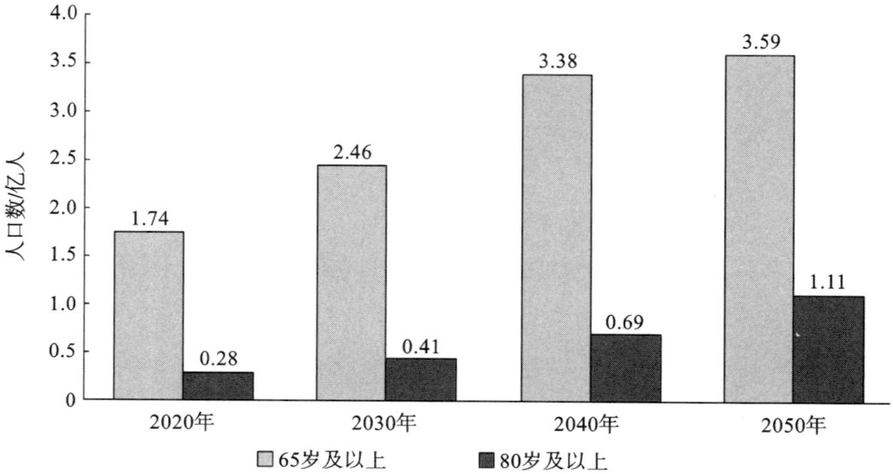

图 11-7 我国老年人口预测柱形图

上高龄老年人口增长速度明显快于 60 岁及以上老年人口。我国 80 岁及以上人口数近几十年呈上升趋势，预计于 2075 年左右达到峰值，约 1.53 亿人，随后有所下降。而随着人口老龄化程度的加剧，我国 80 岁及以上人口比例总体不断增高，到 2100 年，我国 80 岁及以上人口预计约占总人口的 14.15%。

第三节 人口素质提升和生活质量改善对积极应对人口老龄化的改善作用

国家统计局的相关数据显示，2000 年，我国 65 岁及以上老年人口占比约为 7.0%，2017 年，我国 65 岁及以上老年人口约为 1.58 亿人，约占总人口的 11.4%。由此可知，我国的人口老龄化来势凶猛，已进入“未富先老”“未备先老”状态。

一、健康行为、环境促进与适老化产品技术创新

(一)健康行为、环境促进与适老化产品技术创新的必要性

一方面,老年人口占比不断增高,带来的是老年人力资源不断增多,老年人才不断涌现。由于生活的改善和生活质量的提升,老年人体力下降延缓、智力资本丰富多样、社会参与意愿强烈,为社会创造财富的实际行动不断出现。在一些发达地区,部分较高素质老年群体中已逐渐出现"不以年龄言长短,而以实力论英雄"的状态。另一方面,研究显示影响健康和寿命的相关因素中,医疗服务占8%,遗传占15%,生活环境占17%,而个人行为、生活方式占60%。因此,研究适宜老年人健康生活的方式,引导老年人改变不良的行为习惯,防治老年病,提高机体自身抗病能力是从根本上改善老年人身体的关键所在(图11-8)。

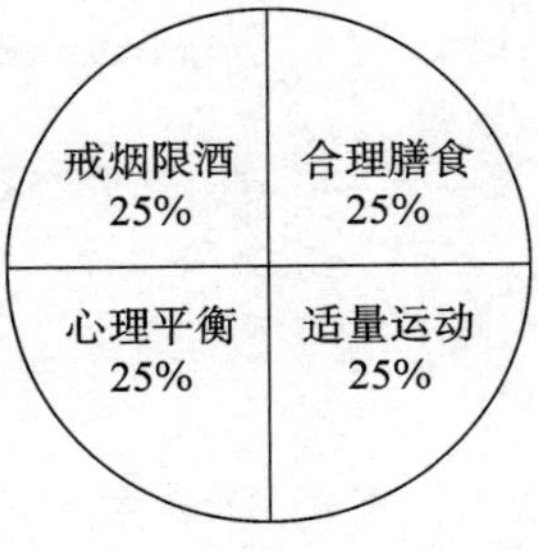

图 11-8　1992 年 WHO《维多利亚宣言》中健康的四大基石

因此,健康行为和生活方式的推广,环境因素方面的建筑设计、交通系统、安全系统等的改造,生物学方面的身体特点和医疗服务方面的完善与否都深度影响老年人的生活质量。设施设备齐全、个性化综合服务体系是促进老年人方便、安全和愉悦地发挥余热,推动社会进步,减少政府实际开支,延长人均寿命和提高老年人生活质量的有效保障。

(二)国内外适老化产品技术的现状

老年人有着高龄、介护需求等共同特征,对老年人来说,方便、实用的适老化改造必不可少,这些改造能大大提高他们的生活质量。国内

现行的适老化改造多在以下几个方面：①适老交通环境，规划各类养老机构周围的交通布局，如新增公交站点、建设老年用慢行通道等；②适老住宅改造，改造住宅中的空间设计和卫浴设施（图 11-9），使其适合老年人日常生活需求；③公共活动场所改造，为丰富老年人精神文化生活，政府在规划城市建设中为老年人公共活动场所建设提供了政策依据和项目扶持；④社区服务建设，成立长期性和临时性养老（托老）场所，提供上门帮助料理生活服务和适当的康复医疗知识教育及咨询，增设老年人生活服务点（图 11-10），为老年人提供日常生活照料的同时提供紧急救助服务、精神慰藉服务等。

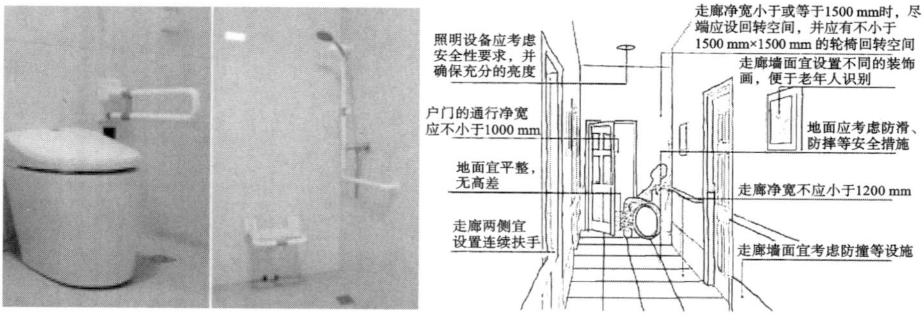

图 11-9　适老住宅改造

国外在意识到人口老龄化社会即将到来时，它们的适老化产品技术就开始逐渐脱离初级阶段。美国佛罗里达州的“群村”可以提供先进的国际经验，有助于探讨未来养老社区的建设模式。“群村”中的住宅只出售给 55 岁及以上的老年人，未成年人不得成为永久居民；那里有适宜的居住环境、因地制宜的运营管理机制、丰富的公共设施、完善的医疗服务和符合老年人需求的道路设计。这个项目对老年人生活环境进行了全面适老化改造，并在政策制度上进行了相应的老年化改革。

图 11-10 社区服务建设

日本因为严重的人口老龄化而进行了许多适老化改革和改造。各类养老机构在为老年人生活带来安全及便利的基础上，其设施要高要求、高品质及设置合理。在房屋设计方面，不论是房屋内的家具设置还是老年人生活用品的配备，各类问题都细致到需要设立独立部门去研究，宗旨是让老年人在温馨的环境中生活。

（三）国外经验借鉴与国内实际结合

美国亚利桑那州菲尼克斯（凤凰城）的太阳城是美国第一个养老社区，也是全世界第一个大规模的养老社区，目前是世界上最著名的养老社区之一。凤凰城的太阳城已经发展成为成熟的养老社区，适合所有老年人居住养老，老年人退休以后的所有生活都可以在这里完成。现在太阳城养老社区的主要形式有以下几种。①在宅养老：提供各类社会服务，为老年人安全和健康地独立在家居住提供尽可能满足其需求的帮助和相应的保障。②活跃老年人社区：这是一个有年龄限制的社区，专门为那些喜欢参加各类活动的老年人建立的，由独立房子、联排公寓或别墅构成。③独立生活社区：住在这里的老年人能保持自己独立的生活习惯，很少或基本不需要其他帮助。④协助生活机构/社区：有些老年人在日常生活中有特殊的生活需求或医疗需求，协助生活机构/社区就是这类人群合适的选择。⑤失忆护理：一些辅助居住区或护理院提供阿尔茨海默病照料，这些地方有较完好的设施和专业人员。⑥专业理疗养老院：如果老年人需要24小时护理照料，没有轮椅、助行器或其他人的帮助不能行走，不能自己完成日常活动，或到了阿尔茨海默病阶段，需要治疗和恢复设施，或患有慢性病，专业理疗养老院是合适的选择。⑦持续护理退休社区：如果老年人身体健康，现在可以独立生活，希望在今后生活的每一个阶段都得到照料，可以选择持续护理退休社区为其提供住房、活动、服务、医疗照料。

新加坡的社会管理制度和中国相似，以提高城市综合竞争力为基础，在养老政策上推行低福利社会保障政策，倡导社区居家养老生活方式。新加坡所实行的“老年交通安全区”（图11-11）规划建设对于我国进行交通适老化改造具有较强的借鉴意义。新加坡“老年交通安全区”是经过对现状诸多要素的调研，在用地属性、车行系统、步行系统、设施系统和运营管理五个方面进行规划后更新改造而成。①用地属性：对社区用地属性进行多功能调整，把该社区单一居住属性调整为多功能用地，居民可就近获得较多的生活服务。②车行系统：对机动车道路安全性进行改造，对车行道路的平面、剖面及附属设施等多方面进行改造。③步行系统：改建成扩建步行交通道路系统，实现人车分离，对步行道路进行补缺、增长、补宽等，使行人、自行车和机动车尽可能相互隔离。④设施系统：增加公交站点、路灯等系统，完善标识系统，增建公交站点和公交换乘设施，对机动车、自行车等的停车设施进行改建和管理，在特定节点布置特定的标识，并完善路口、人行横道等处的夜间照明。⑤运营管理：通过政策引导、宣传和管理达到目的，给予老年人充分的尊重和人文关怀，进行宣教与安全知识普及。

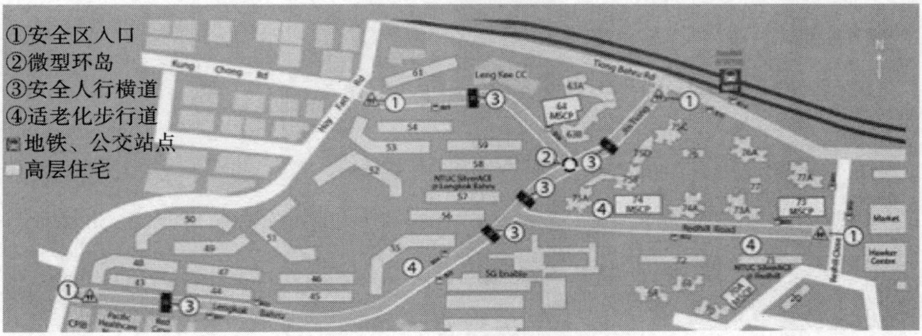

图 11-11　新加坡“老年交通安全区”

随着科技的进步和社会的发展，日本和欧美等国家的未来适老化产品技术创新都将向智能化和网络化发展。在老年人这一特殊群体接触互联网的比例逐渐上升的现在，老年人开始使用简单的网络产品。智能网络中我们不能只考虑大部分年轻人，也需要关注老年人对网络的需求。针对老年人对网络的实际需求，未来我们需要响应以下趋势。①便携化：便于携带且小巧的设计适用于健忘和行动能力退化的老年人。②智能化：智能产品的高效和便捷有助于老年人获得更多的外界帮助。③交互化：老年人需要在交流和体验中接受新的事物，交互化能使老年人更好地在新事物中享受生活。④情感化：对于老年人中的“空巢老年人”“失独老年人”等特殊对象，需要特别关注他们的心理状况。丰富产品的情感有利于满足这类群体的情感需求。⑤大数据化：建立大数据信息化平台，便于服务的优化升级。

根据国外的先进经验，再结合我国现在的实际情况，对适老化的建设规划思考应该从以下几个方面进行。①由政府主导，从政府层面提出设计原则和技术策略，完善适老化改造规划与策略；②从我国实际出发，积极探索适老化规划建设的社会支持；③结合新兴技术，以满足老年人需求为前提，进行适老化产品技术创新。

二、适老化制度(服务模式)创新

(一) 适老化制度(服务模式)创新的必要性

适老性公共环境概念源自世界卫生组织，即要在室外空间和建筑、交通、健康与公共服务等多方面充分考虑老年人的需求。适老性公共环境不仅能为老年人独立自主生活提供极大的便利，也对增进老年人社会参与、提高老年人生活质量、促进社会和谐具有十分重要的意义。在一些发达国家，公共环境适老化改造已经成为一项基本的民生工程。作为社会弱势群体，老年人急需社会重视，而公共环境适老化改造正体现一个社会的文明程度。

我国自进入人口老龄化社会以来，人口老龄化速度不断加快，有专家指出，我国社会已步入快速人口老龄化阶段的高峰期。随着人口老龄化程度的加剧，如何利用有限的资源应对不断增长的养老服务需求成为亟待解决的重要课题。

长期以来，我国城乡社会建设多是基于年轻人的需求，没有预先考虑老年人对居住生活环境的特殊需求，这就导致我国公共环境适老性程度明显滞后于人口老龄化社会的发展需求。现实生活中，无论是给楼房安装电梯，还是自费修建无障碍通道，都是老年人及其子女的无奈之举。

近些年，我国陆续出台政策文件应对人口老龄化问题，其中包括《关于推进老年宜居环境建设的指导意见》等(表 11-1)。但对公众而言，公共环境适老化改造仍是一种新生事物，因此改造中出现资金不足、业主难以形成共识等问题也在意料之中。同时，这也提醒我们，当适老化改造由一种理念讨论上升为具体实践时，必须使全社会共同参与进来，促进全社会在理念上形成认同，理解老年宜居环境建设的重大意义和自身的特殊性及复杂性。因此，创新适老化制度（服务模式）非常必要。

表 11-1　积极应对人口老龄化适老化建设和改造的政策与文件

日期	文件	建筑规范内容
2003 年 5 月 28 日	《老年人居住建筑设计标准》	老年人住宅使用面积规定是对照《住宅设计规范》（GB 50096—1999）规定的一类和二类住宅的标准，并考虑老年护理工作及使用轮椅的空间需要而制定的
2016 年 10 月 9 日	《关于推进老年宜居环境建设的指导意见》	老年宜居环境建设的总目标是到 2025 年，安全、便利、舒适的老年宜居环境体系基本建成，“住、行、医、养”等环境更加优化。建设适老居住、出行、就医、养老等的物质环境和包容、支持老年人融入社会的文化环境
2016 年 10 月 25 日	《老年人居住建筑设计规范》	明确老年人居住建筑的设计规范
2019 年 1 月 28 日	《进一步优化供给推动消费平稳增长 促进形成强大国内市场的实施方案（2019 年）》	我国将加快推进老年家庭适老化改造，有条件的地方可以对适老化家居环境、适老辅具进行补贴，而且各地还要升级改造大城市郊区、周边地区养老服务机构，加强城市养老设施建设，提升养老服务供给水平

(二)国内外适老化制度(服务模式)的现状

美国的老年社区市场经营情况比较复杂,新型社区不断出现,市场竞争相当激烈,要想在激烈的角逐中赢得市场份额,养老地产的经营者就必须在园区规划建设上进行不断的调整和改进,以适应现代社会老年人的需求。持续照料退休社区就是其中一个主要模式,完全自理、需要半护理或全护理的老年人在这里都能够获得相对应的居住产品,满足不同年龄段对居住和配套服务的要求。其销售卖点在于将社区服务逐步精细化,在医疗救护方面更具优势。

日本是亚洲人口老龄化最严重的国家,其养老服务经过多年的发展,形成了完备的体系。由于日本土地资源紧缺,政府不主张大型养老机构项目,提倡以居家养老为基础,加强与社区的互动,构建小规模、多功能的养老社区。首先,养老社区提供能与家人共同居住的"两代居"住宅,其服务对象是身体健康并希望与子女居住的老年人;其次,养老机构提供带有介护功能的老年专用住宅,其服务对象是需要介护服务的老年人,采取适老化设计并拥有医护人员;最后,养老机构提供高级老年公寓,适合身体健康状况良好、生活能够自理的老年人。

德国采用的是一个"多维度融合"(multidimensional integration)的实现途径。"多维度融合"反映了不同空间要素、不同利益主体、不同社会群体在环境设计平台、住房开发与服务供给平台、社会参与平台上的整合协作关系。在环境维度上体现为有活力、无障碍的公共空间环境和设施要素的规划设计;在功能维度上,体现为不同养老居住形式和护理服务的市场化开发供给;在社会维度上,体现为社会群体内部参与和社会力量外部支撑的共同组织。在"多维度融合"模式导向下,老年人在拥有自主空间,获得活动自如、安全舒适的生活之余,也能融入不同年龄和身份的社会群体(成年人、青少年和儿童)之间的公共活动和互动中。即使在过程中产生冲突,也能够得到社会尊重,实现自我价值和获得社会认同。同时,“多维度融合”也整合了社会资源和社会力量(开发商、服务机构、市政当局)服务于养老产业的潜在生产力。

我国在适老化制度(服务模式)方面仍存在一些不足,主要体现在以下几个方面。

1. 项目规模或配套不合理,造成居住和服务品质上不去 近些年来,我国一些地方出于尽快增多床位数、完成建设目标等原因,出现了养老设施项目建设规模过大、床位数过多的问题,有的项目规模突破千张床,甚至达到几千张床,但由于运营成本高、入住率提升缓慢等原因,后期的运营管理难度很大。此外,还有项目为了达到增多床位数的目的,在建筑空间上过分压缩公共面积,导致公共服务配套不足,造成老年人公共休闲交往空间、后勤服务空间等的缺乏,降低了老年人的居住生活品质,也很不利于职工开展服务。

2. 项目前期缺乏运营方的参与,导致后期运营不畅 目前我国大量养老设施项目处于前期开发设计阶段,没能寻求运营方或运营顾问的介入,而是等到开发后期甚至建成验收之后,才着手寻找运营团队。由于前期缺乏对运营方需求的考虑,结果常导致空间的功能布局不符合运营需求,如走廊过长、后勤服务用房位置过于分散等,造成服务动线过长、运营人力资源浪费的问题。而当后期运营方接手时,却发现为时已晚,只能凑合用,面临人力成本高、影响运营效率和质量的难题;或者不得不花钱改造,但硬件成本的再次投入又加大了运营压力,陷入两难。

3. “适老宜居”设计不到位,空间环境不安全、不舒适、不温馨 我国步入人口老龄化社会的时间尚短,在建筑设计、室内装修、施工工艺等层面，相关经验积累还有所不足，一些规划设计人员与施工人员对老年人的需求认识也不深，导致大量项目的“适老宜居”水平仅停留在满足标准规范要求层面，“适老宜居”设计不到位、不细致。一方面，有许多项目的空间环境存在安全隐患、舒适性低，如地面材料不防滑、有眩光，存在摔倒危险；扶手安装不正确、起不到辅助支撑作用；公共空间通风、采光条件差，令人感觉憋闷、不舒适等。另一方面，也有很多项目的空间环境较为消极、单调，如走廊平直、缺乏装饰；活动室功能单调、缺乏吸引力等。这些都可能令老年人对设施和服务产生排斥心理，感觉不温馨、不像家，最终降低老年人的整体生活质量和幸福感。

4. 对空间环境“适老宜居”的监督不足，整体建设水平难以提高

我国对于养老设施在设计与施工方面的“适老宜居”工作，尚未形成完善的质量指导或监管体系。无论是设计方、施工方，还是监理方、政府审核机构，对项目的审核都仅围绕规范要求进行，造成大量建成项目仅能满足基本的“无障碍”要求，缺乏对“适老宜居”的广度和细节的深究和审查。这种对“适老宜居”的低要求状况，使得养老设施的整体建设水平难以提高，无法满足老年人对养老服务市场日益增高的要求和期待。

（三）国外经验借鉴与国内实际结合

家家有老年人，人人都会老。在人口老龄化程度不断加剧的趋势下，公共环境适老化改造不仅是造福老年人，也是在帮助我们自己。应对人口老龄化，全社会都需要一场心理的重建，应当保持积极的心态，用彼此成就的精神实现社会发展的“求值”最大化。只有每个人都不置身于事外、不置身于历史之外，才能让适老化改造最大限度地发挥其作用。

三、适老化理念的创新

(一) 适老化理念创新的必要性

随着年龄的增长,人的身体机能不断下降。老年人身体的灵活性逐渐降低,四肢力量变弱,步态不稳,出现视力、听力障碍,对外界反应迟钝,应急能力差,遇到紧急情况无法保持身体平衡或姿势不协调,因此容易发生意外事故。

另外,伴随着身体机能的改变,老年人身边的环境已经不适合其身体条件和行为习惯,这也是导致伤害发生的重要原因。

适老化理念的目的是根据老年人的年龄、生理阶段等情况设计必要的环境改造和适老化用品,以方便老年人的日常起居,同时也要充分考虑各个阶段老年人入住此类改造后的居室的心理慰藉需求。

(二) 国内外适老化理念的现状

我国适老化改造基本集中在住宅改造、辅具用品及护理工具等方面,基本特点是以点、面为主,并未覆盖包括评估、制作、判定的全范围的个性化服务,这应是我国适老化理念改革的重点。

美国于2002年建立CASPAR(老年居家环境综合评估与改造方案)工具,该工具由美国的康复、建筑、管理等多学科专业团队研发,可以收集老年人日常活动能力及环境相关信息,评估居家养老环境改造需求,从而使居住环境适老化改造专家不去现场便能制订适宜的改造方案。研究显示,CASPAR具有良好的评价者间信度及效标效度,环境问题正确识别率在88%以上。

1993年,加拿大作业治疗师Oliver等设计制作SAFER(功能与康复环境安全评估)工具,用于作业治疗师在对社区老年人实施居家环境安全干预前，评估老年人功能与居家环境。2006年加拿大作业治疗师将其改编为灵敏度更高的环境干预测量工具，即功能与康复环境安全评估健康结果测量与评价，用于作业治疗师在干预前、干预后测量老年人能力是否适合环境，从而评价环境安全干预效果。

（三）适老化理念创新——行业标准＋个性化改造

考虑到每位老年人的身体条件、居住条件、经济条件等的不同，每位老年人对生活环境的需求有所不同。在进行适老化改造的过程中，要根据老年人的具体身体状态、精神状态、心智状态、居住条件、经济条件等因素对老年人进行数据采集和分析，通过国家制定的基本标准和老年人具体信息两个维度结合进行适老化改造方案的个性化设计。

第四节 人口素质提升和生活质量改善与积极应对人口老龄化的讨论和总结

老年人口数、结构和变动趋势，人口素质提升与生活质量的不断提高，是老年人口学的重要研究课题。科学研判当前与未来中国老年人口形势和变化规律，关乎中国未来积极应对人口老龄化的发展战略及人口素质提升与生活质量改善的政策走向。针对近段时期中国老年人口研究中的重大和争议性问题，本节基于世界文明史与疾病发生和人均寿命之间的协同发展关系、中华文明史与疾病发生和人均寿命之间的协同发展关系，结合WHO和国家统计局及其他官方渠道获得的全国老年人口占比与各类调查数据，采用大历史观和层次分析方法，结合医学史与人口预测方法学，就中国当前人口素质提升、生活质量改善与积极应对人口老龄化，未来中国应以何种方式在人类文明发展史中留下自己的印迹等，进行了阶段性的评判和发展趋势分析，并得出以下主要研究结论。

第一，积极老龄化和健康老龄化的顶层设计与政策出台，对社会稳定和发展、人口素质提升及生活质量、死亡质量的提高具有重要意义。当前形势下，家庭在社会中所承载的负担不断加重，中国的总人口数不断减少已成定局。随着育龄妇女人口不断减少，老年人口的比例将会越来越大。在不改变现有理念和认知的情况下，积极应对人口老龄化的相关政策的效果将会大打折扣。

第二，总体人口素质不断提升，尤其是中高层级人口素质的大幅度提升，将成为中国未来保持国际竞争力、立足于世界民族文明之林的有效保证。而整体生活质量和死亡质量的提高，则是政府、社会、市场、个人和家庭应共同承担的责任和义务。政府承担顶层设计和综合政策制定及其财政转移支付的责任和义务，大健康事业的组织者则起着运营、协调和衔接的作用，社会、市场、个人和家庭应积极配合并发挥本身所应具有的活力、创新作用。在上述责任和义务中，组织者的专业认知和掌控能力具有较强的推动或阻碍作用。

第三，中国老年人口在未来较长一段时间内出现负增长的可能性几乎不存在，且人口老龄化负担将会越来越大，政策内(计划生育人口数或户籍人口数)的理论老年人口有可能突破总人口的一半。但在计划生育政策的实际运行过程中，我们发现，2012—2018年间，小学的实际招生总数始终超过七年前相对应的人口出生总数，超出的数据徘徊在100万～300万之间，也就是说，中国总的生育数总会超出政策规定的总数(尤其以少数民族和边远地区为盛)。这一发现还不包括在国外出生拥有外国国籍的人口数(在国外出生拥有外国国籍的中国人，实际其大半生均在中国境内生息，在积极应对人口老龄化的进程中，应将此类人群考虑进来。保守估计，这部分人口每年均在100万人左右）。因此，实际的老年人口占比很难超过非老年人口占比。

第四，在现有宪法框架内，今后无论中国的生育政策如何改变，总人口峰值将在14.5亿人以内，达到或超过15亿人的可能性很小。按此推算，7.5亿老年人口数将成为老年人口的上限。其中，老年人口高速正增长的起始年份预计在2026—2027年。伴随总人口负增长，2050年中国出生人口规模将下降到1100万以内，老年人口也将达峰值。

第五，未富先老、未备先老、养老金准备不足等经济和社会的发展现状，将有可能将银发经济、老年智慧、老年人力资源和老年创新思维的二次开发带进消极泥潭。人口老龄化的到来不等于经济低速发展，老年人口的增多不等于创新降低，老年人口的不断增长不等于消费不足。借鉴东西方文明对待人口老龄化社会的理念，发挥中国智慧，相信中华文明一定会老当益壮，绽放出新的篇章。

数据质量问题和原始数据的可获得性仍然是老年人口学研究的重要限制性因素。在现有基础数据条件下，我们对重要的参数进行了必要的保守估计，目的是避免出现方向性错误，但仍然难免有可能存在误判的风险，因此迫切需要不断丰富的数据资源和深入细致的研究工作，以及更加完善的分析技术来提高研究结论的科学性和准确性，这也是准确把握中国老年人口变化的规律和特点、避免重大战略问题误判的必要条件。

主要参考文献：

[1] 薛理泰，何国忠．中华文明缘何历经磨难仍绵延不绝[J]．人民论

坛,2016(16):44-45.

[2] 中华人民共和国国家统计局. 中华人民共和国2017年国民经济和社会发展统计公报[EB/OL]. (2018-02-28)[2019-04-04]. http://www.gov.cn/xinwen/2018-02/28/content_5269506.htm.

[3] 丁学良. 几次大瘟疫改变西方文明史[EB/OL]. [2019-04-08]. http://www.people.com.cn/GB/paper2086/10176/931860.html.

[4] 刘文,杨馥萍. 中国积极老龄化发展水平测度——基于东中西部地区和28个省市的数据研究[J]. 人口学刊,2019,41(2):100-112.

[5] 惠晶. 养老服务体系建设的现状及完善对策——以张家港杨舍镇养老服务为例[J]. 克拉玛依学刊,2015(1):43-46.

[6] 佘瑞芳,谢宇,杨顺心,等. 医养结合服务发展的国际经验研究[J]. 中国医院管理,2016,36(6):79-80.

[7] 耿烽. 健康服务业区域竞争力评价研究[D]. 合肥:合肥工业大学,2018.

[8] 赵立志,丁飞,李晟凯. 老龄化背景下北京市老旧小区适老化改造对策[J]. 城市发展研究,2017,24(7):11-14.

[9] 刘东卫,贾丽,王姗姗. 居家养老模式下住宅适老化通用设计研究[J]. 建筑学报,2015(6):1-8.

[10] "养老院"进社区 老人居家式养老[EB/OL]. (2014-11-04)[2019-04-20]. http://gd.sina.com.cn/qy/news/2014-11-04/10079263.html.

[11] 谢琦. 日本老龄化的现状分析[J]. 人力资源管理,2014(7):28-30.

[12] 爱暮家.美国养老社区典型案例大盘点[EB/OL].(2014-08-28)[2019-04-21].http://blog.sina.com.cn/s/blog_13494e3610102v0tt.html.

[13] 詹新鹏.互联网时代下产品的适老化设计研究[J].西部皮革,2018(2):119-120.

[14] 马晓雯,杜佳敏,谢红.基于居家养老服务的适老化改造研究进展[J].中国护理管理,2016,16(12):1708-1712.

[15] 贾敏,李佳婧.我国养老设施空间"适老化"的现状问题与设计建议[J].住区,2018(1):32-41.

[16] Sanford J A, Pynoos J, Tejral A, et al. Development of a comprehensive assessment for delivery of home modifications[J]. Physical & Occupational Therapy in Geriatrics, 2002, 20(2): 43-55.

[17] Oliver R, Blathwayt J, Brackley C, et al. Development of the safety assessment of function and the environment for rehabilitation (SAFER) tool[J]. Canadian Journal of Occupational Therapy, 1993, 60(2): 78-82.

[18] Chiu T, Oliver R. Factor analysis and construct validity of the SAFER-HOME[J]. OTJR: Occupation Participation and Health, 2006, 26(4): 132-142.

[19] 马晓雯,谢红.国外居家环境适老化评估工具介绍及其对我国的启示[J].中国护理管理,2016,16(3):381-385.

[20] 邢新主,刘建兵,韩文玲,等.虚拟现实适老化改造平台:一站式、个性化体验改造[J].中国信息界,2017(1):90-91.

CHAPTER 12

第十二章

促进中国健康老龄化的策略与展望

20世纪以来，随着经济社会的发展、人口平均期望寿命的延长和出生率的降低，世界人口结构开始向老龄化发展。我国自1999年步入人口老龄化社会，由于我国自身的人口数量和人口政策等原因，与其他国家相比，我国人口老龄化具有老年人口基数大、老龄化速度快等特点，而这些特点使得我国在人口老龄化问题的应对中面临诸多前所未有的挑战。习近平总书记在十九大报告中要求："积极应对人口老龄化，构建养老、孝老、敬老政策体系和社会环境，推进医养结合，加快老龄事业和产业发展。"2016年10月，中共中央、国务院印发了《"健康中国2030"规划纲要》，是推进健康中国建设的宏伟蓝图和行动纲领，为促进我国健康老龄化的建设指明了方向。本章立足于中国人口老龄化的特点和所面临的问题，为健康老龄化的建设提供建议和策略。

第一节 我国健康老龄化的总体现状与问题分析

一、我国人口老龄化总体现状

1999年，我国60岁及以上老年人口比例达到10%，标志着我国进入人口老龄化社会。该人口特征趋势是平均期望寿命延长加上生育率下降所致。从1950年到2015年间，中国每名妇女平均生育子女数从6.11下降到1.66。1949年，我国人口出生率为36‰，死亡率为20‰，自然增长率为16‰。2015年，我国人口出生率为12.07‰，死亡率为7.11‰，自然增长率为4.96‰。世界卫生组织报道，我国的平均期望寿命已经从1950年的44.6岁上升到2015年的75.3岁，而在2050年将有望达到80岁。

全国老龄工作委员会办公室2006年发布的《中国人口老龄化发展趋势预测研究报告》指出，中国的人口老龄化进程将分为3个阶段。第一阶段为快速老龄化阶段，2001年至2020年，老年人口年增长596万人，2020年全国老年人口将达到2.48亿人，占比17.17%。第二阶段为加速老龄化阶段，年新增老年人口达到620万人，2050年老年人口将超过4亿人，占比超过30%。之后的2051年至2100年为重度老龄化阶段，老年人口比例保持在31%的水平。人口老龄化问题将是中国21世纪面临的严峻问题。

由于我国自身的人口数量和人口政策等原因，与其他国家相比，我国人口老龄化具有许多自身特点。一是老年人口基数大。我国是世界上人口最多的国家，也是老年人口最多的国家。二是人口老龄化进程快。从1999年进入人口老龄化社会开始，我国老年人口比例将在28年内实现倍增，这个速度分别是法国、瑞典和美国的4倍、3倍和2.4倍。三是地域分布差异明显。人口老龄化严重程度总体分布为东部大于西部、农村大于城镇。四是高龄、失能老年人数量大、增速快。五是老年人空巢、独居普遍。家庭照护能力下降，许多失能或半失能老年人的照护责任向社会转移。六是我国在经济发展水平不高的情况下出现"未富先老"。这些特点使得我国在人口老龄化问题的应对中面临诸多前所未有的挑战。

二、人口老龄化带来的社会问题

根据国际经验，人口老龄化往往伴随着劳动年龄人口比例下降、养老金支出压力增大、卫生资源消耗增加、社会生产和消费结构改变等问题。根据我国实际情况，目前主要体现在以下几个方面。

在经济体系方面，人口老龄化一来提高了卫生总费用的增幅，二来加重了我国"未富先老"的困境。在卫生服务体系方面，这一影响主要来自疾病谱的变化，疾病负担逐渐从妇幼卫生问题和传染性疾病向慢性病转变。人口老龄化对社会保障体系的影响尤为突出：一是老年人口抚养比逐渐增高。老年人口抚养比是老年人口数与劳动年龄人口数的比值，可以从经济的角度直观地反映人口老龄化带来的后果及其影响程度。我国老年人口抚养比由1982年的7.98%上涨到2015年的14.33%，且2005年以后增长趋势明显加快，近10年的年均增长率达到5.24%，预计到2020年将增长至28%。二是影响社会保险基金的安全，主要涉及社会养老保险基金和基本医疗保险基金。2011年12月公布的《2011中国养老金发展报告》显示近半数省份养老金呈现收不抵支的状态，这对于我国的养老金制度是一项严峻的挑战。

总的来说，第一，社会和经济变迁正改变着中国传统的养老模式。第二，中国的疾病谱已经开始从传染病转向非传染性疾病。第三，急需基于公平获得和利用照护服务的原则开展及时和合理的政策干预，建设合适的长期照护体系和全面的社会保障体系，以满足老年人的照护需求，提高照护人员和照护对象的生活质量。

三、我国健康老龄化进程中面临的挑战

（一）国家级老年服务体系亟待优化升级

一是医疗资源质量和可及性有待提升。由于医疗资源的分布不均，部分地区医疗人力资源相对缺乏，医疗技术水平有待提升。这一问题主要表现在基层医院和偏远地区，导致大部分患者无法就近获取就医机会，这将不利于老年人及时获取医疗服务。此外，我国的医疗转诊体系有待提升，患者由基层医院向大型医院转诊较为便利，然而当其完成主要治疗后很难转诊到基层医院进行康复治疗。这样不仅导致医疗资源的浪费，也增加了家庭照护负担。

二是医疗保障体系有待完善，社会保险筹资困难，保障范围有限。我国目前形成了以城镇职工基本医疗保险、城乡居民基本医疗保险为主，商业医疗保险为补充的医疗保险体系。然而针对日趋增长的长期照护负担，我国还未探索出完善的长期护理保险体系。根据发达国家的经验，长期护理保险体系在应对人口老龄化问题中起到重要作用。我国目前在全国15个城市开展试点工作，探索长期护理保险体系的建设。探索过程中主要发现以下几个问题：第一，长期护理社会保险筹资困难，过度依赖医疗保险。第二，长期护理商业保险供求双冷、效果

不佳。

(二)满足老年人需求的科学养老机构数量相对不足

一是医养结合型养老机构入住率低,不能满足老年人需求。由于家庭照护能力的降低,医养结合型养老机构可以减轻老年人的照护负担。“十二五”期间,我国机构养老床位数已经达到672.7万张,每千名老年人拥有养老床位30.3张。医养结合型养老机构数量也在不断增加,从配置上基本可以满足我国的养老照护需求。但是养老机构的入住率却很低,主要有以下几个原因。第一,养老机构位置偏远,加上老年人的居家养老观念,导致其不愿入住养老机构。第二,大多数老年人无法承担机构养老费用。

二是护理服务需求分级不清,护理服务落地困难。不同老年人有不同的护理服务需求,缺乏护理服务需求分级标准使得为老年人提供服务时采用“一刀切”的办法,这样会使部分老年人的需求无法得到满足,同时也会造成服务资源的浪费。

(三)有针对性的多学科专业性人才队伍建设滞后

一是教育机构未开设养老护理服务培训,缺乏创新型管理人才,从业人员缺乏知识体系。目前我国养老服务业的从业人员以女性为主,年龄分布在40～60岁。这些人员大多为家庭妇女,并未接受过系统的老年护理培训,缺乏老年照护的相关知识,尤其是老年人的情绪管理和心理应对等。这主要有两点原因:第一,大专院校大多没有开设养老护理专业。第二,养老服务业工资待遇、社会地位都有待提升,导致该行业难以吸引人才。

二是人工智能在养老服务业中的应用处于起步阶段。将人工智能应用于养老服务业能够有效缓解老年护理人力资源压力,降低护理成本。我国正处于人工智能的研究阶段，目前感应式和监控式辅助器械已经投入使用，但是佩戴或夜间光源供给都会影响老年人的正常作息，因此使用效果不佳。所以需要积极开发全方位、全天候且不影响老年人生活的人工智能设备，促进其在老年护理行业中的应用及其产业化发展。

第二节 健康老龄化进程中的应对策略

采取促进健康老龄化与健康行动的重要理由是促进可持续发展。现在全世界大多数人能够平安步入老年时期，老年人在人口中的比例将显著增高。如果我们要构建有凝聚力、和平、公平和安全的社会，在今后的发展中必须考虑到这一人口学转变，开展行动时既要利用老年人对发展做出的贡献，也要确保他们被公平地对待。

一、用系统化的视角看待人口老龄化

（一）强化政府责任意识

2014 年，国家卫生计生委成立老龄工作领导小组，统筹推进老年健康相关工作，并组织开展“中国健康老龄化战略研究”，明确“健康老龄化”的核心要义，做出关注生命全程、提高老年人健康水平和生命质量的战略部署；启动“新家庭计划——家庭发展能力建设”和“计划生育家庭养老照护试点”项目，着重培养并提高家庭养老照护能力。2015 年 11 月，国务院办公厅转发卫生计生委等部门《关于推进医疗卫生与养老服务相结合的指导意见》（以下简称《意见》），明确了医养结合工

作目标、重点任务和保障措施。启动国家级医养结合试点工作，在全国遴选确定90个试点城市(区)，探索建立符合国情的医养结合服务模式。2016年10月，中共中央、国务院印发了《“健康中国2030”规划纲要》，2017年，国家卫生计生委联合多部门印发《“十三五”健康老龄化规划》，这一系列指导性文件为促进我国健康老龄化建设指明了方向。

下一步我们还需进一步完善老年人合法权益方面的法律法规，提高其可操作性，切实维护老年人的合法权益，促进我国健康老龄化事业发展，如全面落实“全面二孩”政策、建立弹性退休制度等。同时，各级政府和相关政策应支持健康老龄化，包括建立目标任务、明确责任划分、划拨充足预算，以及制定各部门间的协作、监测、评估和报告机制。重点措施如下：就健康老龄化的指标、量化评估和分析方法达成一致；提高对老年人口健康状况、需求及其需求满足情况的认识；理解健康老龄化过程，以及应当采取哪些措施予以改善。

(二)建立以老年人为中心的卫生保健体系

“十二五”期间我国老年医疗卫生服务体系逐步健全，服务能力不断加强，专业康复护理机构不断增加。截至2015年，全国共建有康复医院453所、护理院168所、护理站65所，比“十一五”期末分别增加了69.0%、242.9%、16.1%。康复护理人才队伍进一步壮大。2015年，康复医院、护理院、护理站从业卫生人员分别为36441人、11180人、316人，比“十一五”期末分别增加了96.5%、286.7%、69.9%。基层医疗卫生机构为老服务不断深化，为辖区内65岁及以上老年人开展健康管理，每年1次免费健康体检。2015年接受体检老年人数达1.18亿人。养老机构医疗卫生服务能力不断增强，全国有23%的养老机构设有医务室、护理站等医疗机构。

然而,人口老龄化的进程要求卫生系统由疾病治疗模式向以老年人为中心的综合性保健模式转变。这就需要建立综合性长期照护体系,并要求各级政府和多个部门的协同响应。具体来说,就是围绕老年人的需求和喜好进行体系构建,所提供的服务应符合老年人特点,并与老年人保持密切沟通。重点措施如下:保证所有老年人都能得到综合性评估,并获得统一的旨在提高机能的综合性卫生保健计划;尽可能在老年人居住地就近提供服务,包括开展上门服务及社区服务;建立便于多学科团队共同提供卫生保健的服务架构,如加快推进"医联体"建设,促进大型医院与社区卫生中心的信息网络建设,便于危重症老年患者由社区卫生服务中心转入大型医院接受治疗,病情稳定后再转回社区卫生服务中心接受保健服务,且接受的服务质量和医疗开支保持相对稳定;为老年人自我护理提供支持,包括促进老年个体之间的相互支持,提供培训、咨询和建议;保证老年人能够获得改善机能的医疗产品、疫苗及技术等。

(三)建立完善的医疗保障体系

"十二五"期间,我国基本医疗保障制度框架基本形成,医疗保障水平不断提高。基本医疗保险制度进一步完善,基本实现了医疗保险全覆盖。"十二五"期末,我国城乡居民(包括老年人)医保覆盖率达到95%以上,待遇保障水平持续提高,城乡居民住院医疗费用政策范围内报销比例达到75%。

今后应进一步稳固医疗保险体系建设,使全民医疗保险参保率维持在95%以上,尤其是困难户、低保户等群体的参保率。在长期护理保险试点的基础上,加快探索完善的、适合我国国情的长期护理保险体系,减轻失能、半失能老年人及其家庭照护负担,形成医疗保险与长期护理保险共同发展的保障制度。建立社会保险与商业保险共同发展的双轨制长期护理保险制度，扩大社会保险群众覆盖面以保障人民基本长期照护需求，提高商业保险保障水平以满足高需求人群。逐步形成长期护理社会保险多元筹资机制，建议先由政府承担一定的社会责任，再逐步提升个人和企业的缴费水平，同时提倡社会慈善团体和组织向基金捐助，以维持长期护理社会保险的长期运作。将长期照护服务视为重要的社会福利工作；针对长期照护体系的构建，明确职权分工，并制订实施计划；为长期照护体系建立公平、可持续的财政机制；确定相关的政府职责，并明确相应的工作任务。

二、建立多方参与、多种形式的护理服务提供机制

（一）建立良好的老年照护体系

实行以居家养老为基础，社区护理为依托，机构养老为补充，医养结合的养老服务模式。由于我国人口基数大，失能、半失能人口数量多，老年人收入水平较低和“落叶归根”观念的限制，大部分老年人倾向于选择居家养老。这样不仅可以维持老年人习惯的生活状态，满足其精神需求，还能够减轻其经济负担。要满足老年人居家养老时的医疗护理服务需求，就必须以社区卫生服务中心为依托。因此，政府应当给予居家养老一定的政策和经济支持。例如，推行家庭医生签约制度，为辖区内的老年患者提供就近甚至上门医疗或保健服务；充分发挥社区居委会、村委会职能，定期访视独居、空巢老年人，为老年人组织必要的娱乐和健康活动；借鉴我国香港地区经验，建立社会义工组织，为独居、空巢老年人定期提供必要的探视、情感支持和生活护理等；对于家庭照护者，应当为其提供必要的休假便利，且给予休假期间的经济补贴；将

需要长期照护的家庭纳入资助对象，按照其护理服务需求分类给予一定的经济补贴或服务供给。另外，要加强康复、老年病、长期护理、慢性病管理、安宁疗护等接续性医疗机构建设，发挥“医联体”作用，推动优质护理服务下沉。争取到2030年，15分钟基本医疗卫生服务圈基本形成，每千常住人口注册护士数达到4.7人。

（二）建设高水平的医养结合养老机构

按照《意见》，到2017年，我国50%以上的养老院应当具备为老年人提供不同形式医疗卫生服务的能力，提升老年人的健康服务可及性。我们应当建立形式多样、服务类型齐全的养老服务机构。首先，可以促进医疗机构与养老机构共同发展。例如，依托医疗机构建立养老机构，借助医疗机构的医护人员和医疗设备为入住老年人提供健康保障。其次，可以引入社会资本参与医养结合养老机构的建设，减少政府投入。市场化的运作能够创造社会就业岗位，有利于养老服务的产业化，而且社会力量可以将大量资金注入养老服务业中，有利于养老服务业的正常运营。最后，推行CCRC的小型医养结合服务机构，即以城市为中心，不改变老年人的生活地点和习惯的小型医养结合服务机构。为了满足老年人就近养老、居家养老的意愿，可以由开发商和医疗机构在城市中共同建立医养结合型社区。该类社区配备专业的医疗机构，老年人可以购买或者换购该社区的住房，并获得社区内的健康保障资源。政府在给予养老机构优惠政策时应当注意，优惠政策倾向于老年人本身而非家庭或养老机构，例如，按照老年人入住率来对养老机构进行财政补贴或税收减免，而非一次性等额补贴到各养老机构，保证养老资源准确地惠及每一位老年人。

（三）建立护理服务需求分级与护理服务标准评价体系

有效的护理服务需求分级和评价体系能够确保护理服务质量，提升利用效率。首先，要建立标准化、易操作的护理服务需求分级体系，按照老年人的需求将其分为不同的等级，并给予相应的服务供给或经济补贴。例如，日本将老年人分为自立、支援Ⅰ～Ⅱ、介护Ⅰ～Ⅴ共八个等级，按照分级提供服务。这样能够有效提升服务利用效率，避免浪费。要完成需求分级，可以委托研究机构调研失能、半失能老年人的所有服务需求，再将不同需求所包含的劳动价值进行标准化处理。例如，某项目需要2人花费3小时完成，则该项目劳动价值即为6。最终按照不同地区的物价给予津贴补助或直接提供人力服务。这样评定出来的护理级别直接反映了护理所需的工作量，便于不同机构或保险之间进行结算。其次，制定完善的护理机构和护理服务评价标准，有效监督护理机构的服务能力，提升其服务质量。目前该评价体系缺乏量化指标，无法客观评判。要建立客观的评价体系，就要进行大范围的调研和实践，找出能够反映护理机构服务能力和服务质量的客观指标，开发专业评价工具，如入住者体验问卷、生活质量评分等从不同角度反映了机构水平。

三、用智能化、信息化的手段应对人口老龄化

2017年国务院印发的《新一代人工智能发展规划》中指出我国正处于全面建成小康社会的决胜阶段，人口老龄化、资源环境约束等挑战依然严峻，人工智能在教育、医疗、养老、环境保护、城市运行、司法服务等领域广泛应用，将极大提高公共服务精准化水平，全面提升人民生活品质。要解决我国人口老龄化程度日益加剧、照护力量严重短缺的问题，智能化的养老服务手段无疑是有效的方式之一。

（一）发展智慧老龄化并促进其产业化发展

智慧老龄化主要是指将现代信息技术（如物联网、云计算等）和人

工智能技术应用于老年照护中，减轻人力资源压力。围绕老年人的生活照料、健康管理、安全保障、应急救助、娱乐休闲和学习分享等诸多方面，按照提供的服务用途不同可将智能化养老服务分为位置定位、提醒服务、日间照料、医疗监测、紧急救助、双向通话、代购缴费等服务形式。位置定位就是由智能设备提供GPS定位，防止老年人走失；提醒服务包括时间提醒、用药提醒、久坐提醒以及事项提醒等，防止老年人忘记时间而错过事项；日间照料包括为老年人提供购买帮厨、订餐送饭、保洁洗澡、看病预约、叫车等待等各种居家养老服务；医疗监测包括血压、血糖、心率等医疗项目的定时监测，预防老年人身体突发异常状况；紧急救助包括老年人跌倒报警等紧急状况报警，为老年人突发事件的应急措施；双向通话可实现老年人之间、老年人与家庭成员间的双方或多方通话，提高交流沟通的时效；代购缴费为通过智能设备方便老年人购物和水费、电费、燃气费等日常缴费，使其在家就可以享受到各种服务。目前，我国人工智能在老年照护中的应用还处于起步阶段，只有部分辅助作用，还需进一步研发实践。

（二）建立老龄化事业大数据平台，发展“互联网＋健康”

“互联网＋健康”是以互联网为载体，以信息技术（包括通信移动技术、云计算、物联网、大数据等）为手段，与传统医疗健康服务深度融合而形成的一种新型医疗健康服务业态的总称，包括健康咨询、预约问诊、候诊提醒、划价缴费、诊疗报告查询、诊后随诊等。目前应致力于打造以居民就诊一卡通、检查化验结果互认平台、数字化终端应用模块、远程医疗系统和大数据中心等为载体的获取医疗卫生服务的新模式，从而提高医疗服务系统效率，促进健康老龄化发展。

四、推动健康科技创新与产业化发展

(一) 构建医学科技创新体系

用科学的方式应对人口老龄化带来的人口健康问题，是减轻人口老龄化负担的重要手段。我们需要认识到，人口老龄化的人口结构也为医学科研，尤其是老年医学和慢性病防治带来了新的发展契机。我们应该在现有医学科研体系的基础上，利用互联网的便利，依托大型研究中心，发挥人群优势，对人口老龄化和慢性病的机制及防治进行深入的研究。第一，要加强资源整合。善于利用国家级研究平台，汇总多中心生物医学数据、样本资源等，开展多中心联合研究。第二，要促进生物医药的研发和转化。我国应当为药物研发提供创新平台，鼓励特效药、抗肿瘤药物的自主研发和转化，改善某些特殊疾病大量依靠进口药品的现状。第三，要建立合理的创新激励机制和以应用为导向的成果评价机制，进一步健全科研基地、生物安全、技术评估、医学研究标准与规范、医学伦理与科研诚信、知识产权等保障机制，提高科研水平和控制质量。

(二) 推进国际化、跨学科的科研平台建设

发达国家相对我国来说较早步入人口老龄化社会，经过长期的研究探索，其在健康老龄化方面的技术成果稍领先我国，因此我们应当加强国际合作，借鉴其他国家在应对人口老龄化进程中的成果。例如，美国、英国等发达国家相继在 20 世纪步入人口老龄化社会，而这些工业和科技强国善于利用自身优势，已经处在老年照护科技行业的领先水

平。我国可以通过一批中外高水平大学科研合作平台的建设，促进国际科研合作的开展，引进一批先进的技术成果，探索人工智能在老年照护中的应用。如我国智能化老年辅助设备目前处于第二代，还未达到不影响老年人日常生活的水平，而发达国家已经出现了机器人辅助行走、做简单家务，进行情感陪护、语言沟通等设备。我们可以通过科技合作学习其技术，进而自主研发；还应当加强多学科合作，推进老年照护质量的提升。健康老龄化是一个复杂的过程，并不能由某一个学科单独完成，而是关系到不同的学科门类。因此，应当促进医科、理工科、管理科学、社会科学等多学科的共同合作与发展，方能全方位保障健康老龄化建设。

（三）促进成果转化和产学研一体化发展

产学研合作是国家创新体系的重要组成部分，对于促进科技成果转化、推动产业转型升级意义重大。我国产学研合作已由产业界、学术界、科研院所三位一体发展成为凸显政府部门和用户创新主体作用的五位一体协同创新链，以从实际出发解决科技经济“两张皮”问题。转化医学是一门以临床实际需求为导向、促进科研成果快速转向临床验证的新兴学科，注重实验室到临床（B2B）的双向推进，旨在将实验室的研究成果应用到临床、转化为医药产品或者诊疗护理技术。提倡研发机构与市场企业合作，促进产学研一体化建设。高校或研发机构的研发成果要切实服务人口老龄化建设，就必须市场化、产业化。因此，研发机构可以与市场企业共同发展，一方面市场企业可以为研发机构注入研发资金、提供市场数据，另一方面研发机构也可以及时促进成果转化，为市场企业谋发展，为人民谋利益。

五、用可持续性的战略保障健康老龄化

（一）加强健康老龄化学科建设

发展以护理学、老年病学为中心的健康老龄化学科建设工作，将该学科作为单独的二级学科甚至一级学科设立在高水平医学院校，推动健康老龄化的发展。积极探索其与社会学、心理学、经济学、卫生管理学、保险学、信息工程学等相关学科的交叉研究，通过研究提出适合中国国情的健康老龄化理论体系，并完成由理论向实践的有效转化。研究经费向健康老龄化的理论、实践和技术研究倾斜，鼓励申报该方向的国家级、各部委重大重点专项，推动学科知识体系建设。可采取的重点措施如下：将老年学及老年病学专业能力纳入所有卫生教学体系中，确保老年病医生的数量能够满足人口需求，鼓励建立老年病科以处理复杂病例；设立合理的健康老龄化工作制度和管理模式，考虑设置新业务骨干（如医护协调员及自我护理咨询员），并扩展现有人员（如社区卫生人员）的业务范围，以便在社区水平安排老年人的卫生保健服务。

（二）重视人才培养

建立养老护理服务人才培养机制，推动养老产业升级。由专业院校培养管理创新型人才，积极研究人工智能在老年照护中的应用，减少人力资源需求。为了建成一支训练有素、可持续的 21 世纪卫生队伍，从业人员都应具备基本的老年学及老年病学专业技术，以及整体性服务需要的一些常规能力，包括沟通技巧、团队合作、信息技术等。我国高水平院校在培养医疗、护理人员时应当开设老年医学、老年护理学专业方向，培养研究性、管理型人才，促进养老服务业可持续发展。同时，还需要培养一批基层服务人员，如大中专院校开展对口养老机构或老

年护理专员的职业培训，提升从业人员的数量和质量。加强现有从业人员的业务培训，由高水平医学院校或教学医院牵头组建老年医学继续教育中心，以执业前培训和继续教育课程形式，向所有卫生从业人员提供老年学及老年病学的基础培训。此外，推行养老护理服务人员持证上岗制度。由高水平医疗教育机构成立培训中心和鉴定中心，对现有和即将从事养老服务业相关工作的社会人员进行技能培训，培训合格后持证上岗。对养老机构的服务能力和服务水平进行鉴定，合格后方能开业。

（三）提升养老护理从业人员待遇

要吸引一批优秀的养老服务从业人员，保证服务质量，就必须提升这些人员的社会地位和工资待遇，建立合理的工作质量评价体系。可采取的重点措施如下：提高长期照护人员的收入，改善工作条件，并为其提供职业发展和收入提高的渠道；从法律层面向家庭照护人员提供灵活的工作安排和请假机制；向照护人员提供暂歇照护、专业信息与培训等支持措施；提高公众对长期照护工作的重视，抵制阻碍男性及年轻人成为照护人员的社会习俗与偏见；针对关键问题，制定并发布照护服务规范或指南；严格按照规范、指南建立照护服务及专业照护人员的认证及奖惩机制；建立质量管理系统，将功能发挥的改善作为工作重心。

第三节 我国健康老龄化的趋势与展望

《“健康中国 2030”规划纲要》指出到 2020 年，建立覆盖城乡居民的中国特色基本医疗卫生制度，健康素养水平持续提高，健康服务体系完善高效，人人享有基本医疗卫生服务和基本体育健身服务，基本形成内涵丰富、结构合理的健康产业体系，主要健康指标居于中高收入国家前列。“十三五”期间国家老龄事业发展和养老体系建设主要指标见表12-1。

到2030年，促进全民健康的制度体系更加完善，健康领域发展更加协调，健康生活方式得到普及，健康服务质量和健康保障水平不断提高，健康产业繁荣发展，基本实现健康公平，主要健康指标进入高收入国家行列。

到2050年，建成与社会主义现代化国家相适应的健康国家。健康中国建设部分主要指标比较见表12-2。

表12-1 “十三五”期间国家老龄事业发展和养老体系建设主要指标

类别	指标	目标值
社会保障	基本养老保险参保率	达到90%
	基本医疗保险参保率	稳定在95%以上
养老服务	政府运营的养老床位占比	不超过50%
	护理型养老床位占比	不低于30%
健康支持	老年人健康素养	提升至10%
	二级以上综合医院设老年病科比例	35%以上
	65岁以上老年人健康管理率	达到70%
投入保障	福彩公益金用于养老服务业的比例	50%以上

表12-2 健康中国建设部分主要指标比较

领域	指标	2015年	2020年	2030年
健康水平	人均期望寿命/岁	76.34	77.3	79.0

续表

领域	指　　标	2015 年	2020 年	2030 年
健康水平	城乡居民达到《国民体质测定标准》合格以上的人数比例/(%)	89.6 (2014 年)	90.6	92.2
健康生活	居民健康素养水平/(%)	10	20	30
健康服务与保障	重大慢性病过早死亡率/(%)	19.1 (2013 年)	比 2015 年降低 10%	比 2015 年降低 30%
健康服务与保障	每千常住人口执业(助理)医师数/人	2.2	2.5	3.0
健康服务与保障	个人卫生支出占卫生总费用的比重/(%)	29.3	28 左右	25 左右
健康产业	健康服务业总规模/万亿元	—	＞8	16

主要参考文献：

[1] 姜春力.我国人口老龄化现状分析与“十三五”时期应对战略与措施[J].全球化,2016(8):90-105.

[2] 方鹏骞.中国医疗卫生事业发展报告 2016——中国医疗保险制度改革与发展专题[M].北京:人民出版社,2017.